한국 근·현대 작가·작품론

공종구 著

새미

한국 근·현대 작가·작품론

책을 내면서

『한국 현대 문학론』(1997)이라는 책에 이어서 『한국 근·현대 작가·작품론』이라는 이름으로 책을 낸다. 나로서는 두 번째의 책인 셈이다. 『한국 현대 문학론』이라는 책이 교양 교과목의 교재로 사용하기 위해 쓴 글이었다면 이번에 내는 『한국 근·현대 작가·작품론』이라는 책은 한국의 근·현대 작가·작품들에 대한 나의 생각들을 정리한 논문을 묶은 글이다. 책을 내는 마당에 이런 저런 소회가 없을 수가 없다.

제대로 된 문학 연구란 분석과 해석, 그리고 평가의 세 층위가 두루 균형을 이루고 있는 글을 말할 것이다. 이 책에 실릴 글들을 보면 주로 분석과 해석에 치우친 감이 없지 않다. 적극적인 평가로까지 과감하게 밀고 나가지 못한 점, 불만스런 대목이 아닐 수 없다. 그런 생각에, 미시적인 분석에만 치중한 두 편의 글은 애초에 넣지 않으려고 했다. 그렇게 책을 꾸릴 경우, 그렇지 않아도 부실한 내용에 분량마저 보잘 것이 없을 것 같아 그냥 수록하기로 했다.

앞으로 작품을 읽어내는 내공과 작품들 사이의 상호 텍스트성에 대한 문학사적인 안목의 폭과 깊이를 더해 평가의 층위까지 아우르는 수준을 확보하는 일. 문학 공부를 하는 사람으로서 개인적인 과제이자 화두로 삼아야 할 것 같다. 이번에 책을 내는 데는 그러한 아쉬움과 다짐이 동기로 작용했다. 작가의 의도와 관련된 구조의 분석과 의미의 해석 또한 충분히 의미가 있는 작업이라고 애써 자위하면서……

이 책은 2부로 구성되어 있다. 1부는 현대 작가·작품론에 해당하는 글들을, 그리고 2부는 근대 작가·작품론에 관한 글들로 꾸리었다. 현대와 근대라는 개념. 모든 개념의 일반적인 운명이 다 그러하겠지만, 특히나 근대와 현대라는 용어는 참 말도 많고 탈도 많은 개념이다. '모더니티'(modernity)라는 개념이 사람들에 따라 근대성이나 현대성이라는 서로 다른 용어로 사용되고 있는 사실만 보아도 그렇다. 이 책에서의 현대와 근대 구분은 편의적인 기준에 따른 것이다. 1부를 구성하는 현대 작가·작품론에는 해방 이후에 발표된 작품들을 대상으로 한 글들로 꾸리었다. 2부를 구성하는 근대 작가·작품론에는 일제 식민지 시대에 발표된 작품을 대상으로 한 글들로 꾸리었다.

책을 내면서 의례껏 하는 관행이긴 하지만, 막상 책을 내는 시점에서 생각하니 떠오르는 얼굴들이 많다. 부모님과 은사님들, 그리고 가족들. 그러나 무엇보다도 변변치 않은 나의 글들을 책의 형태로 이 세상에 선을 보일 수 있도록 마음을 써 주신 정찬용 사장님을 비롯한 국학 자료원의 식구들에게 감사를 드리고 싶다.

2001. 9 공 종 구

차 례

I 한국 현대 작가·작품론

김승옥의 소설에 나타난 주체의 불행한 의식 11

김승옥 소설의 근대성 34

임철우 소설의 트라우마 52

구성적 의식으로서의 방법적 회의와 균형감각 : 최인훈의 『소설가 구보씨의 일일』 73

존재와 세계에 대한 비극적 통찰 : 오정희의 「구부러진 길 저쪽」 96

현실과 환변증법 : 윤후명의 「등대는 어디에 있는가」 103

소설가 주권 선언의 출사표 : 마르시아스 심의 『명옥헌』 109

넋두리를 통한 트라우마 넘어서기 : 심상대의 「망월」 112

II 한국 근대 작가·작품론

박태원의 소설가 소설 119

박태원의 모더니즘 소설 137

염상섭의 초기 소설 159

이근영의 농민소설 177

이태준 초기 소설의 서사지평 210

I

한국 현대 작가·작품론

김승옥의 소설에 나타난 주체의 불행한 의식

1. 들어가는 말

　김승옥 소설의 본질적 에토스로 규정할 수 있는 정체성의 표지는 과연 무엇일까? 그 질문에 대해서는 '감수성의 혁명'[1], '존재로서의 고독'[2], '경계인의 초상'[3] 등 이제까지 많은 논자들의 적실한 규정들이 성실한 대응을 보여 왔다. 이 글에서는 '주체의 불행한 의식'이라는 개념을 통해서 그 질문에 대한 성실한 탐색을 해 보고자 한다. "하나의 반대되는 요소가 자기와 반대되는 것 속에서 정지상태에 이르는 것이 아니라 오히려 또 다른 반대물로서 새로이 등장하는 모순된 운동"[4]인 불행한 의식이 김승옥 소설의 핵심 범주로 기능하고 있다는 판단이 이 글의 의도와 목적을 규정하게 된 동기이다.

　"어느 쪽에도 치우치지 않고 괴로워하며 '사이'에 위치하는 게 좋다. 괴로워하며 '사이'에 위치하는 게 최선의 태도라는 생각도 이젠 내 고정관념 중의 하나이다"[5]라는 고백적 진술의 형태를 얻을 정도로 김승옥 소설에 다양한 변주를 보이면서 지속적으로 전경화되고 있는 주체의 불행한 의식은 크게 두 가지의 유형으로 범주화할 수 있다. 전쟁의 폭력성에 대한 경험을 매개로 한 '통과제의적 주체의 불행한 의식'이 그 하나라면, 근대사회로 변

---
1) 유종호, 「감수성의 혁명」, 『비순수의 선언』(유종호 전집1), 민음사, 1995.
2) 천이두, 「존재로서의 고독」, 『제3세대 한국문학』, 삼성출판사, 1986.
3) 이혜원, 「경계인들의 초상」, 『작가연구』제6호, 새미, 1998.
4) 헤겔, 임석진 역, 『정신현상학』, 지식산업사, 1988, 285면.
5) 김승옥, 「확인해본 열 다섯 개의 고정관념」, 『김승옥 소설전집』1, 문학동네, 1995, 121면.

모하는 과정에서 경험하게 되는 존재론적 갈등을 매개로 한 '근대적 주체의 불행한 의식'이 다른 하나이다. 유년기의 한국전쟁 체험이 원천서사로 기능하고 있는 전자의 범주에 포함되는 작품으로는 데뷔작인 「생명연습」(1962)과 바로 이어서 발표한 「건」(1962)을 들 수 있고, 청년기의 도회지 체험이 원천서사로 기능하고 있는 후자의 범주에 포함되는 작품으로는 김승옥의 대표작으로 회자되는 「무진기행」(1964)과 「서울 1964년 겨울」(1965)을 비롯한 대부분의 단편들을 들 수 있다. 분석의 편의를 위해 전자의 서사를 '통과제의적 주체의 서사'로, 후자의 서사를 '근대적 주체의 서사'로 명명하기로 한다.

두 가지 계열체의 서사로 범주화할 수 있는 김승옥 소설 가운데 비교적 초기 작품들에 속하는 「건」, 「역사」, 「무진기행」, 「누이를 이해하기 위하여」 등과 같은 상당수 작품들의 플롯은 상호 대립하는 가치에 대한 서사 주체의 양가적 태도나 길항적 의식이 서사를 형성해 나가는 이항 대립적 구조로 이루어져 있다. 그리고 근대적 주체의 서사를 추동하는 인물들은 거의 대부분 무의미하고 부조리하다고 생각하는 상황에 대한 적극적인 비판 의지나 저항 의지를 보여주지 못하고 있다. 대신 그들은 자신에 대한 끝없는 회의와 자아 성찰만을 반추하면서 자신의 존재 기반인 구체적인 사회현실에 뿌리내리지 못하고 방황만을 거듭하고 있거나 아니면 위악적이거나 냉소적인 태도를 통해서 방관자적 거리를 확보하고 있을 뿐이다. 서사의 결말 또한 하나의 분명한 정점으로 집중되지 않고 열린 상태를 지향하는 개방적 텍스트의 양상을 보이고 있다. 이 모든 서사 특성들은 지배적인 서사 대상으로 초점화되고 있는 주체의 불행한 의식에 대한 구조적인 상동성의 등가적 반영이라고 생각된다.

또한 두 계열체의 서사 모두 존재와 세계에 대한 비극적 인식이 구성적 의식으로 기능하고 있다. 그러나 유년기의 화자를 초점인물로 설정하고 있는 통과제의적 서사에서 청·장년기의 화자를 초점인물로 설정하고 있는 근대적 주체의 서사로 올수록 존재와 세계 인식의 비극적 강도가 완화되면서 현실세계에 동화되어 가는 서사적 차이를 드러내고 있다. 그리고 초기 소설들의 구조적 친족성을 형성하고 있는 이항 대립 구조의 틀 또한 후기 소설들로 올수록 약화되거나 해체되는 양상을 보이고 있다. 구체적인 분석을 통해서 살펴보기로 한다.

2. 통과제의적 주체의 불행한 의식

미·소 양 강대국 진영의 '이데올로기 대리전'이 되었건, 아니면 이승만과 김일성 두 정권의 '조국 통일전쟁'이 되었건 1950년 6월 25일에 발발한 한국전쟁[6]은 남·북한 민중들에게 엄청난 비극적 재앙의 상처를 남기게 된다. 그 비극적 재앙의 그림자로부터 자유로울 수 있는 사람은 아무도 없었을 것이다. 그러한 사정은 10살이라는 비교적 어린 나이에 한국전쟁을 경험한 김승옥에게도 마찬가지 사정이었을 터이다. 특히, 한국전쟁의 폭력적 광기가 분출해내는 파괴적 에너지는 8살 때 아버지를 여읜 상태에서 가치박탈 체험에 시달리던 김승옥에게는 새로운 세계로의 진입을 준비하게 하는 통과제의적 경험으로 인식될 수 있었을 터이다. '새로운 상태의 시작'이라는 어원의 통과제의는 시련과 고통을 통해 실존 체제의 존재론적 변화[7]를 수반하는 일련의 충격적인 경험을 의미한다. '순진에서 성숙으로'의 존재론적 변화라는 통과제의를 경험한 주체에게, 따라서 존재와 세계는 이미 그 이전의 상태 그대로일 수가 없게 된다. 비교적 명료한 형태의 통과제의적 양식을 통해서 한국전쟁의 폭력성을 형상화하고 있는 작품들로는 「건」과 「생명연습」을 들 수 있다.

---

6) 한국전쟁의 성격과 본질을 둘러싼 개괄적 검토에 대해서는 박명림, 「한국전쟁 연구 서설」, 한국정치연구회 정치사분과, 『한국전쟁의 이해』, 역사비평사, 1993 참조.
7) 시몬느 비에른느, 이재실 역, 『통과제의와 문학』, 문학동네, 1996, 11~13면 참조.

「건」은 한국전쟁의 폭력성을 통해서 존재의 단절을 경험하게 되는 '나'의 통과제의나 입사의식을 매개로 한 '주체의 불행한 의식'을 형상화하고 있는 작품이다. 이 작품에서 주체의 불행한 의식을 야기하는 두 개의 대립적 가치로 기능하는 세계는 타락한 어른들의 세계 / 순정한 유년의 세계라고 하는 이항 대립항이다. 폭격에 의해 불타버린 방위대 본부의 공간 설정(한국전쟁 이후)과 기능적 상관속을 형성하고 있는 타락한 어른의 세계의 담지체로 기능하는 인물들은 아버지, 형과 형의 친구들이다. 그리고 백회벽의 지하실을 갖춘 왕궁과도 같은 놀이터의 공간 설정(한국전쟁 이전의 나의 유년 시절)과 기능적 상관속을 형성하고 있는 순정한 유년 세계의 담지체로 기능하는 인물들은 미영이와 윤희 누나이다. 전자의 세계에 속하는 인물들은 강고한 질서를 구축하면서 현존하고 있는 반면, 후자의 세계에 속하는 인물들은 이미 부재하고 있거나(미영), 아니면 그 순정의 세계가 타락한 어른들의 음모와 폭력에 의해 일방적으로 유린당하기 바로 직전의 임계상황에 놓여있다(윤희 누나). 순정한 유년의 세계가 어른들의 야만적인 폭력에 의해 일방적으로 붕괴당하는 상황 설정부터가 한국전쟁의 비극적 폭력성에 대한 작가적 문제의식의 반영이라고 할 수 있다.

이 작품에서 '악의 발견'을 매개로 한 혼돈과 존재론적 각성을 통해 새로운 세계로의 진입을 예비하는 통과제의적 매개로 기능하고 있는 사건은 '빨치산 시체를 목도하게 되는 경험'이다.

> 우리는 어른들의 틈 사이를 비집고 그 안을 들여다보았다. 한 사람이 땅바닥에 손발을 쭉 뻗고 엎드려 있었다……
> 땅에 뿌려진 피와 머리맡의 총만 없었다면 그것은 영락없이 만취되어 길가에 쓰러진 한 거지의 꼬락서니였다. 그것은 간밤의 소란스럽던 총소리와 그날 아침의 황폐한 시가가 내게 상상을 떠맡기던 그런 거대한, 마치 탱크를 닮은 괴물도 아니고 그리고 그때 시체 주위에 둘러선 어른들이 어쩌면 자조(自嘲)까지 섞어서 속삭이던 돌덩이처럼 꽁꽁 뭉친 그런 신념덩어리도 아니었다. 땅에

얼굴을 비비고 약간 괴로운 표정으로 죽은 한 남자가 내 앞에 그의 조그만 시체를 던져주고 있을 뿐이었다……
　나는 고개를 얼른 돌려버렸다. 다시 시체가 있었다. 그리고 그 시체가 누운 거기에서 풀밭이 시작되었고 풀밭이 끝나는 곳에는 벽돌 만드는 흙을 파내오는 주황빛 언덕이 있었다…… 아무래도 설명할 수 없는 감정을 던져주는 구도였다. 방금 잠깐 쑤시고 간 그 강렬한 색채들 때문에 나의 눈은 눈물이 나도록 쓰렸다. 나는 한 손으로 이마를 두드려 어지러움이 가시게 하며 휘청 휘청 학교로 돌아왔다……
　그러나 나는 거기에 대해서 아무 말도 하지 않았다. 무엇을 얘기할 것인가? 내가 보았던 그 어설프고도 허망한 주황색 구도를 얘기할 것인가? 하지만 얘들은 그걸 이해해줄 것인가?…… 그렇다, 할 얘기란 없었다. 나는 그저 어지러움만을 느끼고 있었다.(김승옥 소설 전집1, 53~55면)

　존재론적인 차원에서 볼 때 한 인간의 죽음은 불안의 원천을 형성한다. 모든 종교의 원천이 바로 그것에 터를 두고 있을 정도로 죽음에 대한 인간의 불안은 근원적이다. 사실 우리들의 삶이 의미를 지니게 되는 것은 죽음의 지평 위에서인지도 모른다. 그리고 일상적인 맥락에서도 '이인칭의 죽음'은 다른 존재로는 결코 대신할 수 없는 한 사람과의 영원한 이별을 의미[8]한다. 그런데 처참한 몰골로 널브러져 있는 빨치산 사체를 통해 처음으로 경험하게 되는 죽음은 나에게 죽음에 대한 인식론적 전회의 계기를 제공하게 된다. 이제까지 '형이상학적인 관념의 차원'에서 엄숙한 대상으로만 이해되어 왔던 죽음은 그 경험을 매개로 단순한 '생물학적인 사실 차원'에서 하찮은 대상으로 받아들여지기 때문이다. 존재론적 불안의 원천이자 삶의 지평으로서의 죽음에 대한 최소한의 성찰조차도 보여주지 못한 채 단순한 돈벌이의 일상 차원에서 빨치산의 사체를 수습하는 아버지와 형의 사물화된 태도를 보고서 나가 안도감을 느끼게 되는 것도 죽음을 대수롭지 않은 생물학적 사실 차원에서 새롭게 인식하게 되는 나의 통과제의적 발견에 대한 방어기

---

8) 엘리자베스 클레망 외, 이정우 역, 『철학사전』, 동녘, 1996, 276면 참조.

제라고 할 수 있다. 또한 입관 현장에서 필요 이상의 과잉행동을 통해 돌팔매질을 하게 되는 것도 그 본질에서는 마찬가지 맥락이라고 할 수 있다.

한편 죽음에 대한 형이상학적인 기대와 믿음이 완전히 무너져내리는 허무를 통해 경험하게 되는 나의 존재론적 혼돈은 "선악을 안다는 것은 천진무구의 기쁨과 결별하는 것이며 노역과 출산과 사망의 무거운 짐을 떠맡는 에덴 동산 신화의 인식을 통한 성숙에의 추락"9)에 해당한다고 할 수 있다. 따라서 선악과에 대한 금기를 위반한 이후 에덴의 동산에서 추방되는 아담과 이브의 운명처럼, 빨치산의 사체를 통해 '악의 세계'의 발견을 통한 존재론적 혼돈을 경험한 이후의 나는 더 이상 순정한 유년 세계의 거주민으로 남아 있을 수가 없게 된다. 빨치산의 사체를 목격하는 현장에서 나가 경험하게 되는 '어지럼증'은 충격적인 경험을 통한 각성과 발견을 통해 새로운 세계로의 진입을 예비하는 과정에서 반드시 거쳐야만 하는 존재론적 혼돈과 통과제의적 시련의 신경증적 징후인 것이다.

악의 발견을 통한 존재론적 혼돈과 통과제의적 시련 이후 타락한 어른들의 세계로의 진입을 예비하는 과정에서 순정한 유년의 세계가 얼마나 가차 없이 훼손되고 붕괴될 수 있는가를 극명하게 보여주는 사건이 바로 윤희 누나에 대한 집단 폭행 음모에 위악적으로 가담하는 사건이다. 더욱이 이 사건은 빨치산 습격으로 인해 좌절당한 형들의 무전여행 계획의 대리충족 수단으로 충동적으로 예비되고 있다는 점에서, 그리고 순정한 유년의 세계를 상징적으로 표상하는 공간인 미영이 집에서 이루어진다는 점에서 음험한 기획에 의해 존재의 순수를 유린하고자 하는 어른들의 폭력성이 어느 정도로 파괴적인가를 여실히 증명하고 있다. '윤희 누나 앞에 서자, 나는 온 세상이 빙글빙글 도는 듯이 어지러워서 잘 가눌 수가 없었다'라는 나의 고백적 진술이 암시하는 바와 같이 '무서운 음모에 가담'하고 있는 죄의식과 불안의

---

9) 모르데카이 마르쿠스, 「이니에이션 소설이란 무엇인가」, 찰즈 E.메이 엮음, 최상규 역,『단편소설의 이론』, 정음사, 1984, 296면.

신경증적 징후라고 할 수 있는 나의 어지럼증 또한 전쟁기의 혼란이 강요하는 폭력적인 현실의 가혹함에 대한 메타포라고 하겠다.

텍스트 구조분석을 통해서 알 수 있는 바와 같이, 김승옥에게 한국전쟁은 충격적인 경험을 통해 순진과 무지의 상태에 있는 어린 아이로 하여금 세계의 폭력성과 존재의 야만성을 고통스럽게 인식하게 하는 통과제의적 세계로 나타나고 있다. 어린 아이의 통과제의적 체험을 통해서 한국전쟁의 폭력성을 제시하는 서사적 설정은 등단작인 「생명연습」에서도 이미 보여진 바 있다.

전체적인 통일성이 결여된 두 가지 서사층위의 교직 구조로 이루어진 「생명연습」 또한 흔적의 형태로나마 한국전쟁의 폭력성과 관련된 통과제의적 주체의 불행한 의식을 형상화하고 있는 작품이다. 현재의 경험 시점을 통해서 초점화되고 있는 서사와 과거의 회상 시점을 통해서 초점화되고 있는 서사 가운데 통과제의적 주체의 불행한 의식과 관련된 서사는 어린아이의 시점을 통해서 초점화되고 있는 후자의 서사이다. 후자의 서사에서 한국전쟁의 폭력성과 관련하여 성찰이나 발견의 계기를 통한 통과제의적 매개로 기능하는 사건은 '형의 자살'과 '외국인 선교사의 자위 행위'이다.

부정으로 인한 어머니와 형의 처절한 극한 대립 끝에 자행되는 형의 자살은 절대적인 신뢰에 기초한 가족 윤리에 대한 성찰을, 그리고 선교사의 자위행위는 존재론적 본질로서의 인간의 양면성에 대한 발견의 의미를 지닌다. 더욱이 '일요일에 교회에서만 선교사를 대하는 신도들에게는 도대체 상상될 수 없는 그래서 무수한 면을 가진, 아아 사람은 다면체였던 것이다'라는 서술정보에서 알 수 있는 바와 같이 신성성의 초월적 가치만을 추구하리라 믿었던 선교사의 자위행위는 어린 나이의 나에게 "외부 세계에 대한 무지로부터 중대한 인식으로의 통과과정"[10]의 의미를 지니게 된다. 이 작품

---

10) 앞의 글, 295면.

에서도 한국전쟁은 세계와 존재에 대한 비극적 인식과 존재론적 각성을 통한 새로운 세계로의 진입을 예비하는 통과제의적 세계로 나타나고 있음을 알 수 있다.

생애와 관련된 기록이나 작가 연보를 검토해 보면 김승옥이 어린 시절에 경험한 한국전쟁과 여순 반란사건은 존재와 세계에 대한 비극적인 세계관 형성에 원체험으로 작용했던 것으로 보여진다.

이 작품(건) 속의 방위대 본부에 대한 빨치산의 습격, 소각(燒却)사건은 실제로 내가 순천(順天)에서 자라면서 겪었던 사건이고, 내가 자란 정신적 풍토는 실제로 친척 중의 한 사람은 빨치산이고 다른 한 사람은 빨치산을 잡아죽여야 하는 경찰이란 식의, 사상의 횡포(橫暴)가 우리의 전통적 인간관계 위에 군림하는 것을 피부로 느껴야 하는 곳이었다. 사상과 조직은 적어도 나의 경우 인간을 살게 하기 위해 있는 것이 아니고 인간을 죽이기 위해서 있는 것으로 생각되었다. 이 생각은 많은 세월이 지나갔고 어떤 의미건 내 나름의 사상을 가지게 된 지금의 나의 밑바닥에도 무겁게 버티고 있는 것이다.11)

여순 반란사건과 뒤이은 한국전쟁은 그것들의 의미를 묻는 행위 자체가 부조리하게 생각될 정도로 당시 어린 나이의 김승옥에게는 세계 그 자체의 붕괴에 버금가는 충격적인 경험이자 혼돈이었을 것이다. 따라서 무차별적인 폭력과 광기가 분출해내는 파괴적 에너지는 김승옥에게 존재와 세계에 대해 비극적인 세계관을 형성하기에 조금도 모자람이 없었을 것이다. 한국전쟁을 소재로 한 「건」과 「생명연습」 두 작품이 모두 순정한 유년의 세계가 붕괴되는 아픔과 상실감을 통해 존재론적 전환을 예비하는 통과제의적 모티프를 동원하고 있는 것도 어린 시절 한국전쟁의 폭력과 광기로부터 감염된 깊은 상흔 및 그로 인한 비극적인 세계관이 형성적 규정력으로 작용했기 때문일

---

11) 김승옥, 「自作解說」, 『뜬 세상에 살기에』, 지식산업사, 1977, 167면.

것이다. 존재와 세계의 대한 작가의 비극적인 세계관은 이후의 작품들에서도 반복적으로 변주되고 있다.

3. 근대적 주체의 불행한 의식

1960년 5·16을 통해 권력을 장악한 박정희 군사 독재 정권은 근대적 산업화를 의욕적으로 추진하게 된다. 대내적으로는 정통성 시비에 시달리던 독재 정권의 체제 유지 이데올로기 차원에서, 대외적으로는 북한과의 체제 경쟁에서의 상대적 우위를 확보하기 위한 안보 이데올로기 차원에서 진행된 산업화 정책은 많은 성과 못지 않은 부작용을 낳게 된다. 특히, '초고속 압축 성장'[12]과정으로 규정되는 개발 독재는 생산성과 효율성만을 기형적으로 강조하는 동원체제의 작동기제로 인해 사회 구성원들에게 엄청난 억압과 질곡으로 작용하게 된다.

한편 '해방'과 '억압'의 두 얼굴이 공존하는 근대적 산업화와 동전의 양면을 이루면서 진행된 도시화 과정은 우리 사회의 거의 모든 부문에 질적인 변화를 가져오게 된다. 시장 경제의 원리와 개인주의의의 확산은 인간관계의 토대를 이루는 가족·친족 구조는 물론 사회 조직의 형태와 구성 원리까지 크게 변화시킨다. 특히 도시화의 진전에 따라 전통적인 규범과 윤리가 해체되면서 인간관계에서도 새로운 양상이 드러나는데, 그 가운데 공동체적 의식에 기초한 협동과 상생보다는 단자적 의식에 기초한 긴장과 갈등의 관계, 거짓과 위선이 지배하는 수단과 거래로서의 인간관계, 매개적 규정력으로서의 교환가치의 개입 등을 지배적인 특성으로 들 수 있다. 그런데 김승

---

12) 초고속 압축 성장으로 규정할 수 있는 우리 나라 근대화 과정의 성격과 한계에 대해서는 조성윤, 「식민지 유산의 극복과 사회 발전 50년」(한국사회사학회 편, 『한국 현대사와 사회 변동』, 문학과 지성사, 1997) ; 임현진, 「사회과학에서의 근대성 논의」, 역사문제연구소 편, 『한국의 '근대'와 '근대성' 비판』, 역사비평사, 1996 참조

옥의 대부분 단편들은 그와 같은 도시적 인간관계의 전형을 전형적으로 보여주고 있다. 도시적 인간관계의 불모성에서 오는 소외와 고독, 정체성의 위기나 주체의 분열과 같은 존재론적 갈등으로 인한 근대적 주체의 소외와 갈등을 형상화하고 있는 범주에 속하는 작품들13)로는 해체적이고 유희적인 대화와 사물화된 의식을 통해서 도회지 인간관계의 불모성을 형상화하고 있는「서울 1964년 겨울」을 비롯하여「역사」,「무진기행」,「누이를 이해하기 위하여」,「싸게 사들이기」,「차나 한잔」,「들놀이」,「염소는 힘이 세다」,「야행」14) 등을 들 수 있다.

1) 도회지 질서와 부르조아 일상성의 세계에 대한 저항 의지

「역사」는 공간 이동을 경험하는 과정에서 경험하는 나의 심리적 부적응과 이질감을 통해서 도회지 삶의 질서와 부르조아 일상성의 세계에 대한 주체의 불행한 의식을 형상화하고 있는 작품이다. 이 작품은 근대적 주체의 불행한 의식을 서사 대상으로 초점화하고 있는 작품들의 원형을 이루고 있다는 점에서 주목을 요한다. 그것은 두 가지 이유에서이다. 하나는 이 작품이 1960년 상경 이후 시작된 서울 생활에서 자신의 생존의 뿌리를 내려야 한다는 절박한 현실 감각과 문화 충격에 가까울 정도로 생소한 환경에서 경험하게 되는 소외와의 괴리로 인한 정체성의 혼돈과 존재론적 갈등을

---

13) 이 범주에 속하는 작품들은 "도시 생활의 전형적인 특징인 도시성을 반영하는 문학, 즉 도시의 복잡다기한 생활의 사회적 의미에 대해서 날카로운 통찰력을 갖고 그 본질적인 의미를 표현하는 상상력이 풍부한 언어를 사용해서 도시생활을 재현하는 형식"이라는 겔판트의 도시소설 규정에 합당한 서사 특성을 지니고 있다. Blanche Houston, Gelfand, The American City Novel,(University of Oklahoma Press, 1970), 11면, 이재선,『현대 한국소설사』, 민음사, 1991, 252~253면에서 재인용. 사실, 김승옥의 대부분 단편들은 도시 소설이라는 범주적 틀 속에서 접근해도 의미 있는 작업이 될 정도로 도시 소설로서의 전형을 전형적으로 보여주고 있다고 할 수 있다.
14)「무진기행」과「서울 1964년 겨울」두 작품에 대해서는 근대적 주체의 불행한 의식이라는 개념틀과 관련하여 이미 작품론을 시도한 바 있다. 이에 대해서는 공종구,「김승옥 소설의 근대성」,『현대소설연구』제9호, 1998. 12 참조

분명한 형태로 보여주고 있다는 점이다. 다른 하나는 「역사」 이후의 대부분 작품들이 이 작품의 문제의식에 대한 다양한 변주라는 점에서이다. 내화(內話)의 앞뒤를 외화(外話)가 둘러싸고 있는 닫힌 액자소설의 서술구조의 얼개를 취하고 있는 이 작품에서 주체의 불행한 의식을 야기하는 대립적 질서를 표상하는 공간으로 기능하는 장소는 '창신동 빈민가의 하숙집'과 '병원처럼 깨끗한 이층 양옥'이다. 기하학적 대칭의 상관속을 이루는 그 두 공간이 형성하는 이항 대립적 질서와 가치의 구체적 세목들은 '신문지로 도배된 벽에 볼펜 글씨로 창신동에 사는 사람들은 모두 개새끼라는 30년대식의 낙서가 적힌 벽'/'하얀 회로 발라져 있고 지나치게 깨끗한 벽', '빗물이 새어서 만들어진 얼룩 등으로 누렇게 변색된 육각형 무늬의 도배지가 있고 머리를 숙여야 할 정도로 낮은 천장'/'아무런 무늬도 없는 갈색 베니어로 되어 있는 꽤 높은 천장', '온갖 소음과 시장의 훤화로 들끓는 주변'/'며느리의 엘리제를 위하여라는 피아노 곡을 제외하고는 아무 소리도 없어 마치 여름날 숲속에 들어앉아 있는 것처럼 조용한 느낌을 주는 주변', '무질서하고 퇴폐적인 생활'/'규칙적인 생활 제일주의' 등이다.

이러한 구체적 세목들의 대립체계는 나의 불행한 의식과 관련하여 알레고리적 공간으로 기능하고 있는데, 이를 알레고리적 함의의 대립항으로 치환하면 원초적 건강성과 개인의 자유의지를 억압하는 근대적 규율 권력의 폭력성이 지배하는 공간/원초적 건강성과 개인의 자유의지가 활성화되는 공간, 수직적인 위계에 의한 체제의 권력의지가 지배하는 공간/수평적인 평등에 의한 반체제의 저항의지가 지배하는 공간, 전방위적 감시체계에 의한 억압과 통제가 일상적으로 관철되는 금기의 공간/거의 기계의 수준에서 작동되는 획일적인 질서에 대한 일탈과 모반의 의지가 관철되는 위반의 공간으로 설정할 수 있다. 이러한 해석적 맥락에서 볼 경우 이 작품의 의미를 "질서와 안정이라는 도시 생활의 현실적인 덕목들을 충실히 수행하는 삶과 불안하고 무질서한 시원의 힘에 무의식적으로 끌리는 삶의 뚜렷한 대비"[15]

로 규정하는 지적은 타당해 보인다.

알레고리적 가치를 표상하는 이층 양옥에 대한 '나'(내화)의 태도와 '나'의 태도에 대한 '나'(외화)16)의 반응은 양가적인데 두 서술 주체의 양가적인 태도와 그와 관련된 작가의 의도를 밝히는 작업은 이 작품의 실체를 해명하는 관건이 되고 있다. 먼저 도회지 삶의 질서와 부르조아 일상성의 세계를 표상하는 병원처럼 깨끗한 이층 양옥에 대한 나(내화)의 지배적인 태도는 소외와 거부이다. 이층 양옥에 대한 소외감은 '일주일이란 보수를 치르고도 어처구니 없는 기억의 단절'을 가져올 정도로 도저하며, 거부감 또한 '무서운 괴물이라도 보는 듯한 권태와 혐오'의 감정을 야기할 정도로 도저하다. 창신동 빈민가 하숙 동료인 서씨의 동대문 모티프는 도구적 이성이 관철되는 관리되는 사회의 전방위적 감시체제에 의해 원초적 건강성과 주체의 자유의지를 식민화하는 도회지 질서에 대한 초월의지에 다름 아니다. 서씨의 행위가 이루어지는 시간이 금기의 시간인 통행금지가 지난 위반과 모반의 시간이라는 점에서 그러한 해석은 무리가 아니라고 볼 수 있다.

한편 소외와 거부의 반응에 비해 상대적으로 미약하긴 하지만 나는 또한 이층 양옥의 삶에 대해서 동경과 편입에의 욕망을 드러내기도 한다. '빈 껍데기의 생활'로 규정하고 있는 완강한 도회지 질서에 대한 저항의지의 실천인 음료수에 흥분제를 타는 자신의 행위를 준비하는 과정에서 확고한 신념이나 자신감을 가지지 못한 채 끊임없이 동요와 회의를 보이는 것도 이층 양옥의 표준화된 삶에 대한 동경과 편입의 무의식적 욕망이 투사된 결과로 보아야 할 것이다. 또한 도회지 질서의 가치에 대한 나(내화)의 양가

---

15) 이혜원, 앞의 글, 138면.
16) 내화의 '나'와 외화의 '나'는 서술구조상의 구분일 뿐 실제로는 별다른 의미를 지니지 못한다. 두 사람의 서술 주체 모두 서울 생활에 대한 김승옥의 실제적 자아가 투영된 존재이기 때문이다. 그런 맥락에서 볼 때 이 작품의 액자 소설 형식을 "자기 고백적 요소를 지우기 위한 위장술"로 규정하고 있는 김명석의 지적은 타당해 보인다. 김명석, 「일상성의 경험과 탈출의 미학:김승옥론」, 민족문학사연구소 현대문학분과, 『1960년대 문학연구』, 깊은샘, 1998, 353면.

적 태도에 대해 외화의 나 또한 명확한 판단은 유보한 채 '솔직히 말하면 나도 모르겠다. 알 수 있는 것은 다만, 그 젊은이가 보았다는 두 가지 생활이 사실 내 바로 곁에 공존(共存)하고 있다고 하면 나도 좀 멍청해져버리지 않을 수 없으리라는 느낌뿐이었다'는 둔사로 대응하고 있을 뿐이다.

지금까지의 분석을 통해서 알 수 있는 바와 같이 이층 양옥으로 표상되는 도회지 질서와 가치에 대한 나의 반응은 강렬한 소외와 거부의 정서가 지배적이긴 하지만 그 이면에 동경과 편입에의 욕망 또한 숨어 있음을 알 수 있었다. 그러면 김승옥이 그러한 공간 설정을 통해서 의도하고자 한 바는 과연 무엇이었을까? 자신의 자전적 정보와 관련된 글들에서 김승옥은 고등학교 졸업 이후 경제적인 독립과 문화적인 차이로 인해 겪었던 서울 생활에서의 소외감과 어려움을 적지 않게 토로하고 있다. 그러면서도 결국은 앞으로 자신의 생존의 뿌리를 드리워야 할 곳 또한 서울이라는 사실 또한 분명하게 깨닫고 있음을 알 수 있다. 서울 생활에 대한 김승옥의 절박한 현실 감각과 문화적 충격에 가까울 정도로 낯선 환경에서 경험하게 되는 소외와의 괴리로 인한 정체성의 혼돈과 존재론적 갈등이 소설의 형식을 빌어서 나타난 것이 바로 「역사」라고 할 수 있다. 그러한 맥락에서 볼 때 도시 체험을 원천으로 삼고 있는 일련의 소설들의 창작동인을 "서울이라는 낯선 환경에서 예민한 촉수를 가다듬으며 긴장된 방어기제를 구축한"[17]결과로 보는 지적 또한 설득력이 있어 보인다.

「역사」와 「무진기행」 이후에 발표된 작품들에는 도회지 삶에 대한 양가적 반응으로 인한 주체의 불행한 의식의 강도는 현저히 약화되어 나타난다. 그것은 「역사」 이후의 작품들이 거의 대부분 서울 생활에 이미 편입된 이후의 존재론적 갈등을 다루고 있기 때문이다. 그렇기는 하나 서울로 표상되는 도회지 삶을 부정적인 가치의 담지체로 규정하는 「역사」에서의 기본적인

[17) 이혜원, 앞의 글, 138면.

문제의식은 이들 작품들에서도 반복적으로 변주되고 있다.

「싸게 사들이기」는 관계 그 자체로 만족하기보다는 상대방을 목적을 위한 수단으로 도구시하는 소외된 인간관계를 통해서 비정한 도회지 삶에 대한 비판적 성찰을 형상화하고 있는 작품이다. 이 작품의 서사주체로 기능하는 K와 K가 단골로 드나드는 헌책점의 주인인 곰보는 모두 존재와 세계에 대한 태도에서 진정성을 결여하고 있다는 점에서 문제성을 지니고 있다. 이들이 구사하는 대화 내용이나 말투는 위악적이거나 냉소적이며 따라서 진실성 또한 거의 없다. 이들의 대화는 또한 상대방의 말에 진실성이 없을 것이라는 사실을 미리 전제하고서 이루어지는, 그런 점에서 불구적인 대화이다. 그들의 대화가 불구적임을 보여주는 서사정보가 바로 상대방의 말을 항상 '거짓말'로 단정해버리는 인물들의 일관된 반응이다. 더욱이 그들의 대화는 무료한 일상을 허비하는 차원에서 이루어지고 있다는 점에서 철저히 소외된 대화일 뿐이다. 상대방의 행동에서도 그들은 위선과 허위의 징후만을 민감하게 포착할 뿐이다.

한 인간이 안정적이고 정상적인 실존을 영위하는 데 중요한 바탕을 이루는 '기초적인 신뢰'가 무너진 이들에게 인간관계에서 가장 중요하게 고려되는 가치는 사용 가치로부터 분리된 채 이윤 추구에 기초한 자본의 고유한 논리를 따라 진행되는 거래로서의 이해일 뿐이다. 따라서 K에게 중요한 것은 속임수와 거짓을 통해 헌책을 싸게 사들이는 방법뿐이며, 곰보에게 중요한 것은 단골인 K에게조차도 수단을 가리지 않고 비싸게 파는 방법일 뿐이다. 한마디로 이들은 상대방을 먼저 속여서 조금의 이득이라도 취하는 것이 최선의 보신술이라는 전도된 가치관에 포박되어 있는 인물들이다, '혁명적으로 살아야 한다, 습관도 아니고 단순한 충동도 아니게, 계산하고 계산해서'라는 K의 진술이야말로 인간관계마저도 자본주의적 상거래 차원에서 도구화하는 인물들의 사물화된 의식의 황무지 상태를 극명하게 보여주는 정보이다.

전도된 가치관과 사물화된 의식의 양상은 남편인 곰보의 묵시적인 동의 하에 매춘을 통해 성의 교환가치와 시장적 거래를 인간관계로 치환해버리는 곰보의 마누라와 K의 친구인 R에게서도 그대로 반복되고 있다. 이 작품에서 보여지는 도시적 인간관계의 본질은 "인간은 인간에게 늑대(homo homini lupus)라는 홉스의 인간관에 기초한 이해 중심적 불신과 생존 투쟁"[18]이 일의적으로 관철되는 장일 뿐이다.

「야행」은 남편으로 표상되는 도회지 남성들에 대한 현주의 소외가 자극하는 일탈 욕망을 통해서 도회지의 일상적 질서에 대한 비판적 성찰을 형상화하고 있는 작품이다. 이 작품에서 반복적으로 등장하고 있는 '울타리 안의 이곳'과 '울타리 너머의 저곳'이라는 대립항은 도회지 일상을 넘어서고자 하는 현주의 일탈 욕망과 관련하여 텍스트 전략 차원에서의 공간적 메타포로 기능하고 있다. 따라서 대립적인 가치를 표상하는 공간적 메타포의 함의를 밝혀내는 작업이야말로 텍스트 해석의 요체를 이룬다.

'이젠 이미 습관이 되어 버린 연극'을 통해 현주와의 사실혼 관계를 속이고 있는 남편을 정점으로 대부분의 도회지 남성들이 '제2의 자연'으로 안주하고 있는 공간인 울타리 안의 이곳이 표상하는 세계는 "저항할 수 없는 습관의 권위"[19]에 의해 기계적으로 반복되는 일상의 세계이다. 표준화된 소시민적 욕망과 허위의식에 포박된 이들은 차이없는 반복의 반복을 반복하는 도회지 일상으로부터 좀체 벗어나려 하지 않는다. 예외없이 모든 인간이 사는 생활인 일상으로부터 벗어난다는 것은 이들에게 심각한 존재론적 문제를 야기하기 때문이다. '대낮의 생활로부터 이 도시로부터, 자기의 예정된 생활로부터, 자기가 싫증이 날 지경으로 잘 알고 있는 자기 자신으로부터 도망해보고 싶은 욕구'에서 출발한 도회지 사내들의 일탈이 '잠깐 울타리를 뚫고 밖으로 나가보나 아침이 되면 얼른 제자리로 돌아오는, 울타리 안에서

---

18) 전광식, 『고향』, 문학과 지성사, 1999, 90면.
19) 미셸 마페졸리, 박재환·이상훈 역, 『현대를 생각한다』, 문예출판사, 1997, 158면.

울타리를 만지작거리며 생각만 한없이 되풀이하고 있는' 한시적이며 조건부의 행위 차원에 머무를 수 밖에 없는 것도 일탈 이후에 그들이 감당해야 할 존재론적 문제에 대한 책임 때문이다. 존재의 수동성이야말로 근대 자본주의 사회의 가장 특징적인 소외 형태의 하나로 보고 있는 헬러의 입장을 따를 경우 이들이 수락하는 일상이란 "일상생활의 구조적인 특징들이 경직화되어 개인에게 운동의 여지와 발전의 가능성들을 허용하지 않는 소외된 일상"20)일 뿐이다.

반면, 백주에 폭력적인 방법으로 자신을 폭행한 낯선 사내가 유혹하는 공간인 울타리 너머의 저곳이 표상하는 세계는 도회지의 제도나 규범, 관습의 체계나 행동양식이 아무런 힘도 발휘하지 못하는 원초적 건강성이 지배하는 세계이다. '억세게 끌어당기는 사내의 악력', '땀에 젖어 미끄러운 틈으로부터 들려오는 생명의 거친 숨소리', '허우적거리게 만드는 공포와 혼란의 뜨거운 늪', '쉴 줄 모르고 솟아나 온몸을 목욕시키던 땀' 등은 일상의 검열이나 억압을 일거에 무화시켜 버리는 원초적 건강성이 지배하는 야성의 세계를 표상하는 운동성 이미지들이라고 할 수 있다.

텍스트 전략 차원에서 공간적 메타포로 기능하고 있는 두 장소들 가운데 현주는 울타리 안의 이곳의 세계에 대해서는 '증오와 혐오'의 태도를, 울타리 너머의 저곳의 세계에 대해서는 '동경과 갈망'의 태도를 보이고 있다. 두 공간에 대한 현주의 상반되는 태도는 일상 속에서 나타나는 존재와 본질 사이의 간극과 분열의 해소를 통한 일상으로부터의 소외 극복을 감행하는 주체의 의지를 표상한다. '뜨거운 8월 어느 날 우연히 한번 넘어서본 적이 있던 울타리를 넘고 싶다는 욕구를 발작적으로 강렬하게 느낄 때마다 바가문을 닫는 밤시간에 억센 끌어당김에 의한 공포와 혼란의 뜨거운 늪을 느끼게 해 준 그 사내와의 만남을 갈망하면서' 밤거리를 배회하는 현주의 '야행'

---

20) 강수택, 『일상생활의 패러다임』, 민음사, 1998, 83면, 104면.

이 지니는 상징적 함의는 따라서 '주관적 항거'(subjektive Auflehnung)을 통한 소외된 일상의 극복 이후 '복된 생활'(Glückseligkeit)이나 '뜻깊은 생활'(das sinnvolle Leben)[21]을 모색하고자 하는 주체의 의지로 해석할 수 있다. 현주의 의식 속에서 끊임없이 반복되는 울타리를 벗어나고 싶은 욕망은 한마디로 허위의식과 위선으로 가득 찬 속물적인 현실과 원초적인 건강성이 거세되어 버린 타락한 세계로부터의 탈출 의지에 다름 아니다. 그러한 해석적 맥락에서 볼 때 현주의 성적 일탈을 "일상에서의 탈출을 꾀하는 상징적 행위로 이해하는"[22] 지적은 설득력을 얻고 있다.

'황혼과 해풍 속에서 사는 시골 사람들의 선한 삶과' '안녕하십니까 속에서 사는 서울 사람들의 악한 삶'이라는 위계적 공간 설정을 통해서 위선과 허위의식이 지배하는 도시적 인간관계의 불모성을 형상화하고 있는 「누이를 이해하기 위하여」나 성마저도 교환가치의 대상으로 도구화하는 어른들의 폭력성과 거짓 세계에 대한 어린 화자의 상실감과 비애를 통해서 도시적 질서의 야만성을 형상화하고 있는 「염소는 힘이 세다」 모두 도회지 질서의 규범과 가치에 대한 비판적 문제의식을 공유하고 있다.

2) 도회지 질서와 부르조아 일상성의 세계에 대한 편입 욕망

한편 「차나 한잔」이나 「들놀이」에 오면 근대적 주체의 불행한 의식의 초점화 양상에 일정한 변화가 나타난다. 그 변화는 다른 작품들에 비해 이 작품들의 서사 초점이 도회지 질서에 편입하고자 하는 주체들의 소시민적 욕망 쪽으로 하강 이동하는 양상이다. 그러나 그러한 서사 양상의 변모는 표면적인 현상일 뿐이고 이 작품들에서도 도회지 삶에 대한 비판적 성찰이라는 근본적인 문제의식을 공유하고 있다는 점에서 그 본질에서는 다른 작품들과 궤를 같이 하고 있다고 할 수 있다.

---

21) 앞의 책, 112면.
22) 김명석, 앞의 글, 371면.

김승옥은 자신이 발표한 작품들의 창작동기나 배경을 설명하는 글에서 "나로서는 항상 여러 앵글에 의하여 여러 의미가 추출될 수 있는 소설들을 쓰는 것이 작품 쓸 때마다 (가지게 되는) 포부"[23]라는 창작방법의 일단을 피력한 바 있는데 「차나 한잔」이야말로 그러한 포부에 가장 근접해 있는 작품이다. 그만큼 이 작품의 의미망은 다층적이고 개방적이며 따라서 비확정적이다.[24] 그럼에도 불구하고 근대적 주체의 불행한 의식이라는 이 글의 문제의식과 관련하여 그 의미를 한정할 경우, 이 작품의 기저에는 "그때까지의 서울 생활 4년을 통하여 내가 느꼈던 도시 문화인의 불안을 희화적으로 써보려 했다"[25]는 작가의 고백에서 엿볼 수 있는 바와 같이 서울 생활에서 느낀 김승옥의 소외와 불안 의식이 텍스트의 무의식에 투사되어 있음을 알 수 있다.

「차나 한잔」은 초점인물로 기능하는 만화가 이 선생의 소외와 불안을 통해서 도회지 질서의 규범이나 구성원들의 소통 양식의 위선에 대한 비판적 성찰을 형상화하고 있는 작품이다. 만화가 이 선생의 소외와 불안을 자극하는 요소는 크게 두 가지이다. 하나는 자신의 호구지책과 연명의 수단이 되고 있는 신문 연재 만화의 작업 과정에서 경험하게 되는 소외이다. 다른 하나는 신문 연재 중단 사실을 알게 되는 과정에서 신문사 문화부장을 포함한 주변 인물들의 소통 양식에서 경험하게 되는 소외이다.

먼저 호구지책과 생계 유지 차원에서 이루어지는 이 선생의 만화 연재

---

[23] 김승옥, 앞의 글, 174면.
[24] 「차나 한잔」의 초점인물로 기능하는 만화가 이선생의 소외를 자극하는 신문 연재 중단의 원인을 1960년대의 사회·역사적인 맥락에서 접근할 경우(실제로 작품 내적 정보에도 상당히 명시적인 형태로 서술되고 있음), 이 작품은 당시 박정희 군사 독재정권의 언론탄압을 통한 권력의지의 작동과 미국에 대한 문화적 종속이라는 관점에서도 해석할 수 있다. 이 작품을 그러한 해석적 맥락에서 접근할 경우 그 의미는 이 글의 논지와는 상당히 다르게 규정된다. 또한 이 작품은 서로가 익명의 섬으로 떠도는 도시적 인간관계의 불모성에 대한 접근으로도 그 해석이 가능하다. 그만큼 이 작품의 의미망은 중층 결정되어 있다.
[25] 김승옥, 앞의 글, 169면.

작업은 고전적인 의미에서의 자본주의 사회의 노동의 소외를 반영하고 있다. 이 선생의 만화 작업은 '그러나 그보다는 국민된 자의 공분(公憤)으로써 때로는 겁나는 줄 모르고 정부를 공격하고 사회악을 비꼬던' 자신의 비판 의지가 '재미있게, 그저 독자를 웃기게만 해달라는' 문화부장의 반강제적 권고로 대변되는 신문사측의 상업적 의지에 의해 식민화된 상태에서 이루어 지고 있다는 점에서, 따라서 더 이상 노동자의 자유로운 의식에 기초한 자기 활동이기를 멈추고 타인을 위한 타인의 활동으로 도구화되는 결과 노동의 창조적 즐거움이 소거된 상태에서 이루어지고 있다는 점에서 그러하다. '어제와 오늘과 그리고 내일을 순조롭게 연속시켜주는 것을 붙잡아둬야 한다'는 일상의 욕망에 강박적으로 포박된 이 선생이 신문 연재가 중단되었다는 사실을 알게 되는 과정에서 경험하게 되는 긴장과 불안으로 인해 나타나는 간헐적인 배앓이는 총체적인 인간으로서의 자기 전개의 가능성을 극도로 차단당한 채 단편화되고 물신화된 일상을 반복해야 하는 자신의 경제적 소외에 대한 신체적 징후에 다름 아니다. 그러한 경제적 소외는 또한 '손톱만큼이라도 좋으니 나의 주장이 있었어야 할 게 아닌가'라는 이 선생의 내적 독백을 통해서도 명료한 형식을 얻고 있다.

한편 도회지 구성원들의 소통 양식을 통해서 이 선생이 경험하게 되는 소외는 비정하고 공허한 인사 예법을 매개로 이루어지고 있다. 이 선생의 소외를 자극하는 비정하고 공허한 인사 예법으로 기능하는 텍스트 정보로는 이 작품의 표제이기도 한 '차나 한잔 하러 가실까요?', '이형 다음에 좀 봅시다', '오늘치 만화 좀' 등을 들 수 있다. 이러한 서울식의 인사 예법들이 가지고 있는 공통점은 기표와 기의 사이에 활발한 유희 활동이 전개되면서 현존의 끝없는 유보를 강요하는 차연의 메카니즘이 작동되고 있다는 사실이다. 따라서 그 예법들의 언표와 언표 이면의 실체 사이에는 엄청난 의미론적 차이의 심연이 존재하게 된다. '차나 한잔 하러 가자'라는 언표는 '신문 연재가 중단되었다'는 언표 이면의 실체로, '이형 다음에 좀 봅시다'라는 언표는 '그럼 다음에 또 만납시다.

안녕히 가십시오'는 실체로, '오늘치 만화 좀'이라는 언표는 '오늘부터는 그리실 필요가 없게 됐습니다'라는 실체로 해석되는 의미론적 산종을 야기하게 된다. 이제까지의 분석에서 알 수 있는 바와 같이, 계속적인 신문 연재를 통하여 도회지 질서에 편입하고자 하는 이 선생의 욕망은 표면적인 것이고 텍스트의 무의식으로 기능하는 것은 두 가지 층위의 소외를 통해서 그 당시 도회지 질서의 규범이나 구성원들의 존재양식에 대해서 비판적인 성찰이라고 할 수 있다.

「들놀이」에 오게 되면 도회지 질서에 편입하고자 하는 주체의 소시민적 욕망이 「차나 한잔」에 비해 더 분명하고도 강한 형태로 드러나고 있다. 그러나 「들놀이」 역시 혼자서만 들놀이의 초대장을 받지 못한 맹상진 군의 소외를 통해서 현대 조직 사회의 권위주의적 지배의 횡포와 폭력에 대한 비판적 성찰을 형상화하고 있다는 점에서 서울로 표상되는 도회지 질서에 대한 김승옥의 문제의식이 투영된 작품이라고 하겠다.

윤영일 사장이 무소불위의 절대권력을 행사하는 영일무역 주식회사를 통해서 드러나는 조직 사회의 실체는 거의 절대왕권의 지배와 큰 차이가 없는 권력의지의 행사를 통해서 구성원들에게 일방적으로 군림하는 1인 왕국의 모습 바로 그것이다. 그리고 그 회사의 시장 개척과의 말단 직원인 맹상진 군을 비롯한 35명의 구성원들은 계약을 인간관계의 본질로 하는 현대의 조직 사회에서 그 고유한 본질이나 가치에 의해 규정되지 않고 교환가치에 의한 상품의 지위로 전락하여 인간성을 상실하고 마는 소외된 인간 군상들의 초상을 대변하고 있다. 윤영일 사장과의 일방적인 주종관계에 놓인 35명의 회사원들이 한결같이 제도적 격리와 배제의 불안으로 인해 일상적인 감시와 통제를 내면화한 상태에서 소외된 일상을 반복하게 되는 것도 그들의 소외된 존재론적 지위를 반영하고 있는 것이다. 회사 동료인 이군과의 대화에서 초대장을 받지 못한 자신의 불안이나 소외를 '아무튼 난 초대장을 받았다고 해도 가지 않을 거야'라는 뻔한 방어기제를 통해서 해소하고자 하는 맹상진군의 안간힘이야말로 "원자화된 사회에 사는 개인들이 느끼는 고립감으로 인한 가담에의 욕구가"26) 얼마나 큰 것인가를 반어적으로 증명하고 있다.

지금까지의 텍스트 분석을 통해서 알 수 있는 바와 같이, 김승옥은 1960년대 서울이라는 공간으로 표상되는 도회지 질서의 지배적인 성격을 '도시:악 / 고향:선'이라는 대립적 위계에 기초한 평가적인 시각에 의해 규정하고 있음을 알 수 있었다. 김승옥 소설에 나타나는 도회지 삶의 지배적인 모습은 인간성 상실과 교류의 단절로 인한 소외와 고독, 정체성의 위기와 주체의 분열로 인한 존재론적 갈등, 위선과 허위가 지배하는 타락한 공간, 모든 사물의 질적 차이를 무화하는 교환가치의 지배적인 규정력의 식민화, 아주 사소한 일상의 수준에서까지 관철되는 미시적 억압과 통제의 강제, 차이없는 반복의 반복이 반복되는 일상의 억압 등의 부정적인 이미지로 요약할 수 있다. 존재와 세계에 대한 김승옥의 근본적인 인식을 반영하고 있는 비극적인 도시관의 강도가 어느 정도로 도저한가는 "하느님의 위로가 없는 한 지금도 그리고 앞으로도 우리들의 상황은 60년대인 것이다"27)라는 묵시론적인 진단이 한치의 가감없이 명징하게 증명하고 있는 바이다. 그런 점에서 근대적 주체의 불행한 의식을 서사 대상으로 초점화하고 있는 김승옥의 소설들 또한 근대 도시의 근본적인 성격을 "고향과 자기 정체성의 무덤"28)이라는 부정적인 이미지로 파악하고 있는 다른 작가들의 도시 문명 비판론자들의 시각을 공유하고 있음을 알 수 있다.

4. 나오는 말

1950년의 한국전쟁과 1960년대의 근대적 도시 체험이 원천서사로 기능하

---

26) 프리츠 파펜하임, 황문수 역, 『현대인의 소외』, 문예출판사, 1994, 71면.
27) 김승옥, 「나와 소설쓰기」, 『김승옥 소설전집』1, 문학동네, 1995, 8면.
28) 전광식, 앞의 책, 90면.

고 있다는 전제하에 김승옥의 단편들을 '통과제의적 주체의 서사'와 '근대적 주체의 서사'로 범주화하여 그 실체를 해명해보고자 한 것이 이 글의 목적이었다. '주체의 불행한 의식'이라는 개념적 틀을 통해서 김승옥 소설의 실체를 해명해 본 이 글의 논지를 요약·정리하는 것으로 결론을 삼고자 한다.

두 가지 계열체의 서사 범주에 속하는 상당수 작품들의 플롯이 상호 대립하는 가치에 대한 서사 주체의 양가적 태도나 길항적 의식이 서사를 추동해 나가는 이항 대립적 구조로 되어 있음을 알 수 있었다. 그리고 그 강도의 상대적 차이는 존재하나 두 계열체의 서사 모두 존재와 세계에 대한 비극적 세계관이 구성적 의식으로 기능하고 있음을 알 수 있었다. 그러한 서사 특성들은 지배적인 서사 대상으로 초점화되고 있는 주체의 불행한 의식과 구조적 상동관계에 있음을 밝혀 보았다.

어린 화자가 초점인물로 등장하는 「건」과 「생명연습」 두 작품을 대상 텍스트로 분석한 통과 제의적 주체의 서사에서는 10살의 나이에 경험한 한국전쟁을 매개로 존재와 세계가 그 이면에 감추고 있는 '악의 발견' 이후 순정한 유년의 세계가 붕괴되는 아픔과 상실감을 통해서 존재론적 전환을 예비하는 통과 제의적 모티프가 지배소(dominant)로 기능하고 있음을 있었다. 두 작품의 분석 결과 김승옥에게 한국전쟁은 충격적인 경험을 통해 순진과 무지의 상태에 있는 어린 아이로 하여금 세계의 폭력성과 존재의 야만성을 고통스럽게 인식하게 하는 통과제의적 세계로 나타나고 있음을 알 수 있었다. 통과제의적 주체 서사의 바탕에 깔린 존재와 세계에 대한 비극적 인식은 청·장년기의 화자가 초점인물로 등장하는 근대적 주체의 서사에서도 반복적으로 변주되고 있음을 알 수 있었다.

한편, 1960년 상경 이후 시작된 서울 생활에서 자신의 생존의 뿌리를 내려야 한다는 현실 감각과 문화 충격에 가까울 정도로 생소한 환경에서 경험하게 되는 소외와의 괴리로 인한 정체성의 혼돈과 존재론적 갈등이 근대적 주체의 서사군에 속하는 작품들의 구성적 의식으로 작용하고 있음을 알 수 있었다. 그러한 해석적 맥락과 관련하여 그와 같은 구성적 의식을 선명한 이항 대립 구조의 틀이라는 분명한 형태로 보여주고 있다는 점과 그 이후의 대부분 작품들이 그 문제의식에 대한 다양한 변주라는 점에서 「역사」가 이 계열체의 서사군에 속하는 작품들의 원형을 이루고 있다는 전제하에 나머지 작품들에 대해서도 접근하였다.

근대적 주체의 불행한 의식의 초점화 양상에 일정한 변화가 나타나기는 하나 「역사」, 「싸게 사들이기」, 「야행」, 「누이를 이해하기 위하여」, 「염소는 힘이 세다」, 「차나 한잔」, 「들놀이」 등의 작품을 대상 텍스트로 분석한 근대적 주체의 서사에 나타나는 도회지의 지배적인 이미지는 부정적임을 알 수 있었다. 자신의 청년기 삶의 터전이었던 1960년대 서울이라는 공간으로 표상되는 도회지의 질서나 규범에 대한 김승옥의 기본적인 시각은 '도시:악 / 고향:선'이라는 대립적 위계에 기초한 평가적인 시각에 의해 규정되고 있음을 알 수 있었다. 그런 점에서 김승옥의 소설들 또한 도시의 근본적인 성격을 고향과 자기 정체성의 무덤으로 평가하고 있는 도시 문명 비판론자들의 시각을 공유하고 있음을 알 수 있었다.

'하느님의 위로가 없는 한 지금도 그리고 앞으로도 우리들의 상황은 60년대인 것이다'라는 김승옥의 묵시론적인 진단은 지금도 과연 유효한가? 김승옥의 소설에 대한 이 글을 끝내고 난 이후에도 이 질문이 강한 울림과 여운을 남기는 것은 도대체 무슨 이유에서일까?

김승옥 소설의 근대성

1. 들어가는 말

최근 들어 10년을 주기로 소설사의 의미단위를 구획하는 틀이 하나의 제도적 관행으로 자리를 잡아가는 듯 하다. 그 틀의 실체적 정합성 여부는 엄밀한 문학사적 검증을 요하는 일이겠지만 공동 연구 프로그램으로 생산된 최근의 연구 결과물들이 '1960년대 문학연구'나 '1950년대의 소설가들'과 같은 제목들로 선을 보이는 것만 보아도 그것이 전혀 터무니 없는 일만은 아닌 것 같다. 그 사실을 전제할 경우, '60년대 작가'라고 하는 영예로운 문학적 상징권력의 영주자리는 아무래도 김승옥의 몫으로 남겨두어야 할 것 같다.

한편 60년대의 작가라는 에피세트의 名과 實이 서로 어긋나지 않기 위해서는 김승옥의 소설은 최소한 두 가지의 전제를 충족시켜야만 된다. 우선 김승옥의 소설들은 그 이전의 50년대 소설과는 분명히 다른 질적 차별성을 지니고 있어야만 된다는 사실이 그 하나이다. 다른 하나는 김승옥의 소설이 60년대 시대정신의 본질과 핵심을 가장 정확하게 포착해고 있어야 한다는 사실이다. 그런데 대부분의 김승옥 소설들은 그 두 가지의 전제를 충족시켜 주고 있다.

> 언제부터인가 나에게 60년대 작가라는 별칭이 붙어다니는데 아닌게 아니라 이제 보니 이 카테고리야말로 60년대 상황인식이라는 걸 깨닫게 되는 것이다. 60년대를 고려하지 않는다면 내가 써낸 소설들은 한낱 지독한 염세주의자의 기괴한 독백일 수밖에 없을 것이다. 60년대라는 조명을 받음으로써 비로소

소설들은 일상적인 모습으로 동작하는 것이다. 내가 '60년대 작가'임을 스스로도 인정하지 않을 수 없었다.(『김승옥 소설전집』 1권 7면)

    이 인용문면은 1995년 문학동네에서 발행한 『김승옥 소설전집』의 앞 부분에 「나와 소설쓰기」라는 제목으로 실린 글로 독자들에게 섬세한 독서를 요구한다. 그것은 이 글이 자신의 작품에 대한 중요한 열쇠를 제공하고 있는 작품의 존재론 성격을 띠고 있기 때문이다. '60년대를 고려하지 않는다면 내가 써낸 소설들은 한낱 지독한 염세주의자의 기괴한 독백일 수밖에 없을 것이다'라는 작가의 고백적 진술처럼 김승옥의 소설은 1960년대라는 시대상황을 떠나서는 설화의 차원으로 떨어질지 모른다는 사실을 작가 자신이 인정할 정도로 1960년대적이다. 60년대 작가로서의 김승옥의 존재론을 드러내는 데 이 진술만큼 순진무구한 진술이 또 어디 있을까? 따라서 김승옥의 소설을 1960년대적인 것으로 규정하는 데 있어서 작가의 이 고백 이외의 다른 진술들은 한낱 군더더기에 불과할 것이다. 그러면 도대체 무엇이 김승옥 소설로 하여금 1960년대적인 것으로 만드는가? 그리고 또한 김승옥 소설이 그 본질과 핵심에 가장 정확하게 육박하고 있다는 1960년대 시대정신의 존재론적 실체는 과연 무엇인가? 이 두 가지의 물음[1])에 대한 성실한 답이야말로 김승옥 소설의 본질에 가장 빨리, 그리고 가장 정확히 도달할 수 있는 지름길이 아닐까 생각한다.

---

1) 첫번째 질문에 대해서는 「존재론서의 고독」이라는 글에서 천이두가 세 가지의 차이를 들어 50년대 문학과 김승옥 문학과의 변별적 차별성을 밝혀놓고 있다. 그 세 가지란 첫째, "50년대 문학이 예외없이 간직하고 있었던 강력한 이슈나 교훈주의에의 집착에서 완전히 벗어나 있다는 점. 둘째, 거의 대부분의 50년대 문학에서 볼 수 있었던 경화된 엄숙주의에서 연유되는 고도로 긴장된 문장의 톤에서 완전히 벗어나 있다는 점. 셋째, 인간의 소외의식 및 숙명적 조건으로서의 고독을 추상적인 서술을 통해서가 아니라 존재현장의 재현을 통해서 제시해 주고 있다는 점"이다.
천이두, 「존재로서의 고독」, 『제 삼세대 한국문학』, 삼성출판사, 1986, 426면.
따라서 이 글에서는 주로 두 번째 질문에 초점을 맞추어서 논의를 진행하고자 한다.

그러면 김승옥 소설의 지배적 동인으로 기능하고 있다는 60년대 시대정신의 본질과 핵심은 무엇이며, 그것은 또한 김승옥의 소설에 어떤 모습으로 그 얼굴을 드러내고 있는가?

사회사적인 측면에서 1960년대의 한국사회를 1950년대의 그것과 근본적으로 갈라서게 만드는 시대적 표지는 '근대성(modernity)[2]의 경험'이라고 할 수 있다. 1960년대는 1950년대 전후상황의 부정적 유산을 극복하는 과정에서 1970년대 본격적인 근대화 과정의 서막을 열었던 시대이다. '잘 살아보세'라는 군사정권의 개발독재 논리가 당대 사회 구성원들에게 상당한 담론 효과를 거두기 시작하면서 그 단초를 열었던 1960년대의 근대화 도정은 해방과 억압의 얼굴이 공존하는 근대성의 논리로부터 한치의 여유도 허용되지 않는 과정이었다. '모든 문명의 기록치고 야만의 기록 아닌 것이 없다'라는 발터 벤야민의 통찰과도 같이 야누스적 얼굴을 그 본질로 하는 '근대성의 역설'이 단초적 징후를 드러내면서 훨씬 더 폭력적이면서도 중층적인 모습으로 드러난 1970년대 자본주의적 근대화와 산업화 과정에서의 모순구조를 배태하는 시기가 바로 1960년대였다고 할 수 있다.

한편 "근대성의 산실이자 근대사회의 임상실험실"[3]로 기능하는 도시는 바로 근대성의 역설이 가장 선명하고도 구체적으로 드러나는 공간이다. 한쪽 얼굴에는 의욕적인 건설과 개발, 물질적 풍요와 편리, 대규모의 생산과 소비 등이 가져다주는 진보와 환희, 꿈과 희망의 활기찬 표정을, 다른 한쪽 얼굴에는 탈인간화와 범죄, 오염과 혼잡, 불평등과 소외에서 기인하는 두려

---

[2] 근대성 개념은 그 범주와 내포가 아주 중층적이다. 이 글에서의 근대성 개념은 자본주의 근대화에 따른 사회적인 변화와 개인적 경험으로 우리에게 신뢰와 위험, 기회와 위협, 또는 해방과 억압, 환희와 고뇌 등의 야누스적인 얼굴을 동시에 지닌 자기 모순적인 체계로 그 개념적 범주를 한정하고자 한다. 월러스틴은 근대성의 이러한 이중적 성격에 대해 '기술의 근대성'과 '해방의 근대성'과의 협력과 갈등이라는 개념으로 재치 있게 표현하고 있다.
[3] 마이크 세비지·알렌 와드, 김왕배·박세훈 옮김, 『자본주의 도시와 근대성』, 한울, 1996, 5~6면.

움과 우울함, 좌절과 상실감의 음울한 표정을 동시에 지니고 있는 공간이 바로 도시이기 때문이다. 한마디로 도시야말로 "자본주의 출현과 함께 정치, 경제, 문화 등의 총체적 사회과정 속에서 형성된 생활경험과 생활양식"[4])인 근대성 개념을 집약적으로 체현하고 있는 공간인 것이다. 그리고 엄밀한 도시 사회학적인 관점에서 서울이라는 공간이 본격적인 근대적 도시화를 경험하는 과정에서 사회적으로 더 안정되고 예측가능한 전통적인 생활방식과 대비되는 근대사회의 도서관이자 근대성의 텍스트로 기능하기 시작한 시기 또한 1960년대부터였다고 할 수 있다.

조박한 일반화의 수준에서 김승옥을 '60년대 작가'로 규정하는 이유는, 반영수준이나 구체적인 형상화 전략의 차이에도 불구하고 김승옥의 단편들은 대부분 씨앗의 형태로 발아중에 있던 1960년대의 근대성 경험을 날카롭게 반영하고 있기 때문이다. 당대의 지배적인 사회규범과의 갈등이나 역할기대의 부적응으로 인한 고독과 불안, 방황과 허무, 상실감과 소외의식에 시달리는 인물들이 서사의 추동인물로 기능하는 김승옥의 대부분 단편들은 서울에서의 근대성 체험에 대한 그러한 인물들의 양가적 반응이나 부정의 정신을 지배적인 서사대상으로 삼고 있기 때문이다. 특히, 김승옥의 단편들은 근대성의 논리가 관철되는 과정에서 파생되는 근대적 주체의 소외의식이나 실존적 자의식의 문제를 섬세하고 포착하고 있다.

이 글에서는 60년대 작가로서의 김승옥의 실체를 해명하는 리트머스 텍스트로 「1964년 겨울」과 「무진기행」 두 단편[5])을 선택하고자 한다. 그것은

---

4) 앞의 책, 5면.
5) 문학동네에서 1995년에 발행한 김승옥 소설전집에 의하면, 1962년 한국일보 신춘문예에 단편 「생명연습」으로 문단에 등장한 이후 1981년 종교적 계시를 받는 극적 체험과 함께 성경공부와 수도생활에 들어가면서 실질적인 창작활동을 중단하기까지 김승옥이 남긴 작품으로는 중·단편 20여 편, 장편 4편, 그리고 꽁트 35여 편 등이 있다. 양적으로 그렇게 풍성하다고 할 수 없는 작품들 가운데서 중·단편 20여 편, 그 중에서도 특히 단편들이 60년대 작가로서의 김승옥의 본령에 가장 가까우리라 생각한다. 「강변부인」을 포함한 장편에 대해서는 작가 자신이

그 두 단편이 근대성의 경험과 관련된 60년대 작가로서의 김승옥의 실체에 가장 근접해 있다라는 판단 때문이다. 이 글이 리트머스 텍스트로 선택한 두 단편의 정치한 분석을 통해 60년대 작가로서의 김승옥의 실체에 대한 성실한 탐색을 해보고자 하는 동기와 목적을 가지고서 출발하는 것도 그러한 판단에 맞물려 있다.

2. 근대성 경험의 구체적 실현태

근대적인 규범과 질서로 재편되는 과정에서 근대도시는 부르조아의 일상과 생활세계를 지배하는 도구적 합리성이 지배적인 규정범주로 기능하는 공간으로 변모하게 된다. 완전히 조직화되고 빈틈없는 기능연관으로 변한 근대도시에서 사회 구성원들은 제도화된 규범이나 질서에 순응하면서 살아갈 수밖에 없다. 그 과정에서 사회 구성원들은 근대도시의 제도적 규범이 강요하는 동일성 원리에 의해 존재의 개체성이나 자아의 순수성을 상실하게 된다. 또한 "교환가치의 보편화에 의해 존재의 고유한 질적 가치를 박탈당하는 물화(Verdinglichung)에 의한 소외(Entfremdung)로 인해 개인의 의식 속에서 세계는 상실되며 개인의 통일된 인격 또한 해체"[6]된다. 한마디로 푸코의 '유폐적 그물망'이나 아도르노의 '관리되는 사회'의 억압에 의해 주체의 자유의지를 거세당한 상태에서 "체계가 되어버린 사회의 고소공포증인 실존적인 불안"[7]을 항상적으로 경험해야만 하는 모습이 근대도시 사회구성원들의 일반적인 존재론적 지위라고 할 수 있다. 김승옥의 「무진기행」과 「1964

철저히 오락성을 추구하려 한 흥미 위주의 대중소설임을 굳이 부인하려 하지 않고 있다. 그 부분에 대한 작가의 고백에 대해서는 『김승옥 소설선집』(문학동네, 1995) 제1권 서두 부분의 「나와 소설쓰기」 참조.
그리고 앞으로의 작품인용은 인용문 끝에 『김승옥 소설선집』의 권수와 인용 면수를 적는 방식으로 통일하고자 한다.
6) 김유동, 『아도르노 사상』, 문예출판사, 1994, 84~92면.
7) 김유동, 『아도르노 사상』, 91면.

년 겨울」이 문제적인 것은 동일성의 원리에 의해 집합성이 관철되고 개별성이 함몰되는 근대도시의 존재론적 조건에 의한 근대적 주체의 소외와 상실감을 전형적으로 보여주고 있다는 데 있다.

1) 도시적 인간관계의 불모성에 대한 객관적 거리 : 「1964년 겨울」

서울생활이 야기하는 근대적 주체의 분열과 정체성의 위기를 통해서 근대성의 경험을 반영하고 있는 작품이 「무진기행」이라면, 「1964년 겨울」은 도시적 인간관계의 불모성을 통해서 근대성의 경험을 반영하고 있는 작품이다. 인간관계의 불모성이라는 주제와 관련하여 그 제목부터가 함축적인 이 작품은 포장마차에서 우연히 만난 세 사람이 서로의 지독한 외로움만을 확인하다 결국 그 중의 한 사람인 서적 외판원이 스스로 목숨을 끊은 후 두 사람은 헤어지게 된다는 이야기이다. 한마디로 이 작품은 살풍경처럼 황량한 '1960년대 서울의 밤거리에 대한 음울한 삽화'라고 할 수 있다.

이 작품에는 크게 두 개의 서사단락이 존재한다. 하나는 포장마차 안에서 우연히 만난 두 사람의 젊은이인 안과 나가 주고받는 대화가 추동해나가는 서사이고, 다른 하나는 그 두 사람의 대화에 끼여든 30대 중반의 서적 외판원이 합세하여 포장마차를 나온 후 그가 여관방에서 자살에 이르게 되기까지 그 세 사람이 길 위에서 충동적인 배회를 일삼는 과정에서 주고받는 대화가 추동해나가는 서사이다. 그 두 개의 중심서사를 추동해나가는 서사주체들의 대화, 특히 전반부 서사를 형성하고 있는 안과 나 사이에 주고받는 대화의 관계는 그 내용에 있어서 해체적이고, 그 형식에 있어서 유희적이다. 따라서 그들의 대화는 전경화(foregrounding)되어 있다. 그러한 대화의 양상은 현대사회에서의 소외와 고독이라는 이 작품의 주제를 효과적으로 전달하는 기능적인 담론효과를 거두고 있다. .

"김형, 꿈틀거리는 것을 사랑하십니까?"

"잠깐, 무슨 얘기를 하시자는 겁니까?"
"꿈틀거리는 것을 사랑한다는 얘기를 하려던 참이었습니다."
"퍽 음탕한 얘기군요."
"아니, 음탕한 얘기가 아닙니다"
"음탕하지 않다는 것과 정말이라는 것 사이엔 어떤 관계가 있죠?"
"모르겠습니다. 관계 같은 것은 난 모릅니다. 요컨대……"
"그렇지만 그 동작은 '오르내린다'는 것이지 꿈틀거린다는 것은 아니군요 김형은 아직 꿈틀거리는 것을 사랑하지 않으시구먼."
우리는 다시 침묵 속으로 떨어지는 술잔만 만지작거리고 있었다.
그런데 잠시 후에 그가 말했다.
"난 방금 생각해 봤는데 김형의 그 오르내림도 역시 꿈틀거림의 일종이라는 결론을 얻었습니다."
"그렇죠?" 나는 즐거워졌다. "그것은 틀림없이 꿈틀거림입니다. 난 여자의 아랫배를 가장 사랑합니다. 안형은 어떤 꿈틀거림을 사랑합니까?"
"어떤 꿈틀거림이 아닙니다. 그냥 꿈틀거리는 거죠. 그냥 말입니다. 예를 들면…… 데모도……"
"데모가? 데모를? 그러니까 데모……"
"서울은 모든 욕망의 집결지입니다. 아시겠습니까?"
"모르겠습니다"라고 나는 할 수 있는 한 깨끗한 음성을 지어서 대답했다.
그때 우리의 대화는 또 끊어졌다. 이번엔 침묵이 오래 계속되었다.
(김승옥 소설전집 1권, 204~206면)

포장마차에서 우연히 만난 나와 안 사이의 대화는 일방적인 소통회로 내에서만 기능하는 자족적 구조에 갇혀 있다. 두 사람의 대화는 의미있는 사회적 상호작용의 기능을 전혀 하지 못하고 끝없는 평행만을 거듭하고 있기 때문이다. 구청 병사계 직원으로 있는 나와 대학원생인 안 사이의 대화는 동일한 시공에 존재하는 스물다섯살의 동갑내기로서 있을법한 최소한의 의미있는 경험교환이 한번이라도 이루어지는, 법조차 없이 끝없이 겉돌고 어긋나기만 할 뿐이다. 자폐적인 보호고치(protective cocoon)[8]에 둥지를 튼 상태에서의 그들이 대화를 통해서 주고받는 경험내용이란 일상적 효용성에서 완전히 유리되어 있다. 그들의 대화는 상대방 질문의 틈새를 교묘히 비집고 나와 자신만의 유희적 공간에서 자유롭게, 그것도 의도적으로 떠다닐 뿐이다. 한마디로 그들의 대화는 서로 다른 대화의 코드가 생산해내는 유희적인 언표의 무위한 반복적 교환에 불과할 뿐이다. 그런 점에서 그들의 대화를 "그들의 권태와 무위의 시간소비를 나타내면서 동시에 익명의 부딪침 속에서 의미있는 경험교환이 이루어지지 않고 있다는 도회적 삶의 국면을 드러내는 독백의 교체"9)로 보는 지적은 설득력이 있어 보인다.

　나는 심각한 얘기를 좋아하는 이 친구를 골려주기 위해서 그리고 한편으로는 자기의 음성을 자기가 들을 수 있는 취한 사람의 특권을 맛보고 싶어서 얘기를 시작했다.
　"평화시장 앞에 줄지어 선 가로등들 중에서 동쪽으로부터 여덟 번 째 등은 불이 켜 있지 않습니다." 나는 그가 좀 어리둥절해하는 것을 보자 더욱 신이 나서 얘기를 계속했다.
　"……그리고 화신백화점 육 층의 창들 중에서는 그 중 세 개에서만 불빛이 나오고 있었습니다……"
　그러자 이번엔 내가 어리둥절해질 사태가 벌어졌다. 안의 얼굴에 놀라운 기쁨이 빛나기 시작했기 때문이다.
　그가 빠른 말씨로 얘기하기 시작했다.
　"서대문 버스정거장에는 사람이 서른두 명 있는데 그 중 여자가 열일곱 명이었고, 어린애는 다섯 명 젊은이는 수물한 명 노인이 여섯명입니다."
　"그건 언제 일이지요?"
　"오늘 저녁 일곱시 십오분 현재입니다."
　"야" 하고 나는 잠깐 절망적인 기분이었다가 그 반작용인 듯 굉장히 기분이 좋아져서 털어놓기 시작했다.(김승옥 소설전집 1권 207면)

또한 그들의 대화는 의미교환을 전제로 하고서 이루어지는 것이라기보

---

8) 앤소니 기든스, 권기돈 옮김, 『현대성과 자아정체성』, 새물결, 1997, 41면.
9) 유종호, 「슬픈 도회의 어법」, 『무진기행』외, 한국소설문학대계45, 동아출판사, 1995, 532면.

다는 대화 그 자체의 물리적 연장과 지속을 목적으로 하는 공허한 말놀이의 차원으로까지 전락하게 된다. 더욱이 그러한 공허한 말놀이는 '심각한 얘기를 좋아하는 안을 골려주기 위해서'라는 나의 진술이 시사하는 바와 같이 작위적이고 위악적이기조차 하다.

안과 나의 위악적인 태도는 후반부 서사의 주체로 기능하는 서적 외판원과의 관계에서도 그대로 반복된다. 서적 외판원과의 대화는 나와 안 사이의 대화에 편집증적 집착에 가까울 정도로 절박하게 매달리는 서적 외판원의 간청에 의해서 이루어진다. 서적 외판원이 두 사람의 대화에 그렇게 매달리는 이유는 아내의 사체를 병원에 팔아버린 죄의식과 자책감으로 인한 현실감각의 상실 때문이다. 분명한 목적이나 일정한 지향없이 떠도는 배회의 과정에서 서적 외판원이 충동적인 낭비행각과 돌발적인 행동을 반복하거나 환시를 경험하는 이유 또한 그러한 죄의식과 갈등으로 인한 심리적인 공황상태에서 균형감각을 상실했기 때문이다. 그 과정에서 안과 나는 서적 외판원의 절박한 요구나 제안에 대해 최소한의 진지한 태도마저 의도적으로 유보한 상태에서 위악적인 대응으로 일관하는 사물화된 의식만을 보여주고 있을 따름이다. 더욱이 안은 서적 외판원이 스스로 목숨을 끊을지도 모른다는 사실을 충분히 예견하고 있었음에도 불구하고 그 어떤 대책도 마련하지 않고 방치한 점이나 외판원의 자살을 확인하고 난 이후에 나에게 바로 도망을 제안하는 점 등에서 사물화된 의식의 정점을 보여주고 있다.

그러면 젊은 열정에서 분출되어 나오는 진정성의 에너지로 충만해야 할 이들 젊은 두 사람이 소모적인 방황과 배회를 일삼으면서 작위적인 조작에 의한 해체적이고 유희적인 말놀이에나 매달리는 이유는 무엇인가? 그리고 또 그들의 대화를 통해서 작가가 의도한 바는 과연 무엇일까?

실존적 교류를 가능하게 하는 상대방과의 진정한 소통이 불가능하다는 것을 이미 알아버린, 따라서 소통의 효용성에 회의적일 수밖에 없는, 따라서 인간은 존재론적으로 고독하다고 생각할 수밖에 없는 주체들이 선택할 수 있는 소통의 방식에는 일반적으로 두 가지가 있을 수 있다. 하나는 상대방과의 소통 그 자체를 의식적으로 차단한 상태에서 보호고치에 둥지를 틀어버리는 자폐적인 방식이다. 다른 하나는 소통의 회로는 개방하되 소통회로의 작동방식을 폐쇄적으로 조직함으로써 소통주체들 사이의 기호행위를 씨니피에의 손아귀를 교묘하게 미끄러져 빠져나가는 씨니피앙의 유희로 만들어버리는 방식이다. 훨씬 더 지적이고 작위적인 후자의 방식에서는 따라서 의미있는 소통의 전제인 논리적 인과율이나 시간적 선조성을 의도적으로 무시하게 되는데, 안과 나의 대화는 후자의 방식에 해당된다. 안과 나의 대화가 최소한의 의미접점조차도 형성하지 못한 상태에서 끊임없는 평행선을 계속하게 되는 것이 모두 선조적 인과율의 논리를 의도적으로 무시하는 대화상황의 작동기제 때문이다.

 한마디로 그들의 대화는 도구적인 합리성이 지배하는 비인간화된 사회에서 의사소통은 비의사소통을 통해서만 가능하다는, 따라서 실존적 주체들의 생산적인 소통은 불가능하다는 것을 이미 알아버린, 그래서 스물 다섯살의 젊은이라고 하기에는 '너무 늙어버린', 너무 이른 나이에 존재와 세계의 심연을 미리 보아버린 사람들의 대화이다. 그것은 안과의 해체적이고 유희적인 대화가 끊긴 동안에 '그때 우리의 대화는 또 끊어졌다. 이번엔 침묵이 오래 계속되었다…… 결국 그렇고 그렇다. 또 한번 확인된 것에 지나지 않다고 생각하면서 '자, 그럼 다음에 또……'라고 말할까 '재미있었습니다'라고 말할까 궁리하고 있는데' 라는 나의 진술이 암시하는 바와 같이, 안과 나의 대화는 대화가 시작되는 순간에 이미 대화의 실패를 전제하고 있는, 그래서 유희 차원의 대화로 진행되는 것이 너무나도 당연한 대화이다. 이와 같이 그 어떠한 생산적인 관계도 맺지 못하고 끝없이 공전하는 두 사람의 대화를 통해서 작가가 의도하고자 했던 바는 협력보다는 경쟁관계가 더 지배적인 양상으로 드러나는 도시적 인간관계의 불모성과 비인격성을 압축적으로 드러내고자 한 것이라고 할 수 있다.

한편, 이들의 불모적 대화를 '부재는 존재의 근원'10)이라는 해체적 관점에서 해석하면 대화의 불모성 자체가 의사소통의 부재형식을 통해서 의사소통의 현전을 절박하게 호소하는 텍스트의 무의식이라고 할 수 있다. 따라서 안과 나의 해체적이고 유희적인 대화는 통합적이고 진정한 대화의 부재의 형식이 되며, 이들의 방황은 안정의 부재의 형식이라는 등식이 성립된다. 실존적 소통을 가능하게 하는 생산적인 대화에 대한 두 사람의 절박한 희구를 현전의 형식이 아닌 부재의 형식을 통해 낯설게 하였던 것은 대화의 실패로 인해 또 다시 상처와 단절만을 확인할까봐 하는 불안한 의식의 끊임없는 개입 때문이었다고 할 수 있다.

한편 이 작품의 공간설정 또한 서사전략과 관련하여 기능적 효과를 거두고 있다. 전반부 서사의 형성공간인 '포장마차 안'과 후반부 서사의 형성공간인 '길 위'는 그지없이 황량하고 삭막한 공간으로 묘사되고 있는데 그러한 공간설정은 절망적인 정도로 우울한 서사주체들의 살풍경같은 내면풍경을 효과적으로 드러내는 데 기여하고 있기 때문이다.

2) 텅 빈 존재로서의 상실감과 소외감에 대한 반성적 거리 : 「무진기행」

"개인의 정체성이 비교적 고정되어 있고 안정적이던 전통사회와 달리 근대사회에서의 개인의 정체성은 좀더 유동적이며 복합적인 개인적 구성물로 변화하면서 끊임없는 반성이나 회의를 경험하게 된다. 또한 근대사회에서의 개인들은 자신의 정체성에 대한 타인들의 인식과 평가에 대한 불안이 야기하는 정체성의 위기로 인해 문화적 아노미 현상을 경험하게 되는데, 근대적 주체들이 자아 도취적인 정서의 흐름 속에서 중심을 상실하는 과정에서 분열되고 파편화되거나 고립됨으로써 그 어떠한 몰입도 경험하지

---

10) 쟝 롱시, 백승도 외 옮김, 『도와 로고스』, 강, 1997, 213면.

못하는 소외"[11]를 경험하게 되는 것도 개인의 정체성 위기와 관련된 근대사회의 작동기제 때문이다. 근대성의 경험과 관련하여 「무진기행」이 문제적인 것은 속도와 경쟁의 논리가 지배적인 규범으로 작용하는 서울 생활에 대한 '나'의 부적응이 야기하는 분열과 정체성의 위기를 통해서 근대적 주체의 존재론적 갈등을 전형적으로 보여주고 있기 때문이다.

서사효과를 높이기 위해 이 작품이 동원하고 있는 서사전략은 공간적으로 차별화된 삶의 질서를 반영하는 두 개의 공간인 서울과 무진을 병치적으로 대조하는 방법이다. '무진기행'이라는 이 작품의 제목은 그러한 서사전략과 동전의 양면을 이루면서 텍스트 의미망의 조직원리를 밝혀나가는 과정에서 중요한 정보원으로 기능하고 있다. 무진기행이라는 제목은 그 작품의 서사를 추동하는 지배소(dominant) '나'의 욕망 지향성과 관련하여 중요한 상징적 함의를 지니고 있기 때문이다. 왜 그러한가?

이 작품의 서사명제(narrative proposition)는 '나는 무진을 다녀왔다'라는 한 문장으로 압축할 수 있다. 나의 욕망 지향성과 관련하여 그 서사명제는 '나는 왜 무진을 다녀왔는가?'라는 물음을 전제하고 있다. 따라서 이 작품의 핵심은 그 물음에 대한 정밀한 탐색이 되며 그 탐색은 두 가지의 해답을 요구하고 있다. 하나는 무진을 찾아가는 동기이며, 다른 하나는 무진이라는 공간의 존재론적 함의이다.

> 내가 나이가 좀 든 뒤로 무진에 간 것은 몇 차례 되지 않았지만 그 몇 차례 되지 않은 무진행이 그러나 그때마다 내게는 서울에서의 실패로부터 도망해야 할 때거나 하여튼 무언가 새출발이 필요할 때였었다. 새출발이 필요할 때 무진으로 간다는 그것은 우연이 결코 아니었고 그렇다고 무진에 가면 내게 새로운 용기라든가 새로운 계획이 술술 나오기 때문도 아니었었다. 오히려 무진에서의 나는 항상 처박혀 있는 상태였었다. (김승옥 소설전집 1권 128면)

---

[11] 더글러스 켈너, 차원현 역, 「대중문화와 탈현대적 정체성의 구축」, 스콧 래쉬·조나단 프리드먼 편, 윤호병 외 역, 『현대성과 정체성』, 현대미학사, 1997, 171~178면.

인용문면의 서사정보에서 알 수 있는 바와 같이, 이제까지 나의 무진행의 동기부여로 작용했던 것은 서울생활에서의 실패로 인한 도피심리와 새로운 출발을 위한 다짐이었다. 그런데, '무진에 가면 내게 새로운 용기라든가 새로운 계획이 술술 나오기 때문도 아니었었다. 오히려 무진에서의 나는 항상 처박혀 있는 상태였었다.'라는 나의 고백적 진술처럼 나의 무진행은 그러한 동기부여를 충족시켜 주지 못해 왔다. 더구나 '무진이라고 하면 그것에의 연상은 아무래도 어둡던 나의 청년이었다. 차라리, 나의 어둡던 세월이 일단 지나가버린 지금은 나는 거의 항상 무진을 잊고 있었던 편이다'라는 나의 진술에서 알 수 있는 바와 같이, 서울에 올라와 대학을 다니고 출세하게 되기 전까지 나서 자란 고향 무진은 나에게 주로 음울하고 고통스러운 공간으로 기억될 뿐이다. 그것은 무진에 가는 도중 광주역 구내에서 잠깐 스친 미친 여자와 '골방 안에서의 공상과 불면을 쫓아보려고 행하던 수음과 곧잘 편도선을 붓게 하던 독한 담배꽁초와 우편 배달부를 기다리던 초조함'을 연상시키는 무진 시절에서의 자신의 존재론적 상황이나 조건을 동일시하는 데서 극명하게 드러난다. 무진에 대한 부정적인 연상과 기억에도 불구하고 나는 4년 만에 아내와 장인영감의 강권에 의해 또 다시 무진을 가고자 한다. 그 동기는 무엇인가?

　텍스트의 서사정보를 유추해서 볼 때 그 동기는 두 가지로 추정할 수 있다. 하나는 서울에서의 소외된 자신의 삶의 방식에 대한 반성적 의식이며, 다른 하나는 갈수록 무거워지는 책임만이 기다리는 서울 생활로부터의 도피심리이다. 먼저 반성적 의식의 촉매로 작용하는 것은 자신의 능력보다는 처가의 배경에 의해 전무승진이 이루어졌다는 데서 오는 자괴감이다. 제약회사 전무승진을 바로 눈앞에 두고 있는 나의 사회·경제적 지위는 현실적인 가치 기준에서 보면 대단히 성공한 삶이다. 그리고 나 자신조차도 '빽이 좋고 돈 많은 과부를 만난 것을 반드시 바랐던 것은 아니지만 결과적으로는 잘되었다'고 고백할 정도로 처가의 배경에 의한 전무승진에 대해서 양가적인 반응을 보이기도 한다. 그럼에도 불구하고 나는 항상 처가의 배경에 기생하며 얹혀 사는 자의 자의식에 시달리면서 '텅빈 인간'[12]의 고독과 공허만을 경험할 뿐이다. 그러한 나의 소외감과 상실감은 속물적인 가치와 허위의식에 매몰된 아내와 장인과의 존재론적 거리에 의해 더욱 증폭된다. 특히, 존재론적 괴리로 인한 장인영감 염오는 '그 호걸웃음을 웃고 있을 장인영감을 상상하자 묘속으로 들어가고 싶을' 정도이다. 서울생활로부터의 도피심리의 계기로 작용하는 것은 전무승진의 역할기대(role expectation)가 요구하는 책임과 의무에 따르는 중압감 때문이다. 전무 승진이 이루어지기 전의 책임과 의무만 하더라도 '한때 독서광이었던 나에게 잡지 한 권 읽을 여유조차 허락하지 않을 정도의 책임, 책임'만을 강박하던 수준이었다. 일반적으로 근대의 시간에서 발견되는 것은 차이없는 반복적 일상에서 오는 견딜 수 없는 통일성인데, 전무승진은 삶의 여유를 박탈하는 기계적인 반복적 일상을 강요하는 미시적 시간통제의 강화를 의미할 뿐이다.

이와 같이 나의 무진행은 타락한 교환가치와 공적인 책임만이 지배하는 서울생활에 순응하며 살아가는 과정에서 나가 느끼게 되는 상실감과 소외감에 대한 반성적 거리와 도피심리가 전제되어 있다. 나의 무진행은 '해방 이후 무진중학 출신 중에선 제일 출세'한 세속적인 성공과는 상관없이, 아니, 오히려 그러한 세속적인 성공으로 인해 더욱 깊어만 가는 '나'의 상실감과 소외감에 대한 자아성찰의 동기에서 이루어지고 있기 때문이다. 따라서 서울에서 무진까지의 거리는 단순한 물리적 거리의 차원을 넘어선 반성적 거리이며, 따라서 무진은 자아성찰을 가능하게 하는 반성적 거울로서 기능하는 공간이라고 할 수 있다. 그러한 맥락에서 무진을 "현실이 강요하는 틀을 잠시 벗어나 진정한 자아의 모습을 만날 수 있는 내면의식"으로, 그리고 무진기행을 "단순한 고향방문이 아니라 크게 흔들리는 자신의 삶을 근본

---

[12] 롤로 메이, 백상창 역, 『자아를 잃어버린 현대인』, 문예출판사, 1996, 21면.

적으로 돌이켜보기 위한 자기 내면의식의 방문"[13])으로 규정한 지적은 날카로운 통찰이다.

그러면 서울생활에 대한 반성적 거울로서 기능하는 무진은 서울이라는 공간과 대비되어 어떠한 존재론적 함의를 지니는 공간인가? 근대성의 경험이라는 이 글의 중핵개념에 비추어 거칠게 단순화하면, 서울이 근대적 가치만이 지배적인 규범으로 작용하는 단일한 범주의 공간이라면 무진은 근대적 가치와 전통적인 가치의 기능적 분화가 아직은 분명하지 않은 중층적인 범주의 공간이라고 할 수 있다. 무진과 서울이라는 공간의 그러한 범주적 차이는 구성원들의 행동양식이나 의식구조의 범주적 차이와도 대응하는데, 그러한 범주적 차이가 또한 나의 무진행의 동기부여로도 작용한다. '서울이 책임, 책임 뿐이라면 무진은 책임도 무책임도 없는' 공간이며, 서울에서의 나의 생활이 '자랑스러워 할 틈도 없이 바쁘다'면, 무진 사람들의 생활은 '서툴게 바쁘기' 때문이다. 무진이 나에게 소중한 것은 서울생활의 속물적인 규범과 표준화된 질서의 작동기제인 동일성 원리에 의해 상실되었거나 훼손당하기 이전의 개체성이나 순수성을 환기시켜 주는 젊은 날의 순수와 열정으로 불면의 밤을 보냈던 공간이 바로 무진이기 때문이다.

한편 4년 만의 무진기행에서 만난 세 사람의 인물인 조와 박과 하인숙은 서사의 중요한 의미단위로 기능하고 있다. 끊임없는 존재론적 갈등을 야기하는 나의 서울생활에 대한 '상징계의 반성적 타자'로 기능하고 있는 인물이 그 세 사람들이기 때문이다. 특히 하인숙은 나의 존재론적 갈등과 등가로 기능하는 반성적 타자라는 점에서 중요한 인물이다. 먼저 나와 중학 동창으로 고향 무진의 세무서장으로 있는 조는 타락한 교환가치만을 추구하는 속물의 전형이다. 조에게 하인숙이 서로의 무료함을 달래주는 소일의 대상으로 대상화될 수 밖에 없는 이유는 철저한 현실주의자인 자신의 출세를

---

13) 이남호, 「삶의 위기와 내면으로의 여행」, 『문학의 위족2』, 민음사, 1990, 256면.

이끌어줄 현실적인 배경이 그녀에게 없기 때문이다. 조와 대립적인 가치를 대변하는 인물이 박이다. 나의 무진중학 후배로 교원자격고시에 합격하여 모교의 국어선생으로 있는 박은 문학청년의 순수한 열정과 진정성을 지니고 있는 인물이다. 그러나 매사에 소극적이며 수동적이다. 그것은 하인숙에 대한 양가적인 태도에서 잘 드러나고 있다. 한편 '현실주의자인 조의 탐욕'과 '이상주의자인 박의 애정'이 대변하는 대립적 가치 사이에서 방황하는 인물이 하인숙이다. 서울에서 성악을 전공한 후 무진중학에 내려와 음악을 가르치고 있는 그녀의 방황을 압축적으로 대변하는 것이 아리아 어떤 개인 날과 유행가 목포의 눈물 사이의 거리이다. 하인숙의 방황과 외로움의 근원은 한마디로 어떤 개인 날과 목포의 눈물로 대변되는 대립적인 '두 세계의 경계에 선 자로서의 불행한 의식'으로 인한 심리적 갈등 때문이다.

하인숙의 그러한 불행한 의식과 정확하게 등가적으로 대응하는 인물이 바로 '나'이다. 주체의 분열과 정체성의 위기로 인한 나의 존재론적 갈등 또한 공간적으로 차별화된 삶의 질서를 반영하는 두 개의 공간인 서울과 무진의 경계에 선 자로서의 불행한 의식에서 기인하기 때문이다. 서울의 규범과 가치를 따르자니 존재의 자의식이 허용하지 않고, 그렇다고 서울의 그것들을 버리자니 안락한 생활에의 유혹이 주저하게 하는 존재론적 조건이 나의 불행한 의식의 실체이다.

> 한 번만, 마지막으로 한 번만 이 무진을, 안개를, 외롭게 미쳐가는 것을, 유행가를, 술집 여자의 자살을, 배반을, 무책임을 긍정하기로 하자. 마지막으로 한 번만이다. 꼭 한 번만. 그리고 나는 내게 주어진 한정된 책임 속에서만 살기로 약속한다……. 덜컹거리며 달리는 버스 속에 앉아서 나는 어디쯤에선가 길가에 세워진 하얀 팻말을 보았다. 거기에는 선명한 검은 글씨로 '당신은 무진읍을 떠나고 있습니다. 안녕히 가십시오'라고 쓰여 있었다. 나는 심한 부끄러움을 느꼈다. (김승옥 소설전집 1권 152면)

이 문면은 마지막 장면으로 서울의 규범과 가치를 그대로 따를 수도, 그렇다고 버릴 수도 없는 나의 불행한 의식상태를 극명하게 보여주는 서사정보이다. 일반적으로 한 "개인이 보호자의 자아 정체성과 분리된 자아 정체감을 최초로 발전시키는 원초적 환경(archaic environment)에 그 뿌리를 두고 있는 수치의 감정은 자아이상 속에 구축된 기대에 따라 행동하지 못하는 데서 비롯된다"14)고 하는데, 나의 서울귀환이 부끄러움, 그것도 심한 부끄러움의 감정을 수반할 수밖에 없는 이유도 자아이상이 요구하는 진정한 세계를 선택하지 못하고 두 세계의 경계에 선 불행한 의식에서 오는 나의 존재론적 갈등 때문인 것이다.

이상의 논의를 통해서 볼 때 하인숙을 "방황하는 윤희중의 내면의식"15)으로 규정하는 지적 또한 설득의 깊이를 얻고 있다. '사랑하고 있습니다. 왜냐하면 당신은 제 자신이기 때문에 적어도 제가 어렴풋이나마 사랑하고 있는 옛날의 제 모습이기 때문입니다'라는 나의 고백적 진술이 함축하는 바와 같이, 나가 하인숙에게 연민의 정을 느끼는 것이나 하인숙이 나에게 몸을 허락하는 것 모두가 서로에게서 자신의 존재론적 갈등으로 인한 상처와 고뇌의 그림자를 확인하게 되는 동일시의 기제(identity mechanism)때문이다.

한편, 무진이라는 공간의 범주적 특성과 나의 존재론적 갈등을 상징적으로 함축하고 있는 것이 바로 안개이다. 물질의 네 요소 가운데 공기와 물이 혼융된 상태인 안개는 일반적으로 불확정적인 존재를 상징하는데 무진의 명산물인 안개 또한 근대적 가치와 전통적 가치가 혼재된 무진이라는 공간의 범주적 특성과 나의 불행한 의식의 상징적 표상으로 기능하기 때문이다.

---

14) 앤소니 기든스, 권기돈 옮김, 앞의 책, 131~132면.
15) 이남호, 앞의 글, 259면.

3. 나오는 글

　위에서 그윽하게 내려다볼 수 있는 시선의 높이. 그리고 안까지 깊숙히 들여다볼 수 있는 시선의 깊이. 또한 앞까지 멀리 내다볼 수 있는 시선의 넓이. 이러한 것들을 두루 갖춘 자만이 진정한 작가의 반열에 올라설 수 있지 않을까 한다. 1960년대 작가들 가운데 이러한 작가의 존재론에 합당한 자가 김승옥이 아닐까 하는 전제에서 출발한 다음, 구체적인 분석을 통하여 그 전제의 정합성을 검증하고자 했던 것이 이 글의 목적이었다.

　구체적인 작품분석의 결과, 김승옥의 대부분 단편들은 한국의 근·현대사의 전개과정에서 근대성의 경험공간으로 그 밑자리를 잡아가던 1960년대 서울생활에 대한 나의 부적응과 상실감을 통해서 빛과 어둠움, 그리고 해방과 억압의 얼굴이 공존하는 근대성의 본질에 육박하고 있음을 알 수 있었다. 더욱이 김승옥의 문제의식은 현재에 이르러서도 그 깊이와 빛을 전혀 잃지 않고 있다는 점에서도 문제적이라고 할 수 있겠다. '하느님의 위로가 없는 한 지금도 그리고 앞으로도 우리들의 상황은 항상 60년대이다'라는 김승옥 자신의 발언은 의미가 深하고도 長하다 하겠다.

임철우 소설의 트라우마

1. 들어가는 말

어린 시절의 원체험이나 성장과정에서의 결정적 경험은 일반적으로 한 작가의 창작 동인이나 원천으로 기능하는 경우가 많다. '80년대의 작가'로 불리우는 임철우 또한 그러한 일반론에서 크게 벗어나지 않고 있다. 1981년 서울신문 신춘문예에 「개도둑」으로 문단에 그 이름을 선보인 이후 지금까지 임철우가 내놓은 대부분의 작품들이 주로 어린 시절의 원체험이나 성장과정에서의 경험에 크게 기대고 있기 때문이다.

임철우의 소설은 서사의 원천을 축으로 크게 두 가지 계열로 나눌 수 있다. 하나는 '낙일도 서사체'이고, 다른 하나는 '광주 서사체'이다. 두 계열의 서사체는 각각 한국의 현대 정치사에서 원죄의식의 형성배경으로 자리하고 있는 두 개의 비극적인 사건인 '6·25 전쟁'과 '5·18 광주 민주화 운동'을 원천서사로 삼고 있다. 어렸을 때 고향 평일도에서 주위 어른들로부터 보고 들은 6·25 전쟁과 분단으로 인한 공동체의 파괴와 가족사의 비극에 관한 이야기가 낙일도 서사체의 핵이라고 한다면, 대학 4학년 휴학생의 신분으로 맞이한 5·18 광주 민주화 운동의 역사현장에서 한 발 비켜서서 살아남은 자의 죄의식에 관한 이야기가 광주서사체의 핵이다. 그 두 가지의 비극적 사건에 대한 자의식이나 죄의식은 자연인 임철우의 무의식에 끊임없이 개입하면서 작가 임철우의 창작행위에 강박적으로 작용했으리라 생각된다. 그 자의식이나 죄의식의 강박수준은 그 두 가지 비극적 사건을 원천서사로 하고 있는 두 가지 서사체의 결정체라고 보여지는 두 장편 『붉은 山, 흰

새』와 『봄날』의 '작가 후기'나 '책을 내면서'에 맨 얼굴을 드러내고 있다.

> 『붉은 山, 흰새』에 들어 있는 많은 부분의 사건과 인물들은 내 고향섬의 실제 이야기와 인물 등임을 고백하고자 한다. 코흘리개 시절부터 나는 그 암울하고 두려운 추억들을 어른들로부터 거의 일상적으로 감염받은 채 자라왔고, 따라서 그 의미나 배경을 미처 가려낼 만한 눈을 지니기도 전에 그것들은 어느 샌가 내 의식과 정서의 상당 부분을 이미 채색해 놓고 있었던 것인지도 모른다. 그 '어둠'의 족보와, 그 '어둠' 속에 저마다 벽화처럼 각인되어 있는 숱한 인물들의 형상은 오래도록 내겐 풀리지 않는 수수께끼였고, 의혹과 두려움과 고통의 윤곽으로 남아 있었다. 이 소설을 쓰기 위해 자주 고향섬을 오르내리면서, 나는 그 어둠 속 벽화들을 새삼 하나하나 다시 확인하며 건져올려야만 했다. 그 확인 작업은 참으로 지긋지긋하게 싫었고 고통스러웠다. 벽화 속의 인물들은 바로 낯익은 고향 사람들과 이웃들, 또 더러는 내 친척들 혹은 가족이었고, 그 '어둠의 혈흔'에 나 역시 이미 처음부터 깊숙이 감염되어 있었다는 사실을 어쩔 수 없이 인정해야만 했기 때문이다.[1]
>
> 한 사람의 생애에서 더러는, 저 혼자 힘으로는 결코 건널 수 없는, 운명과도 같은 거대한 강물과 맞닥뜨리기도 하는 법이다. 그해 5월, 그 도시에서 바로 그 강과 마주쳤을 때 나는 스물여섯살의 대학 4년생이었다. 누구도 원치 않았지만, 폭풍처럼 몰아치는 그 격한 물살에 휩쓸려 수많은 사람이 죽거나 불구가 되었고, 혹은 평생 지우지 못할 정신과 마음의 외상을 입었다······.
> 그 질문에 대한 답을 명쾌하게 내릴 만한 권리도 자격도 실상 내겐 없다. 고백컨대, 그 열흘 동안 나는 아무 일도 하지 못했다. 몇 개의 돌멩이를 던졌을 뿐, 개처럼 쫓겨다니거나 겁에 질려 도시를 빠져나가려고 했거나, 마지막엔 이불을 뒤집어쓰고 떨기만 했을 뿐이다. **그 때문에 나는 5월을 생각할 때마다 내내 부끄러움과 죄책감에 짓눌려야 했고, 무엇보다 내 자신에게 '화해'도 '용서'도 해줄 수가 없었다.**[2]

거의 고해성사 수준의 절박함을 연상케 하는 문면에서 알 수 있는 바와 같이, 그 두 가지 비극적 사건에 대한 자의식과 죄의식으로 인한 임철우의

---

1) 임철우, 『붉은 山, 흰 새』, 문학과 지성사, 1990, 290면.
2) 임철우, 『봄날』1, 문학과 지성사, 1997, 9~11면.

트라우마(trauma)는 임철우 소설의 출발점이자 종착점이라고 할 수 있다. 따라서 그 트라우마의 구체적 모습이나 흔적들을 섬세하게 추적하는 작업이야말로 임철우 소설의 본질에 가장 빨리, 그리고 가장 정확히 도달할 수 있는 지름길이 아닐까 생각한다.

한 작가에게 고착된 작가적 표지는 그것이 영예일 수도 있고 불명예일 수도 있을 것이다. 그러나 임철우에게 '80년대 작가'라는 작가적 표지는 그 차원을 달리 하는 문제라고 생각한다. 임철우에게 80년대는 광주와 바로 등가이기 때문이다. 임철우에게 있어서 광주는 바로 자신의 무의식 속에 억압의 형태로 잠복해 있던 죄의식의 뿌리를 끊임없이 호출해내야 하는 엄청난 고통을 요구한다는 점에서 더 이상 반복하고 싶지 않은 악몽이었을 것이다. 따라서 광주를 원천서사로 하는 글쓰기 행위는 "고통스런 반복체험이란 것이 얼마나 사람을 소모시키는 것인지, 처음으로 알았다"[3]라는 자신의 고백적 진술처럼 임철우에게는 일종의 통과제의 내지는 고해성사이기도 했을 것이다.

"경험적 자아에게 서술의 주도권을 넘겨주면서 서술적 자아(the narrating self)와 경험적 자아(the experencing self) 사이의 균형이 무너지는 서술특성을 지닌 의사 자전적 일인칭 서사(the quasi-autobiographical first-person narrative)"[4] 범주의 광주 서사체 계보에 넣을 수 있는 대부분 작품들의 지배적인 정조가 비극적인 세계인식을 바탕에 깔고 있거나, 이야기를 추동해가는 핵심 서사(서술)주체들이 불안심리나 죄의식, 또는 환청이나 강박 신경증과 같은 이상심리에 시달리면서 영혼과 육체에 상처를 입거나, 그 작품들의 제목들이 부정의 표지나 결여의 자질, 또는 금속성의 이미지를 내포하고 있다거나, 또는 작품들의 배경이나 분위기 또한 음울한 그림자를 짙게 드리

---

3) 앞의 책, 15면.
4) F, K .Stanzel, *A Theory of Narrative*, (London & New York : Cambridge University Press, 1984), 201~211면.

우거나 하는 담론특성을 보이는 것들은 모두 원천서사로 기능하는 광주에 대한 임철우의 개인사적 배경과 무관하지 않다. 또한 야만의 세월이 빚어낸 검열의 그물코를 헤쳐나오기 위한 '몸피 줄이기' 전략의 차원에서 상당수의 광주 계열체 서사들은 알레고리나 상징 또는 메타포와 같은 담론장치를 동원하고 있다.

한편, 광주 서사체를 통해서 임철우가 고통스럽게 전달하고 있는 메시지는 권력의지의 바닥에 음험한 표정으로 또아리를 틀고 앉아 있는 폭력성과 광기이다. 그 폭력성과 광기가 분출해내는 파괴적 에너지의 강도는 도저하여 그 파괴적 에너지의 직접적인 대상은 말할 것도 없으려니와 그 대상을 바라보는 인물들의 무의식마저 완전히 접수해버릴 정도이다. 죄의식과 부끄러움이 광주 서사체를 관류하는 지배적인 정서로 기능하는 것도, 또한 그것들이 광주 서사체를 이끌어나가는 추동인자로 기능하게 되는 것도 모두 권력의지의 폭력성과 광기가 발작적으로 분출해내는 파괴적 에너지와 강도와 밀접한 관련이 있다. 또한 광주 서사체의 지배적인 정서이자 추동인자로 기능하게 되는 죄의식과 부끄러움은 당위와 현실의 괴리적 상황에서 오는 인물(서술자)의 갈등과 회한에서 발생하는데, 그러한 서사양상은 임철우 소설의 서사표지로 규정할 수 있을 정도이다. 당위와 현실의 괴리적 상황이 불러일으키는 인물(서술자)의 죄의식이나 부끄러움의 실체에 대한 접근은 데뷔작인 「개도둑」에서부터 그 이후의 작품들에까지 반복적으로 변주되고 있기 때문이다.

광주와 관련된 죄의식과 부끄러움의 정서를 소재로 하고 있는 광주 서사체 계열의 소설들은 그 문제에 대한 접근의 방법이나 강도에서 일정한 담론적 차이를 드러내는데, 그 차이의 구체적 양상을 통해서 광주 서사체의 의미를 밝혀보고자 한다. 그 작업의 일부로 이 글에서는 광주 서사체 계보의 소설들 가운데서도 초기소설에 해당하는 작품들을 대상으로 다루고자 한다.

2. 알레고리적 접근을 통한 자기혐오와 원망

임철우는 등단 직후에서부터 자신의 정신의 고향인 '80년 광주'의 비극적 의미를 알레고리적 상황설정을 통해서 우회적으로 접근하고 있는 작품들을 발표하고 있다. '광주 이후 이 땅 위에서 서정시가 씌어지는 일은 결단코 없으리라'는 한 시인의 패러디를 불러일으킬 정도로 엄청난 비극적 재앙이었던 '80년 광주'에 대해 "독자의 가슴을 가장 뜨겁게 휘저어 놓을 수 있는 방법으로 기술"5)하지 못하고 알레고리와 같은 우회적인 통로를 통해서 접근하게 되었던 것은 "은유나 상징이 아니면 도대체 삶의 현실에 접근하기 힘든 시절, 산문으로 광주의 이야기를 기술해 나가는 거의 유일한 작가"6)였던 임철우의 현실적인 서사전략이었을 것이다. 등단 직후에 발표된 광주 서사체들의 알레고리적 메타포들이, 동일한 기법적 장치에 의존하고 있는 「사산하는 여름」이나 「불임기」 등 그 이후에 발표된 작품들의 그것에 비해 더 두터운 추상화의 장막을 드리우고 있는 것도 그 당시의 억압적인 시대상황의 엄혹한 검열을 뛰어넘기 위한 서사전략 때문이었을 것이다. 이와 같이 추상화의 정도가 강한 알레고리적 상황설정을 통해서 '80년 광주'의 비극적 의미에 접근하고 있는 초기작품들로는 「그들의 새벽」, 「그물」, 그리고 「어둠」을 들 수 있다. 또한 거세 모티프라는 알레고리적 상징성을 통해서 기존 체제에 안주하거나 순응하는 자신들의 무기력함과 비겁함을 자조적으로 반추하는 소시민적 지식인들의 소외를 비판적으로 형상화하고 있는 「수박촌 사람들」도 이 계열체의 범주에 넣을 수 있는 작품이다.

이 작품들 가운데, 한 중산층 여인의 가족 이기주의와 허위의식을 통해서

---

5) 곽재구, 「추억이 쓸쓸한 사람들을 위한 따뜻한 휘파람」, 임철우, 『등대 아래서 휘파람』, 한양출판, 1993, 330~331면.
6) 앞의 글, 330면.

우리 사회의 건강한 시민정신의 부재현상을 비판적으로 형상화하고 있는 「그들의 새벽」은 등단 이후 임철우가 집착에 가까울 정도로 매달려 온 광주 서사체의 원형적 구조를 암시적으로 집약하고 있다는 점에서 섬세한 주목을 요하는 작품이다. 이층 침입자에 대한 소극적인 방어나 수동적인 방관으로 일관하는 여인의 수세적인 대응방식이 자신의 의도와는 전혀 상관없이 이웃들의 잠재적 불행에 대한 암묵적인 동조나 방조일지도 모른다는 죄의식과 부끄러움이, 가족이기주의라고 하는 우리들의 일그러진 집단심리를 섬세하고 묘파하고 있는 그 작품의 서사를 추동하고 있기 때문이다.

알레고리적 상황설정[7]을 동원하고 있는 이 작품을 통해서 임철우가 에둘러 드러내고자 하는 속내는 크게 두 가지이다. 하나는 제도권 언론의 통제와 자신들의 소시민적 이기주의로 인해 그 당시 광주에 대해 무관심과 방조로 일관했던 사람들에 대한 원망의 감정이다. 다른 하나는 권력의 불법적 폭력과 그로 인한 광주의 불행과 재앙에 대해 적극적으로 저항하지 못하고 무기력하게 방관하거나 비겁하게 도피하는 데서 오는 자신의 부끄러움이다.

이 두 가지의 속내 가운데 아무래도 지배적인 정서로 작용하는 것은 역사의 현장에서 도피함으로써 살아남게 된 자의 죄의식과 부끄러움으로 인한 자기혐오의 감정이다. 다른 사람들의 무관심과 방조에 대한 원망의 감정은 제목의 상징성을 통한 서술적 암시를 통해서 유출해낼 수 있는 수준 정도이다. 이 작품을 비롯한 광주 서사체의 초기소설들에 자기혐오의 감정이 과도하게 드러나는 것은, 작가 임철우 자신의 죄의식이나 부끄러움과 같은 실존적 감정을 객관적으로 여과시킬만한 시간적 거리를 확보하기에는 등단 적후인 80년대 초반이 시기적으로 너무 짧았기 때문이었을 것이다. 미학적인 여과를 고려하기에는, 자신의 무의식이 감당해낼 수 있는 둑의 한계수위를

---

[7] 광주 서사체의 알레고리적 기법의 문제에 대해서는 김만수가 이미 적절하게 지적한 바 있다. 그에 대해서는 김만수, 「서정과 서사」, 『문학의 존재영역』, 세계사, 1994, 82~83면 참고.

고통스럽게 넘나들면서 강박적으로 임철우를 호출해내던, 살아남은 자의 죄의식이나 부끄러움과 같은 원한감정이 너무 강했기 때문일 것이다. 다음과 같은 작품 외적 정보들이 그러한 추정의 설득력을 높여주고 있다.

> 나를 포함한 광주 사람들이 그해 5월의 사태에 대해 품고 있는 감정은 매우 착잡하다. 적어도 우리 살아남은 자들은 단순한 피해자만은 아닌, 어쩌면 학살의 방조자일 수도 있다는 자괴감을 떨쳐버릴 수가 없다. 뿐만 아니라 우리들 마음 속에는 다른 지역에 살고 있는 사람들에 대한 배신감도 커다랗게 자리잡고 있다. 당시 나는 매일 매일의 상황을 상세히 메모했었다. 그때의 내 일기장에는 〈서울! 서울은 무얼 하고 있는가?〉와 같은 구절이 자주 등장한다. 광주의 우리들에게는 이렇게 버티면 서울 등 다른 지역에서도 같이 들고 일어설 것이라는 기대와 믿음이 있었다. 결국 우리는 배신당했다. 그 동안의 내 소설은 독재자와 학살의 주범뿐만 아니라 다른 지역의 배신자들, 그리고 비겁했던 나와 우리들을 함께 겨냥해왔다.[8]

등단 직후에 발표된 광주 서사체의 초기 소설들은 주로 인용문면들이 제공하는 원망과 부끄러움의 정서를 동인으로 하는 문학적 대응이라고 할 수 있다. 특히, 「그들의 새벽」은 '알레고리를 통한 상징적 의미 드러내기'[9]의 서사전력을 통해서 그 두 가지의 정서를 우회적으로 진술하는 전형을 확인하게 하는 작품이다.

그 두 가지의 정서를 우회적으로 진술하기 위해 이 작품이 동원하는 서사 전략은 크게 두 가지이다. 하나는 공간설정의 대립성이고, 다른 하나는 제목의 상징성이다. 우선 이 작품에서의 인물들과 상황은 대부분 공간설정과 관련하여 80년 광주의 알레고리로 해석될 수 있는 함축적 울림을 풍부히 내장하고 있다. 이 작품에서의 일층 여인들을 비롯한 남편과 하숙생들은 집단 이기주의와 허위의식에 매몰되어 자신들의 일상 이외의 주변 사람들의

---

[8] 최재봉, 「섬, 혹은 뿌리」, 『작가세계』, 1996년 가을, 39~40면.
[9] 양진오, 앞의 글, 29면.

불행이나 재앙에는 아무런 관심도 없는 나약한 소시민들로 해석할 수가 있다. 그 중에서도 자신을 강박적으로 호출해내던 무의식으로 시달리던 작가 임철우의 투영체로 해석할 수 있는 일층 여인의 태도는 복합적이고 중층적이어서 문제적이다. 이층의 불법 침입자들의 무도한 행위에 대해 불안과 공포로 일관하면서도 그 여인은 자신의 그러한 무기력하고 비겁한 태도에 대해서 수치심이나 치욕감과 같은 자기혐오의 복합심리를 보여주기 때문이다. 자기혐오로 인한 여인의 복합심리는 '퀴퀴한 걸레 냄새 비슷한 악취가 코에서도 입 안에서도 물큰물큰 피어나는 듯한 심한 혐오감'라는 서술정보에서도 쉽게 확인된다. 이 여인이 이 작품의 초점 인물로 기능하게 되는 것도 여인의 그러한 복합 심리 때문이다.

또한 이 여인의 복합심리는 동네에서 발생한 강도사건으로 인해 자신의 태도에 대해 반성적 계기를 가지게 되면서 더욱 증폭된다. 그 증폭의 계기는 묘지의 평화와도 같은 가족의 일상을 볼모로 저당잡힌 상태에서 불안한 일상을 거듭하며 이층 침입자에 대해 임시방편의 소극적인 방식으로만 일관하던 자신의 대응방식이 여인의 의도와는 전혀 상관없이 이웃들의 잠재적 불행에 대한 암묵적인 동조나 방조일지도 모른다는 자의식이나 죄의식 때문이다. 그러한 죄의식과 자의식으로 인해 증폭된 여인의 복합심리는 결혼 팔년 만에 어렵사리 구입한 외딴 집의 가치를 유지하고자 하는 욕망과 상승작용을 하게 되면서 양가적인 양상을 띠게 된다.

    마치 자신이 어젯밤 그 붉은 벽돌담을 기어올라가는 강도를 직접 목격하고서도 모르는 척 외면해버리기나 했던 것 같은 알 수 없는 **죄책감이 들었다.** 부끄러움, 부끄러움……
    어젯밤 붉은 벽돌담 집을 털었다는 강도가 어쩌면 진작부터 그녀의 이층에 스며들어와 잠시 머물렀다 가곤 하는 그 정체불명의 괴한일지도 모른다는 직감 때문이었다……
    그렇다면 그녀는 공범(共犯)이었다. 남편도, 다섯 살 난 아들도, 자취하는

계집애들도, 한결같이 공범자들이었다. 그들이 자신에게 닥칠지도 모를 위험
을 회피하기 위해 스스로 방임해두고 있는 완충지대(緩衝地帶)에서 그 끔찍한
범죄는 독버섯처럼 자라나고 있었고, 그 독버섯을 키우고 있는 사람들은 다름
아닌 바로 그들 자신이었다. 분명히 그녀들은 어떤 음모를 묵인하고 있었고
그 범죄에 결과적으로 협력하고 있는 셈이었다.(『아버지의 땅』, 문학과 지성사,
1997, 72~73쪽)10)

    여인의 복합심리는 자신의 절대적인 보호를 받아야 될 다섯 살배기 아들
에게 오히려 보호를 받게 되는 말미의 아이러니칼한 상황에 이르러 그 정점
을 형성한다. '**아아, 용서하라. 용서하라 아들아.**'라는 여인의 절망적인 뉘우
침은 부끄러움과 죄의식으로 인한 자신의 자기혐오 수준이 어느 정도인가를
맨 얼굴로 보여주고 있다. 사실 그 맨 얼굴은 작가 임철우의 맨 얼굴이라고
해야 정확한 해석일 것이다. 그 해석의 정당성은 '나는 기간 중 시위에 가담
하긴 했지만, 직접 어떤 구체적인 역할을 맡아 활동했던 적은 없었다. 소위
충정작전이라 불리우는 무력진압 작전이 끝난 이틀 후, 혼자 지레 겁을 집어
먹고 두어 달 동안 남해안의 낙도에 숨어 지내다가 초가을 무렵에 다시
집으로 돌아왔으나, 나는 이미 예전의 내 자신일 수가 없음을 알았다. 행방불
명된 친구와 동료들이 모두 죽은 줄만 알았다. 나는 아무 일도 못했다는
사실, 혼자서만 살아남아 있다는 사실 때문에 죄책감과 자책감에 시달렸다.
그 때까지 나를 지탱해왔던 내부의 모든 사다리가 한꺼번에 무너져버리고
만 듯한 절망감, 살인자들의 몫이 되어버린 정의와 진실이라는 이름의 허울
에 대한 미칠 듯한 증오와 분노에 내내 짓눌려야 했다.'11)라는 작가 자신의
생생한 육성이 보장하고 있다.

    한편, 여인의 외딴집 이층에 불규칙적으로 침입하여 무도한 행위를 일삼
다 새벽녘이면 떠나곤 하는 정체불명의 괴한은 '구두 밑창의 두꺼운 뒤축이

---

10) 앞으로 본문의 작품인용은 각주 10)의 방식으로 통일하고자 한다.
11) 임철우, 「현실과 악몽의 공존」, 『한길문학』, 1990년 5월호, 154~155면.

시멘트 바닥에 맞부딪쳐서 내는 둔중한 마찰음. 군화를 신고 있거나 굽높은 투박한 등산화를 신었는지도 모른다. 공개적인 침범을 대담하고도 뻔뻔스럽게 시위하는 행동들, 밑창에 압정이 달린 구두를 신고 다니는 괴한. 굴착해오는 착암기의 섬뜩한 소음.' 등 여러 가지의 서사정보들로 미루어 볼 때, 80년 광주의 민주화 운동을 폭력적으로 진압하는 과정에서 수많은 살상사를 낸 군부세력의 알레고리적 메타포로, 여인의 신고에 대해 지극히 무성의하고도 습관적인 대응으로 일관하고 있는 파출소 순경들과 방범대원들 또한 "사회적 주체를 탄생시키고 만들어내기 위해 강제와 폭력을 동원하는 억압적 국가장치"12)의 알레고리적 메타포로 해석할 수 있다. 그러한 해석은 공간설정의 기능적 관련성과 맞물려 설득력을 확보하고 있다. 이 작품에서 정체불명의 괴한이 불법으로 침입하여 무도한 행위를 반복하다 떠나는 사건은 '주위와의 고립감을 한층 조장해주는 구도 속에 잘못 돋아난 혹부리 마냥 들어서 있는, 변두리 산비탈을 등으로 하고 공터에 휑하니 지어져 있는 외딴집'에서 발생하는데, 그러한 외딴집에서 사건이 발생한다는 공간설정은 그 당시 제도권 언론의 보도통제와 왜곡보도로 그 진상을 다른 지역에 정확히 알리지 못하여 고립무원의 상태에 놓여 있었던 80년 광주의 고립성과 절박성의 메타포로 해석할 수 있기 때문이다.

한편, 「그들의 새벽」이라고 하는 이 작품의 제목 또한 80년 광주에 대해 무관심과 방조로 일관했던 사람들에 대한 작가의 원망감정과 관련하여 중요한 서사정보원으로 기능하고 있다. 그것은 「그들의 새벽」이라고 하는 이 작품의 제목이 「그들의 밤」이라고 하는 대립항을 전제하고 있기 때문이다. 이 제목에서 '그들'은 '광주 지역 이외의 사람들'13)로 해석할 수가 있으며,

---

12) 도정일, 「문화, 이데올로기, 일상의 삶」, 『시인은 숲으로 가지 못한다』, 민음사, 1994, 298~299면.
13) 다른 지역 사람들이라는 말의 의미는 단순히 물리적인 차원에서 광주를 제외한 다른 지역 사람들을 가리키는 것이 아니라 개인의 욕망에 포박되어 당시 광주에 대해 무관심과 방조로 일관했던 사람들을 가리키는 사회·역사적인 차원에

'새벽'은 '불안과 공포에 떨게 하는 밤의 폭력과 위협이 잠시 물러난 상태'로 해석할 수가 있다. 따라서 그들의 새벽은 잠재적 가능태의 상태로 그들의 밤을 예비하고 있는 매우 불안한 상태로, 상황에 따라서는 그들에게도 밤의 폭력과 위협이 언제 구체적 실현태의 모습으로 현실화될지도 모르는 절박한 상태인 것이다. 그들의 밤이라고 하는 대립항을 전제하는 제목설정을 통해서 작가 임철우는 그 당시 정부당국과 제도언론의 언론통제로 인한 것이긴 하지만, 자신들의 문제가 아니라고 해서 80년 광주에 대해 무관심과 외면으로 일관했던 다른 지역 사람들에 대한 원망의 감정을 드러내는 한편 다른 지역 사람들의 그러한 무관심과 외면이 상황에 따라서는 그들 또한 80년 광주와 같은 상황으로부터 결코 자유로울 수가 없을 것이라는 작가의식을 드러낸 것이라고 할 수 있다.

'1층의 주인집'과 '2층의 하숙집'이라고 하는 대비적인 공간설정을 통해서 「그들의 새벽」을 상호 텍스트적으로 모방[14]하고 있는 「그물」 또한 강한 알레고리적 유추와 암시를 통해서 80년 광주에 대한 원망과 부끄러움의 정서를 흔적의 형태로 드러내고 있는 작품이다. 직장 동료들의 소시민적 이기주의라고 하는 일그러진 집단심리를 통해서 80년 광주에 대한 다른 지역 사람들에 대한 원망과 자신의 부끄러움을 드러내기 위해 이 작품이 동원하고 있는 알레고리적 장치는 크게 두 가지이다. 하나는 '해고 모티프'이고, 다른 하나는 '일층 주인집' 개 독살 시도 모티프'이다.

해고 모티프의 알레고리적 설정을 통해서 작가가 진술하고자 하는 의도는 80년 광주에 대한 다른 지역 사람들에 대한 원망의 감정으로 보인다. 그것은 나와 최의 해고에 대한 표면적인 위안이나 염려와는 달리 해고자

서의 의미이다.
14) 사실, 「그들의 새벽」과 「그물」은 여인과 미스터 김을 작가 임철우의 투영체로 해석할 경우, 이층의 불법 침입자와 일층의 도사견의 차이라는 서사적 설정 외에는 외딴집의 공간설정이나 하숙집 식구들의 인물설정 등 여러 가지 면에서 강한 친족성을 드러내고 있는 작품이다.

명단에서 제외된 자신들의 행복을 은근히 즐기기조차 하는 직장 동료들의 위선적인 반응 때문이다. 그렇게 해석할 경우 해고 모티프에서의 해고 대상자인 나와 최는 광주 시민들로 볼 수가 있고, 그 두 사람 이외의 다른 회사 동료들은 다른 지역 사람들로 볼 수가 있다. 그러한 해석은 해고 대상자인 나와 최 두 사람 모두 폐병환자15)나 교통사고 환자와 같은 사회적 약자로 설정되고 있다는 점에서 더욱 그 설득력을 얻고 있다.

'개 독살 시도 모티프'의 알레고리적 설정을 통해서 작가가 진술하고자 하는 의도는 80년 광주의 현장에서 적극적으로 나서지 못한 자신과 주변사람들의 비겁함과 나약함에 대한 부끄러움의 감정이다. 이 작품에서 일층 주인집 개는 반드시 이성적인 형태로만 실현되지 않는 국가 권력을 유지하기 위해 경찰이나 군대, 법원 등과 같이 강제와 폭력을 동원하는 억압적 국가장치에 대한 알레고리로 해석될 수 있는 여지를 많이 남기고 있다. 그것은 권력의 중심부로 해석될 수 있는 일층 주인집 식구들에 대한 태도와 일반 국민들로 해석될 수 있는 이층 하숙집 식구들에 대한 일층 주인집 개의 상극에 가까운 이중적이고 위선적인 태도를 통해서도 확인된다. 그러한 이중성과 위선적인 태도를 지닌 일층 주인집 개의 폭력성과 야비함은 이층 식구들에게 '폭군과 같은 존재'로 드러나며 그 포효소리는 '점령군의 육중한 전차바퀴 소리 아니면 야간 무차별 사격의 으스스한 총소리'로 드러난다.

'우리가 먹을 걸 나눠 먹여가면서 우리 손으로 키우고 있는 개한테서 되려 끊임없는 협박과 공포밖에 되돌려 받지 못한다면 이건 정말이지 분통이 터질 노릇이 아닌가 말이다..... 나는 한심하리 만치 착해빠진 그들에게 분노

---

15) 이 작품의 서사주체로 기능하는 '나'가 폐병환자라는 설정은 작가 임철우의 자전적 요소가 투영된 것으로 보인다. 실제로 임철우의 문학적 연대기를 정리한 양진오의 기록에 의하면 임철우는 초등학교 2학년 때 걸린 폐결핵이 치료를 게을리 하는 바람에 악화되어 고생하다 고등학교 2학년 때 완전히 해방된 것으로 나와 있다.

를 느꼈다. 그건 내 스스로에 대한 혐오감이기도 했다.'라는 서술정보에서 알 수 있는 바와 같이, '느닷없이 집 전체를 쩌렁쩌렁 울리며 터져 나오는 포효'로 자신들에게 항상적인 불안과 공포의 분위기를 조성하며 위협하는 주인집 개의 폭력성과 야비함에 대해 소극적인 회피와 무기력한 순응으로 일관할 뿐인 이층 하숙집 식구들과는 달리 자신들의 호의에 악의적으로 보답하는 주인집 개의 횡포와 위협에 정당한 분노의 기능이 마비되거나 위축된 자신의 무기력한 태도에 대해 분노와 자기혐오의 감정을 지니고 있다는 점에서 나는 문제적이다. 「그들의 새벽」에서의 여인과 같이 나가 작가 무의식의 투영체이자 이 작품의 서술자와 초점인물의 기능을 맡게 되는 것도 그러한 태도의 이중성과 중층성 때문이다. 따라서 작품 말미에서 주인집 개를 독살하려던 시도가 좌절된 후의 방뇨행위는 자아이상(ego-ideal)에 맞추어 행동하지 못하는 데서 오는 나(작가 임철우)의 부끄러움의 감정이 무의식이 층위에서 어느 정도의 강도로 끊임없이 나를 호출하고 있었는가를 고통스럽게 보여주는 텍스트 흔적이라 하겠다.

한편, 부끄러움과 원망을 지배적인 정조로 하는 광주 서사체의 계보에서 비켜서 있는 것 같지만, 「어둠」이라는 작품 또한 광주체험의 흔적을 남기고 있는 초기작품이라고 할 수 있다. 그러한 해석을 가능하게 하는 것은 이 작품에서 광주체험의 알레고리적 담지체로 기능하는 두 가지의 모티프 때문 인데, 하나는 '교통사고 모티프'이고 다른 하나는 나의 도발적인 '일탈 모티프'이다. 교통사고 모티프를 통해서 드러나는 80년 광주에 대한 작가의 무의식은 역사의 현장에서 수동적인 방관자로 구경만 하고 있었다는 사실에서 오는 죄의식과 가해자에 대한 원망의 감정이다. 일탈 모티프를 통해서 드러나는 작가의 무의식은 새로운 질서에 대한 강렬한 열망과 꿈이다.

결혼 후 삼년만에 처음으로 임신사실을 확인한 후 무등산장 입구로 가던 드라이브 코스에서 발생한 교통사고 모티프의 서사주체로 기능하는 인물은 나와 나의 남편이다. 교통사고 모티프는 이 작품의 핵사건으로도 기능하게 되는데, 그 사건이 아니었더라면 남편과 나의 결혼생활은 순탄했었을 것이고, 따라서 불행한 결혼 생활에 대한 반발심리에서 습관적으로 이루어지는 나의 도발적인 일탈 또한 없었을 것이기 때문이다. 여러 가지의 서사정보로 미루어 볼 때, 이 작품의 핵사건으로 기능하는 교통사고 모티프는 80년 광주의 현장에 대한 강한 알레고리적 메타포로 해석할 수가 있다. 그러한 추정적 해석은 사고의 희생자가 다섯 살짜리 소아마비 여자아이라는 서사적 설정과 '다만 아스팔트 바다 위에 어지럽게 널려 있는 무수한 딸기알들의 그 피빛 동그라미들이 온통 시야를 가득히 덮으며 굴러다니고 있을 뿐이었다.'라는, 사고현장에 대한 서술정보에 의해 설득력을 확보하고 있다. 그러한 추정적 해석을 전제할 경우, 남편은 80년 광주의 가해자로, 소녀를 비롯한 과일행상을 하는 소녀의 부모들은 80년 광주의 피해자로, 그리고 나는 당시 역사의 현장에서 수동적인 방관자로 무기력하게 구경만 했었던 시민들에 대한 알레고리로 해석할 수가 있다. 작가 무의식의 투영체로 해석할 수 있는 나가 끔찍한 교통사고의 현장을 직접 목격했던 충격적인 경험 이후 계속되는 습관적인 유산으로 인한 불임으로 여성으로서의 성적 정체성을 상실하거나 자신을 강박적으로 따라 다니는 숨결소리와 같은 환청에 시달리거나 아니면 화재사고로 인한 서커스 단원의 사망소식에 대해 민감한 자의식을 드러내는 것 등은 모두 그 현장에서 아무런 역할도 하지 못한 자신의 죄의식의 강도가 어느 수준에서 이루어지고 있었는가를 극명하게 보여주는 구체적인 표상인 것이다.

한편 교통사고 이후 남편과의 결혼생활은 결정적인 파국으로 치닫게 되고 부부관계 또한 지극히 건조하고 사물화된 관계로 악화되는데 그것은 교통사고 처리 이후 보여준 남편의 태도 때문이다. 남편은 교통사고 가해자로서의 최소한의 반성적 의식이나 속죄의식은 커녕 교통사고가 오히려 피해자 가족에게 보상금을 통한 결과적 시혜가 되었다는 강변을 늘어놓을 정도로 불구적이고 전도된 가치관을 보여준다. 나가 시종일관 무차별적인 적의와 파괴적인 욕구로 시달리거나 아파트 놀이터 그네를 폭력적인 방법으로 독점했던 사내아이에게 보이는 맹렬한 공격적 욕구 등은 모두 남편으로 표상되는 가해자에 대한 나의 원망의 감정과 등가라고 할 수 있다.

유토피아 지향성에 대한 작가의 무의식의 표상인 나의 도발적인 일탈 모티프는 삼각구도 속의 틀 속에서 이루어지며 그 삼각형의 서사주체로 기능하는 인물은 나와 낯선 사내, 그리고 나의 남편이다. 광주체험의 알레고리적 담지체로 해석 가능한 나의 도발적인 일탈의 동기로 작용하는 것은 형식적인 제도나 규범과 같은 상징계의 검열망에 갇혀 소외의 형태로 진행되는 남편과의 결혼생활이다. 나와 남편 사이에 진행된 4년 6개월 동안의 사물화되고 건조한 부부 관계를 극명하게 보여주는 서사정보가 바로 '우린 저마다 어딘가를 향해 함께 부지런히 질주하고 있노라고 믿고 있었지만 사실은 처음부터 당신과 내가 등을 맞대고 출발한 달리기'였음을 밝히는 나의 고백적 진술이다. 새로운 질서지향에 대한 알레고리로 기능하는 나의 일탈 모티프는 '나'를 둘러싼 남편과 낯선 사내 사이에 형성된 몇 가지의 대립쌍 형식으로 이루어져 있으며, 그 대립쌍의 기축역할을 하는 것이 섹스이다.

남편과의 섹스는 건조하고 사물화된 부부관계만큼이나 소외의 형태를 띠고 있다. 아무런 욕망도 자극하지 못하는 남편과의 소외된 섹스와는 달리 낯선 사내와의 섹스는 대상과의 합일을 체험하게 함은 물론 쉽게 욕망의 절정으로 치닫게 하는 진정한 섹스이다. 섹스가 이루어지는 공간 또한 기능적인 대립쌍을 형성하고 있다. 남편과의 섹스가 끊임없는 모반과 탈주의 욕망만을 자극할 뿐인 집이라고 하는 닫힌 공간에서 이루어지고 있다면, 낯선 사내와의 섹스는 원초적 건강성을 유지하고 있는 열린 공간인 무등산 입구에서 이루어지고 있다. 더욱이 무등산 입구는 바로 교통사고의 현장이었다는 점에서 모반과 탈주를 통해 새로운 질서를 지향하고자 하는 일탈 모티프의 알레고리적 의미는 그 설득력을 더하고 있다. 또한 제도가 허용하는 남편과의 합법적인 섹스가 아무런 생산적 결실을 맺지 못하고 있음에 비해 완강한 제도의 벽 틈새를 비집고서 이루어지는 낯선 사내와의 도발적인 섹스는 생산적인 결실을 예고하고 있다는 점에서, 일탈 모티프를 80년 광주의 알레고리적 담지체로 해석하는 것은 전혀 무리가 아니라고 본다. 섹스를 기축으로 이루어지고 있는 일탈 모티프의 알레고리적 대립쌍을 도표로 보이면 다음과 같다.

	남편	낯선 사내
섹스대상	남편	낯선 사내
섹스가 이루어지는 공간	집	무등산 입구
섹스의 성격	건조	뜨거움
섹스의 결과	불임	(가임)

섹스 대상(남편/낯선 사내), 섹스가 이루어지는 공간(집/무등산 입구), 섹스의 성격(건조/뜨거움), 섹스의 결과(불임/(가임)이라는 대립쌍을 통해서 드러나는, 새로운 체제를 지향하고자 하는 나의 욕망을 극명하게 보여주는 서사정보가 바로 작품 말미에서 명시적인 형태로 제공되고 있는, '아아. 갖고 싶어. 아이를 갖고 싶어……. 이윽고 나는 후드득 무너져 내려오는 사내를 온몸으로 받아 안는다.'라는 나의 원망(願望)이다.

외형적으론 광주 서사체의 계보에서 비켜서 있는 것 같지만 「수박촌 사람들」 또한 강한 알레고리적 상징성을 통해서 광주 체험의 흔적을 분명하게 보여주고 있는 작품이다. 이 작품에서는 「그들의 새벽」이나 「그물」, 「어둠」 등의 작품에 비해 서사주체들의 죄의식이나 자기혐오의 감정은 아주 약화되어 나타난다. 그러나 이 작품 또한 현상유지나 신분상승 욕망으로 인해 체제지향적이거나 물신주의적 세계관의 포로가 되어 소외된 일상을 고통스럽게 견디어 가는 소시민적 지식인들의 나약함과 비겁성을 자조적으로 반추하는 과정에서 80년 광주에 대한 작가 임철우의 분명한 문제의식을 보여주고 있기 때문이다.

'80년 광주'에 대한 알레고리적 상징성을 효과적으로 드러내기 위해 이 작품이 동원하고 있는 기능적 장치는 크게 두 가지이다. 하나는 '수박촌이라고 하는 서사공간의 명칭 모티프'이고, 다른 하나는 '서사주체들의 독특한 이름 모티프'이다. 이 두 가지의 명칭 모티프가 지니고 있는 알레고리적 상징성의 실체는 네 사람의 서사주체들이 갈마들며 자신의 인생역정을 자조적으로 반추하는 과정에서 밝혀진다.

국내 최고의 발행부수를 지닌 신문사의 사회부 기자인 노기관씨, 당대 최고의 베스트 셀러 작가로 그 문명이 자자한 소설가인 문창부씨, 젊은 나이에 미국에서 박사학위를 취득한 후 대학교수로 있는 허교만씨, 그리고 무역회사의 말단사원으로 있는 고자룡씨, 이 네 사람들이 바로 이 작품의 서사를 추동해나가는 서사주체로 기능하는 인물들이다. 네 사람의 비교에서 쉽게 알 수 있는 바와 같이, 고자룡씨는 아주 이질적인 존재이다. 우선, 사회·경제적인 지위의 측면에서 다른 세 사람의 서사주체들이 사회의 여론을 주도하는 전문 직업인들임에 비해 고자룡씨는 한갓 무역회사의 말단사원에 불과하기 때문이다. 또한 이들이 거주하는 수박촌과의 관계에서 보더라도 고자룡씨의 존재론적 이질성은 변동이 없다. 다른 세 사람들과는 달리 고자룡씨는 미국 파견근무로 나가는 먼 친척의 수박촌 저택관리인으로 있을 3년 동안만 행복동(수박촌)주민으로 편입되는 한시적인 존재이기 때문이다.

고자룡씨의 이러한 이질적인 존재론적 지위는 이 작품에서 중요한 서사효과를 담보하게 하는 담론표지로 기능하게 된다. 자신의 이질적인 존재론적 지위로 인해 고자룡씨가 작품에서 확보하게 되는 담론표지는 초점인물(focal character)이다. 일반적으로 한 제도의 모순이나 부조리는 그 제도의 규범이나 가치체계를 내면화한 상태에서 존재하는 제도권 내의 정착민들에게는 잘 감지되지 않을 뿐만 아니라 심지어는 모순이나 부조리로조차도 느껴지지 않는다. 반면, 그 제도 바깥에 거주하는 이방인들에게 그러한 모순이나 부조리는 아주 민감하게 감지된다. 다른 세 사람의 서사주체들에 비해 아주 이질적인 존재론적 지위나 특성을 지닌 고자룡씨를 초점인물로 기능하게 한 것도 그러한 작가적 의도에서이다.

두 가지의 명칭 모티프를 통해서 드러내고자 한 비판적 의도는 크게 두 가지이다. 하나는, '소시민적 지식인들의 소외의식'이다. 다른 하나는, '중산층의 허영심과 극단적인 집단 이기주의'이다. 소시민적 지식인들의 소외의식은 세 사람의 서사주체들을 통해서 드러나고 있으며, 중산층의 허영심과 극단적인 집단 이기주의는 수박촌 부인들을 통해서 드러나고 있다.

대학교수, 메이저 언론사의 사회부 기자, 베스트 셀러 소설가. 이들은 모두 현실적으로 대단히 성공한 삶이다. 그럼에도 불구하고 그들은 끊임없는 공허와 상실감에 시달리면서 항상 위축된 모습을 보이며 하루하루를 고통스럽게 이어나가고 있다. 한마디로 그들의 삶은 소외 그 자체라고 할 수 있다. 먼저 베스트 셀러 소설가인 문창부씨의 소외의식은 상업적인 동기나 대중적인 인기와 같은 교환가치에 오염된 '잘 팔리는 상품'으로서의 소설과 문학적 진정성으로 빛나는 '좋은 작품'으로서의 소설 사이의 괴리로 인한 불행한 의식 때문이다. 문창부씨의 그러한 소외의식은 '아아, 언젠가는 정말 멋진 소설을 하나만 쓰고 죽고 싶습니다. 이따위 냄새나는 싸구려 소설이 아니라…… 크윽…… 언젠가는……'이라는 절망적인 절규에서 극명하게 드러나고 있다. 사회부 신문기자인 노기관씨의 소외의식은 '진정한 민의의 대변자'역할과 '권력과 자본의 대변자'역할 사이의 괴리로 인한 불행한 의식 때문이다. 노기관씨의 소외의식은 '내 유일한 재산은 오직 그들 뿐입니다. 그런 소중한 보물들을 버리고 대나무숲에 가서 임금님 귀는 당나귀 귀라고 악을 쓸 수는 없습니다. 낄낄낄'이라는 냉소적인 자조에서 그 명료한 형태를 얻고 있다. 마지막으로 대학교수인 허교만씨의 소외의식은 세속적인 욕망은

초탈해버린 선비와 같은 풍모를 지닌 '학자'의 역할과 현실적인 사회·경제
적 지위의 보존에만 관심이 있는 '교수' 역할 사이의 괴리로 인한 불행한
의식 때문이다. 허교만씨의 소외의식은 '어쩌면 멀잖아 일류대학으로 옮길
것 같아요. 벌써 말이 오가고 있으니까요. 전 두렵습니다. 그 모든 것을 잃는
다는 것은 상상조차 할 수 없습니다.'라는, 불안에 찬 고백에서 명료하게
드러나고 있다.

  자신들의 인생역정을 자조적으로 반추하는 과정에서 밝혀지고 있는 바와
같이, 자신들의 삶에 대한 소외의식은 일상적인 욕망이나 소시민적 보신주
의에 갇혀 지식인 본분의 사명이나 역사의식을 방기하고 있다는 반성적인
자의식이나 자책 때문이다. 이들이 모두, 자신들의 삶에 대해 양가적인 태도
를 지니게 되는 것도 자신들의 그러한 분열적인 존재론적 지위에 대한 민감
한 자의식 때문이다. 또한 '우리도 다를 게 없을 겁니다. 모두가 수박입니다.
씨도 배알도 없이 맹물만 뺑뺑하게 차 있는 껍데기 수박 말입니다……
결론인 즉슨…… 우리는 모두가 수박이라는 사실입니다. 허허헛. 자. 그런
뜻에서 씨 없는 수박 여러분 건배합시다!'라는 사실에 동의와 공감을 드러내
면서 자조적인 냉소나 공허한 실소를 보내거나, 네 사람이 모두 권투와 같은
야성적인 격투기에 매니아적 집착을 보이는 것 등이 모두 자신들의 거세당
한 남성성에 대한 보상심리가 작용한 결과이다. 그리고 당위와 현실의 괴리
적 상황으로 인한 불행한 의식 때문에 극심한 존재론적 갈등을 경험하게
되는 지식인들의 소외된 삶을 바라보는 서술자(작가)의 시선 또한 매우 비판
적이다. 그것은 한 선수를 죽음으로 몰고 간 세계 타이틀 메치 화제에 열광적
으로 몰입하는 세 사람의 태도를 '그렇게 소리치면서 그들은 단지 티브이
앞에 지켜앉아 그들이 꾸며놓은 거짓된 영웅을 찬양하고 추앙하는 비천한
신분으로 전락해가고 있는 것이었다'라는 서술정보나, 술자리를 끝내고 귀
가하는 도중에 마주친 수박촌 부인네들의 기세에 위축되어 현장에서 피해버
린 세 사람을 두고서 '다른 세 마리의 수컷들은 어느 틈에 비실비실 제 집을

찾아 기어들어가 버렸는지 보이지 않았다. 흥. 지지리도 못난 놈들 같으니라고. 차라리 그것을 떼어서 개나 줘버려라'라는 고자룡씨의 모멸적인 독백을 통해서도 명징하게 드러나고 있다.

한편, 자신들의 삶에 대한 소외의식과 관련하여 이들 세 사람의 독특한 이름과 이들이 거주하는 수박촌이라고 하는 공간명칭 또한 알레고리로 기능하고 있다. 소설가의 이름은 문창부, 신문기자의 이름은 노기관, 교수의 이름은 허교만이다. 알레고리적 기능성과 관련하여 이들 세 이름은 한자로 각각 文倡夫, 老記官, 虛驕慢으로 변환할 수 있다. 이들 세 이름들은 모두 현존이나 충만과 같은 긍정적 표지의 타자인 부재나 결락의 씨니피에를 내포하고 있다. 또한 수박촌이라고 하는 행복동의 별칭은 웅혼한 기상과 저항의지를 표상하는 남성성의 정체성을 거세당한 소시민들의 나약함과 비겁함의 메타포로 기능하고 있다. 거세와 부재의 내포를 연상하는 이 두 가지의 이름 모티프는 지식인의 존재증명 표지로 기능하는 자유의지나 비판정신의 기능을 소시민적 욕망이나 가족 이기주의에 저당잡힌 채 상황논리에 편승하여 안주하는 세 사람의 소외된 삶을 비판적으로 암시하는 담론효과를 거두고 있다.

한편, 수박촌 부인들을 통해서 드러나는 중산층의 허영심과 극단적인 집단 이기주의 또한 수박촌 남성들의 소외된 삶만큼이나 부박하고, 따라서 문제가 많다. '행복동 여성 봉사대'의 사회봉사 활동과 버스 노선문제에 대한 집단적인 결의를 통해서 알 수 있는 바와 같이, 이들에게 중요한 가치는 오직 자신들의 집단적인 이기적 욕망이나 천박한 허영심을 충족시키고자 하는 속물적인 욕심 뿐이다. '아차 하면 최후수단을 쓰는 수밖에 없어요. 그때는 아까처럼 너도나도 길바닥에 드러눕는 거예요. 어디 지나갈 테면 나부터 뭉개고 가보라 이거예요, 뭐.'라는 한 부인의 호기로운 진술에서 알 수 있는 바와 같이, 자신들의 집단적인 이기적 욕망이나 천박한 허영심을 관철시키는 과정에서 이들은 오로지 패거리 의식과 억지논리만을 강변할 따름이다. 모든 문제를 '강자의 힘의 논리'로 밀어붙이고자 하는 이들에게 사회적 약자들의 불편이나 일방적 희생은 거추장스러운 장애물이자 걸림돌로 인식될 따름이다. 이들에게 유일한 게임의 법칙이 있다면, 그것은 우승열패와 약육강식의 논리가 폭력적으로 관철되는 '정글법칙의 논리'일 뿐이다.

이 작품에서 알레고리의 형식적 외피를 통해 비판적으로 형상화되고 있는 소시민적 지식인들의 소외의식이나 중산층의 집단 이기주의와 허영심은 그 당시 작가 개인의 부채의식과 관련된 시대적 정황을 고려할 때 '80년 광주'에 대한 임철우의 비판적인 문제의식으로 확대 해석해도 큰 무리는 아니라고 보여진다. 그런 점에서 이 작품의 진정한 주제는 자신들의 보신주의와 집단 이기주의로 인해 80년 광주에 대해 무관심과 방조로 일관했던 사람들에 대한 작가의 원망이나 하소연과 같은 비판적 문제의식이라고 할 수 있다.

3. 나오는 말

1930년대가 '서정시인조차 황금광으로 나서게 하던 부박한 세월'이었다면, 1980년대는 '서정시인조차 거리의 투사로 내몰던 야만의 세월'로 규정할 수 있다. 그런 관점에서 볼 때 80년 광주에 대한 강박적인 부채의식이 빚어낸 임철우의 광주 서사체는 한 개인으로서도 불행한 경험이었겠고, 한 작가로서도 그다지 행복한 일은 아니었을 것이라는 생각을 하게 된다. 우선 한 개인의 입장으로 볼 때, 자신의 무의식이 감당해낼 수 있는 둑의 한계수위를 고통스럽게 넘나들면서 강박적으로 임철우를 호출해내던 살아남은 자의 죄의식이나 자기혐오와 같은 원한감정의 강도가 그의 몸과 마음을 얼마나 지치게 했을 것인가 하는 생각 때문이다. 그리고 작가의 입장에서 보더라도, 임철우의 소설들 가운데 득의의 영역이라고 생각되는 작품들은, 「사평역」이나 「달빛밟기」 등 세계의 중심에서 비껴선 자들을 따스한 연민의 시선으로 감싸안는 아우라로 환하게 빛나는 서정적 계열체의 소설들이라고 생각하기 때문이다.

구성적 의식으로서의 방법적 회의와 균형감각:
최인훈의 「소설가 구보씨의 一日」론

1. 들어가는 말

한 작가에 대한 공식적인 평가의 공증인으로 내세울 수 있는 것이 바로 문학사이다. 그런 관점에서 볼 때 최인훈은 아주 중요한 작가이다. 그것은, 문학사 서술주체의 문학관이나 이념적 지향, 문학사 서술 당시의 시대정신이나 시·공간적 조건 등, 문학사 서술의 기저변수에 상관없이 최인훈은 한국의 현대 소설사를 기술하는 과정에서 항상 중요한 서술단위로 기능하기 때문이다. 실제로 "인간과 세계에 대한 폭넓은 비전을 제시하여 그 자신의 소외를 보편화시킨 전후 최대의 작가"[1]라는 기존 문학사의 적극적인 평가가 말해주고 있는 바와 같이, 그가 누락된 한국의 현대 소설사는 심각한 왜곡이나 불구를 면키 어려울 것이다. 그러한 평가는 최인훈의 구체적인 작품들이 다투어 증명하고 있는 바이다.

구체적인 작품으로만 보더라도 "정치사적인 측면에서 보자면 1960년은 학생들의 해이었지만, 소설사적인 측면에서 보자면 그것은 광장의 해이었다"[2]라는 평가를 받을 정도로 문학사에 자신의 뚜렷한 족적을 남기고 있을 뿐만 아니라 '비평의 광장'[3]으로 불릴 정도로 다의적이면서도 중층적인 의미망을 형성하고 있는『광장』을 비롯하여 "소설의 극적 구조를 해체하며 '지식

---

1) 김윤식·김현,『한국문학사』, 민음사, 1979, 251면.
2) 김현, 「사랑의 재확인:「광장」개작에 대하여」,『광장/구운몽』최인훈 전집1, 문학과 지성사, 1987, 343면.
3) 김욱동,『광장을 읽는 일곱 가지 방법』, 문학과 지성사, 1996, 10면.

노동자'인 작가의 일상 행보를 자유롭게 기술하고 있는 『소설가 구보 씨의 일일』, 허구보다 더욱 착잡한 현실에 대한 지적인 성찰을 사유의 직접적인 표현양식인 에세이 수법을 통해서 제시하고 있는 『회색인』과 『서유기』"[4], 그리고 '작가에게는 휴지도 집필의 연장이라'는 명제와 함께 시작된 오랜 침묵과 공백을 깨고서 발표한 후 계속 형성 중에 있는 소설의 장르적 정체성에 대한 생산적인 물음들을 촉발하고 있는 『화두』 등, 최인훈의 대부분 작품들은 비평가들이나 연구자들로부터 지속적인 관심의 초점이 되어 왔다.

이들 작품들 가운데서도 이 글에서는 『소설가 구보 씨의 일일』(1972)에 주목하고자 한다. 그것은 이 작품이 최인훈 문학의 원천에 대한 길잡이 역할을 하고 있다는 판단 때문이다. 그러한 판단을 가능하게 하는 근거로 크게 두 가지 이유를 들 수 있다. 하나는, 많은 비평가들로부터 최인훈 소설의 정체성 표지이자 최인훈의 소설적 사고의 원형으로 회자되고 있는 '피난민 의식'을 그 작품이 비교적 분명한 형태로 보여주고 있다는 점이다. 다른 하나는, 소설가로서의 정체성에 대한 자신의 성찰적 자의식이나 언어예술로서의 소설의 장르적 정체성에 대한 자신의 미학적 자의식 또한 분명하게 보여주고 있다는 점이다. 사실, 이 작품의 서사주체인 구보 씨가 단순히 미학적 가상으로서의 허구적 인물이라기보다는 "그를 창조한 작가의 꿈으로서의 얼굴"[5]로 볼 수 있다는 점, 그리고 이 작품에 대해서 최인훈 자신이 "소설가 자신을 주인공으로 한 일종의 예술가 소설이고…… 완전히 논리적인 맥락이 있고 자기 문제를 독자 앞에서 단계적으로 자기 생체해부 같은 걸 해 보여준 한 피크로서 보여주고 싶은 것"[6]으로 규정하고 있는 점으로 보아서도 그 두 가지 이유는 더욱 높은 설득력을 확보하고 있다.

---

[4] 김병익, 「'남북조 시대 작가'의 의식의 자서전」, 『문학과 사회』, 1994년 여름호, 835~836면.
[5] 최인훈, 「소설의 주인공과 작가」, 『유토피아의 꿈』, 최인훈 전집11, 문학과 지성사, 1994, 277면.
[6] 한상기/최인훈, 「하늘의 뜻과 인간의 뜻」, 『꿈의 거울』, 우신사, 1990, 179면.

이 두 가지의 이유와 관련하여 이 글은 크게 두 가지의 작업가설에 그 기초를 두고 있다. 하나는, 피난민 의식과 작가의식이라고 하는 두 가지의 지향이 이 작품의 지배적인 구성적 원리로 기능하고 있다는 점이다. 다른 하나는, 이 두 가지의 의식이 서로에게 생성적 촉매로 기능하는 상호 의존적 관계를 형성하고 있다는 점이다. 따라서 이 글의 목적 또한 구체적인 작품분석을 통해 이 두 가지의 작업가설을 설득력 있게 논증하는 것이 될 것이다. 이러한 목적과 관련해서 이 글의 논의는 다음과 같은 두 가지의 수준에서 진행될 것이다. 하나는, 이 작품의 지배적인 구성적 원리로 기능하는 두 가지 의식의 객관적 실체를 밝혀내는 한편 그것들이 어떻게 해서 이 작품의 구성적인 원리로 기능하는가를 밝혀내는 작업이다. 다른 하나는, 그 두 가지 의식의 상호관련성을 구체적으로 밝혀내는 작업이다.

2. 구성적 원리로서의 사유와 자의식 체계

자신의 문학적 자화상을 그려달라는 편집자의 원고청탁에 의한 「원시인이 되기 위한 문명한 의식」(『문예중앙』1979년 겨울호)이라는 글에서 최인훈은 이 작품에 대한 자신의 생각을 다음과 같이 소개하고 있다.

> 「소설가 구보 씨의 일일」에서는 이런 인식(마치 주식시장의 장세표처럼 시간의 띠 위에 각각으로 표시되는 주가처럼 벌써부터 '움직이는 질서'의 형태로만 존재한다는 그런 세계인식) 위에서 구보라고 하는 소설가의 마음의 '레이더'에 들어오는 생활의 파편들을 미분하고 적분하면서 그의 이성과 정서의 장세를 각각으로 추적해 보았다. 나는 이 소설을 지극히 소시민적으로 풀어 쓴 '나의 율리시즈'라 부르겠다.[7]

최인훈은 '나의 율리시즈'라는 명제를 통해서 이 작품의 정체성 표지를

---
7) 최인훈, 「원시인이 되기 위한 문명한 의식」, 『꿈의 거울』, 우신사, 1990, 247면.

규정하고 있다. 이 작품과 관련해서 그 당시 문학 공동체의 관습이나 문법에 비추어서 파격적인 형식실험과 내용으로 인해 많은 찬사와 비판을 동시에 받은 바 있는 제임스 조이스의 『율리시즈』(1922)는 어떤 의미를 지니는가. 널리 알려져 있다시피, 3부 18편의 삽화적 구성으로 이루어진 『율리시즈』는 레오폴드 블룸이라는 더블린의 소시민이 하루종일 더블린 시를 배회하는 과정에서 그가 경험하는 내면적인 갈등과 고통을 의식의 흐름 기법을 통해서 섬세하게 포착하고 있는 작품이다. 최인훈의 『소설가 구보씨의 일일』은 두 가지 점에서 『율리시즈』와 구조적 유사성을 지니고 있다. 하나는 『소설가 구보씨의 일일』이 15개 삽화의 삽화적 구성으로 이루어져 있다는 점이다. 다른 하나는, 이 작품을 구성하는 15개의 삽화가 모두 서울 시내를 배회하는 과정에서 구보씨 의식의 촉수에 포착된 복합적인 사유와 성찰적인 자의식을 서사의 추동인자로 삼고 있다는 점이다. 먼저 이 작품의 구성적 특성을 살펴보도록 하자.

이 작품의 구성적 특징은 삽화적 구성의 연작소설 형태를 띠고 있다는 점이다. 첫 번째 삽화인 '느릅나무가 있는 풍경'에서부터 마지막 열다섯번째 삽화인 '난세를 사는 마음 석가씨를 꿈에 보네'까지 이 작품의 전체서사를 구성하고 있는 15개의 삽화들은 모두 독립적인 단위서사들로 기능하고 있다. 그 삽화들은 그러나 고립·분산되어 있지 않고 하나의 전체서사 아래 유기적인 관계를 통한 일관된 의미망을 형성하고 있다. 15개의 독립적인 삽화들을 통어하여 하나의 전체서사를 정점으로 유기적 관계를 형성하도록 하는 구성적 의식으로 기능하는 것이 바로 피난민 의식과 작가의식이다.

한편, 구보씨를 서술주체로 설정하고 있는 이 작품의 서술상황은 그 서술적 외피로만 보아서는 서술자가 후퇴하는 대신 장면제시나 대화, 의식의 반영이 묘사를 주도하게 되는 인물시각적 소설[8]임에 틀림없다. 그러나, 그

---

8) 인물시각적 소설의 서술상황과 그와 맞물린 주석적 소설이나 일인칭 소설의 서술상황에 대해서는 F 스탄첼, 안삼환 역, 『소설형식의 기본유형』, 탐구당, 1982, 2

러한 서술설정은 '구보씨의 사유와 자의식 체계에 대한 사유와 자의식'을 통해 나(작가 최인훈)의 사유와 자의식 체계를 객관화시키기 위한 담론전략이라고 할 수 있다. 그런 점에서 이 작품의 실제 서술상황은 그 외형적인 서술인칭과는 달리 서술행위와 체험간의 존재론적 유대가 굳건해지는 유사자전적 일인칭 소설에 속한다고 할 수 있다. 그러한 해석은, 이 작품에서 구보씨와 교우를 나누는 대부분의 등장인물들이 이름만 약간 변형되어 나타날 뿐 당시 최인훈과 실제로 접촉이 잦았던 교우나 동료문인들이었다는 점에서도 설득력을 확보하고 있다.

먼저, 분석의 편의를 위해 구보에게 목적의식적인 공간이동의 동기를 제공하는 서사를 축으로 15개의 독립적인 삽화들을 도표로 보이면 다음과 같다.

이 작품의 전체서사를 추동해나가는 힘은 목적의식적인 공간이동의 동기를 제공하는 서사들이 아니다. 그것은 서사 현장에서나 서사 사이의 시·공간적 틈새에서 구보가 단속적으로 보고 느끼는 존재와 세계, 그리고 언어와 문학에 대한 복합적인 사유와 성찰적인 자의식 체계이다. 목적의식적인 공간이동의 동기를 제공하는 서사들은 단지 그 복합적인 사유와 성찰적인 자의식 체계를 촉발하는 외형적인 계기나 동기로만 기능할 뿐이다. 그리고 작품 전체의 의미망과 관련해서도 별다른 의미를 지니지도 못한다. 그런 점에서 이 작품의 진정한 주인공은 '월남 피난민으로서, 서른 다섯 살이며, 홀아비고, 십년의 경력을 가진 소설가'(19쪽)[9]인 구보씨라기보다는 구보씨의 사유와 성찰적인 자의식 체계이다. 이 작품을 구성하는 15개의 독립적인 서사들에서는 모두 구보씨의 행동보다는 의식이 서사의 주체로 기능한다는

4~101면 참조.
9) 앞으로 작품인용의 각주처리는 인용 다음에 면수만 명기하는 방식으로 통일하고자 한다. 작품인용 텍스트는 『소설가 구보씨의 일일』, 문학과 지성사, 1991년을 이용했음.

점에서 15개의 독립적인 단위서사들은 한마디로 구보씨의 의식의 촉수에 포착된 '구보씨의 일일 의식의 보고서'라고 할 수 있다.

삽화명	서사명
느릅나무가 있는 풍경	• 자광대학의 문학초청 특강 • 월간지 『여성낙원』의 현상소설 심사 • 김광섭 시인의 『성남동 까치』출판 기념회 참석
창경원에서	• 창경원 구경
이 강산 흘러가는 피난민들아	• 한심대학의 도서관 사서로 있는 친구 김학구 심방 • 양서출판사에서 내는 문학전집 해설원고 전달 • 구 법신스님이 주지로 있는 심등사 방문
위대한 단테는	• 시인 김중배와 함께 영화관람
홍콩 부기우기	• 단편소설 전달과 원고료 수령차 문락사 들름 • 극단 인생극장에서 공연할 각본문제 상의차 광화문 다방에서 극작가 배걸씨 만남
마음이여 야무져다오	• 고향 친구인 김순남의 전기기구 가게 심방 • 선배시인의 아들 결혼식 참석 • 인세수령차 평화출판사에 들름
노래하는 사갈	• 프랑스 현대작가 전람회 관람
팔로군 좋아서 땅호아	• 이발 • 문학전집편집 상의요청으로 평론가 김견해씨 만남
가노라면 있겠지	• 후배 시인의 결혼식 참석
갈대의 사계	• 문학전집 편집 문제로 평론가 김공론씨 심방
겨울낚시	• 콩트응모 심사차 민중신문사 들름 • 질문서 전달차 신세계 잡지사 들름
다시 창경원에서	• 창경원 관람
남북조시대 어느 예술노동자의 초상	• 친구 시인 심학규와 함께 이중섭 전람회 관람
홍길레진 나스레동	• 청탁소설 전달차 한국신문사에 들름 • 소설 심사문제 상의차 잡지사에 들름 • 산업 신문사 주관의 좌담회 참석 • 문학전집 상의 문제로 출판사에 들름
난세를 사는 마음 석가씨를 꿈에 보네	

서사의 주체로 기능하는 구보씨의 의식지평은 거의 무한대로 열려 있다. 거의 무한대로 열려 있는 구보씨의 의식지평에 포착되는 복합적인 사유와 성찰적인 자의식 체계는 각각 배타적 동일성의 경계를 형성하지 않고 하나가 다른 하나에게 다른 사유와 자의식의 생성적 계기를 촉발하는 차연의 흔적으로 기능하고 있다.

아무 곳에도 이르지 않는 한없는 제자리걸음이다. 아무 곳에도 이르지 않는 걸음. 그것은 이미 걸음이 아니라 춤이다. 삶이 아니라 굿이다. 영원한 삶의 떠올림(喚起). 삶의 기억을 잊어버리는 것이 두려워 일부러 떠올리는 삶의 기억. 기억을 불러일으키는 몸짓. 몸짓. 아무도 위협하지 않는 몸짓. 자기를 달래는 주문(呪文). 다라니(陀羅尼). 예술이 된 동작. 예술의 다라니성(性). 예술의 떠올림성. 무엇을? 삶을? 삶의 기억을. 왜? 삶을 잊어버리지 않기 위해서. 삶의, 그의 삶의 리듬을, Vector를 유지하기 위해서. 그의 메커니즘의 버릇을 잊어버리지 않기 위해서. 그가 사자라는 것을 잊지 않기 위해서. 그의 양식, 그의 형(型), 그의 몸짓을 잊어버리지 않기 위해서. 그래서 허무에의 혼입(混入), 해체(解體)를 막기 위해서. 자기가 자기임을 유지하기 위한 되풀이. 되풀이. 삶의 형(型)의 되풀이……(44면)

절이란 데를 찾은 사람들. 그림도 그려주고, 불경도 베껴주면서 객채에서 엎치락뒤치락하는 나그네들의 모습이 떠오른다. 그런 범절. 노예. 감옥에 있는 노예. 있던 노예. 반정(反正). 정난공신 사이의 권력투쟁. 비주류파의 몰락. 멸족. 혹은. 권력에서 밀어내는 것으로 그치고 목숨을 살려주는 경우. 절. 구름의 소식과 물소리만으로 보내는 절. 그러한 삶의 범절. 정치의 범절. 야만에서 벗어난. 속세와 탈속의 인공적 구분. 허구(虛構)의 시공의 발명. 문명. 운명의 애달픔과 삶의 두려움을 슬퍼하는 것만을 업으로 삼는 분업(分業)의 형식. 노예들. 감옥에 갇힌 만큼 잘나지도 못했던 노예들이 마음을 의지한 곳. 장할 만큼 굳세지는 못해도 한스럽게 착할 수는 있었던 약한 짐승들의 나무 그늘……(72면)

인용문면에서 보는 바와 같이, 발산적이고 탈영토적인 운동으로서의 리좀적 사유체계10)를 연상케 하는 구보씨의 의식지평에 포착되는 복합적인 사유와 성찰적인 자의식 체계의 능동적 운동성은 "부재적 타자가 형이상학적 현전성을 구성하면서 남기는 흔적에 대하여 점점 심화되는 사유를 추구하고 있다는 점에서 기표의 기표로서, 기표와 기표의 관계 안에서 기능하면서 최종적인 초월적 기의로부터 해방된 기호"11)들의 운동성과 구조적으로 닮은 꼴을 이루고 있다.

공동체적 유대를 통한 상호부조의 미덕이 희박해져가는 당대의 각박한 인정세태에 대한 비판, 서울의 교통정책과 공해문제에 대한 비판적 대안, 탐욕스런 상혼이 빚어낸 음식공해에 대한 비판, 인간관계의 본질과 실존적 주체들 사이의 소통가능성에 대한 성찰적 자의식, 도회지 삶의 존재방식에 대한 성찰적 자의식, 약소민족의 비애와 변방의식에 대한 자의식, 국가 이데올로기의 억압적인 관리체제에 대한 불만, 일제 식민정책의 부정적 여파로 인한 비합리적 온정주의와 서구문물이나 유행의 맹목적인 추종이나 모방에 대한 비판, 앞으로 다가올 미래 문명사회의 실체에 대한 진단과 예측, 문학을 포함한 다양한 예술장르에 대한 미학적 자의식과 그것들의 장래, 한국의 근대문학사에 대한 해석적 안목, 남·북 적십자 회담과 미·중 수교전망에 대한 논평, 월남전에 대한 비판적 자의식, 자본의 상업주의 논리에 포섭되는 과정에서 갈수록 깊이를 상실해가는 척박한 문화풍토, 위정자들의 권력의지나 사회 기득권자들의 배타적인 독점욕, 다방이나 음식점, 서울거리의 풍경 등. 구보씨 의식의 촉수에 포착되는 내용들은 그것들만으로도 당대 시대상황에 대한 사회·문화적인 풍속도를 구성할 수 있을 정도로 넓고도 깊다.

거의 무한대로 열려 있는 구보씨의 사유와 자의식 체계 가운데 전체서사

---

10) 신현준, 「들뢰즈/가타리:존재의 균열과 생성의 탈주」, 이진경·신현준 외, 『철학의 탈주』, 샛길, 1995, 268면.
11) 김상환, 「데리다 소묘」, 이성원 엮음, 『데리다 읽기』, 문학과 지성사, 1997, 21~22면.

의 지배적인 구성적 의식으로 기능하는 것은 크게 두 가지 의식이다. 하나는 뿌리뽑힌 자로서의 피난민 의식이다. 다른 하나는 언어와 문학예술에 대한 미학적 자의식과 그를 통한 소설가의 정체성에 대한 성찰적 자의식이다. 그 두 가지의 의식이 구성적 의식으로 기능하게 되는 것은, 다른 의식들이 단발성의 사유와 자의식의 반추로 끝나는 데 비해 피난민 의식과 작가의식은 시종일관 반복적으로 반추되는 과정에서 하나의 단일한 체계를 형성하고 있기 때문이다.

1) 구성적 의식으로서의 피난민 의식

15개의 삽화에서 시종일관 반복적으로 반추되고 있는 구보씨의 피난민 의식은 상호 존재 규정적 관계를 형성하고 있는 두 가지의 층위에서 나타나고 있다. 하나는 존재론적 층위에서이고 다른 하나는 인식론적 층위에서이다. 존재론적 층위에서 반복적으로 반추되는 피난민 의식의 지배적 실체는 근원으로부터의 이탈에서 오는 비애와 상실감의 정서이고, 인식론적 층위에서 반복적으로 반추되는 피난민 의식의 지배적 실체는 존재와 세계에 대한 방법적 회의와 균형감각이다.

먼저 존재론적 층위에서 인간실존의 근저(根底)로서의 고향을 상실한 구보씨의 피난민 의식을 전경화시켜주는 요소로는 '고독한 홀아비이자 불쌍한 피난민'이라는 서술정보를 들 수 있다. 존재의 출발이면서 뿌리이자 행복의 샘(fons beati)을 형성하는 고향을 상실한 인간은 타향에서의 생활에 적응하는 과정에서 때로는 허무감이나 절망감, 때로는 자기침잠이나 고독 또는 향수병과 같은 여러 가지의 소외를 경험한다[12]고 한다. 구보씨가 자신을 소개하면서 시종일관 반복적으로 동원하고 있는 그 서술적 한정사는 피난민으로서의 구보씨가 남한사회에 존재와 삶의 뿌리를 내리는 과정에서 경험하

---

12) 전광식, 『고향』, 문학과 지성사, 1999, 117~119면.

게 되는 비애와 상실감을 표나게 강조하고 있다. 피난민 처지에 대한 구보씨의 민감한 자의식은 그러한 서술정보 이외에도 반복적인 변주를 통해서 드러나고 있는 여러 가지 서사정보를 통해서도 엿볼 수가 있다.

그러한 서사정보들로 우선 먼저 6·25 한국전쟁 당시 상황에 대한 구보씨의 반응을 들 수 있다. '지금은 구보씨도 전쟁이 무엇인지에 알기에······ 한없이 무서웠다. 굶주림. 죽음. 고달픔. 이런 것들이 또다시 달려들게 된다고 생각해보는 것조차 무서웠다'(131쪽)라는 서술정보에서 알 수 있는 바와 같이, 구보씨에게 전쟁은 회상 그 자체만으로도 존재의 뿌리를 뒤흔들 정도로 엄청난 파괴력을 지닌 불안과 공포의 대상일 뿐이다. 구보씨가 인천 실미도에 격리 수용중이던 공군 특수범들의 난동사건으로 판명된 공비사건에서 반사적으로 6·25를 연상하게 되는 것도, 그리고 끊임없이 약소민족의 비애나 변방의식을 반추하게 되는 것도, 통행금지 시간에 임박하여 나타나는 교통혼잡의 상황에서 '피난민들이 마지막 열차에 매달리는 풍경'(168쪽)을 연상하게 되는 것들이 모두 6·25 한국전쟁에 대한 구보씨의 원초적 불안과 공포 때문이다.

실제로 최인훈은 이창동과의 대담에서 "뿌리를 뽑았다는 표현으론 부족하고, 한 도시 자체의 껍질을 면도칼로 싹 잘라가지고 달랑 들어서 옮긴 것 같다고나 할까. 그 체험은 지극히 나쁜 영향을 인간에게 준다고 생각해요. 특히 어린아이들한테는 대지의 굳건함이라든지 자신의 뿌리나 생명에 대한 허무감을 주는 겁니다."[13)]라는 진술을 통해 6·25와 그로 인한 피난체험 당시 입게 된 자신의 심리적 외상을 설명하고 있다. 이 대담에서 최인훈은 또한 "삶이라고 하는 것이 출렁거린다고 하는 이미지는 아마 내 경우엔 피부에 제일로 와닿는 느낌이지요. 단단하지 않고"[14)]라는 진술을 통해 자신의 삶의 본질을 규정하고 있는데, 바로 이 '출렁거림'이라고 하는 운동성 이미

---

13) 이창동/최인훈, 「최인훈의 최근의 생각들」, 『작가세계』4, 1990년 봄호, 50면.
14) 앞의 글.

지야말로 월남 이후 안정된 존재론적 기반이 없이 유동적인 삶을 강요당할 수 밖에 없었던 최인훈의 피난민 의식을 상징적으로 압축하고 있는 개념이라고 할 수 있다.

한편, 이산가족 찾기 남북 적십자회담이나 미·중수교회담과 같은 국·내외적 사건들의 추이에 대해 민감한 관심을 가지게 되는 것도, 자신의 고향 친구인 김순남의 뒷모습에서 용병의 그림자를 읽게 되는 것도, 1302년 1월 궐석재판에서 유죄가 확정된 이후 19년 동안 이탈리아 각지를 유랑·걸식하며 불운한 생애를 보낸 단테에 대해 강렬한 동일시적 투사의 감정을 경험하게 되는 것도 모두 존재론적 층위에서의 구보씨의 피난민 의식과 밀접한 관련이 있다.

인식론적 층위에서의 피난민 의식과 관련하여 구보씨의 정체성 표지로 규정할 수 있는 두 가지의 인식소로 들 수 있는 것이 바로 존재와 세계에 대한 '방법적 회의'와 '균형감각'이다. '현실을 늘 선례에 의해서 이해하는 상고주의자요, 관념론자'(97쪽)인 구보씨는 시종일관 방법적 회의와 균형감각을 매개로 한 개방적 의식을 통해서 '진리의 중심은 어디에나 있으며 진리의 주변이란 어디에도 존재하지 않는다'는 진리의 편재성이나 주체와 타자를 구분하면서 연결해주는 원리로서의 나란한 보편(lateral universal), 또는 사이-나눔으로서의 타자의 차이[15]에 대한 섬세한 감수성을 체득한 인물로 등장하고 있다.

방법적 회의와 균형감각을 자신의 인식론적 표지로 삼는 구보씨의 모습을 통해서 읽어낼 수 있는 최인훈의 모습은 크게 두 가지이다. 하나는, 인식 대상의 최초 기원이나 최후의 종말에 대한 확정이나 평결을 유예한 상태에서 주어진 문제를 그 근본까지 철저하게 추적해 들어가는 회의주의자의

---

15) 하이데거의 사이-나눔으로서의 차이나 메를로 퐁티의 나란한 보편의 개념에 대해서는 정화열·박현모 옮김,『몸의 정치』, 민음사, 1999, 1장과 2장, 그리고 5장 참조.

모습이다. 니체가 짜라투스트라의 입을 빌려 말한 바 있는 '위험을 자신의 직업으로 삼는다'라는 명제는, 존재와 세계를 당연한 것으로 받아들이는 자연적 태도를 거부하고 '체계적 의심'이나 '회의의 내면화'를 통해 확실성에 도달하기 위한 과정으로서의 방법적 회의를 자신의 인식론적 표지로 삼는 회의주의자로서의 최인훈의 모습을 대변하고 있다. 의심의 제도화를 통한 열린 시각을 통해 존재와 세계의 본질과 확고한 토대를 끝까지 궁구하는 회의주의자로서의 최인훈의 모습을 극명하게 드러내고 있는 서술정보들이 바로 '벌거숭이 된 내 마음, 진실이란 병에 걸려 벌거숭이 된 내 마음'(12쪽), '벌거숭이 된 내 마음. 오 진실을 찾다가 벌거숭이 된 내 마음'(20쪽), '의심많은 마음이여…… 그대야말로 우리들의 '詩神'이다. 끊임없이 우상을 부수는 것. 그것만이 구원이다. 이끼앉은 모든 것을 경계하라. 움직이지 않는 모든 것을 의심하라'(139쪽)는 반복적인 내적 독백들이다.

　또한 "'천황'이라는 신의 아들에게 속고 '진리'의 화신이라던 스탈린이라던 이름에 멍들고 '애국'의 화신이라던 이승만 영감에게 속고 몇 번의 간난한 사랑의 흉내에도 보기 좋게 속고…… 이렇게 으리으리한 것에 속기만 한 구보씨의 마음밭은, 부랑자라든가 거지라든가 방랑 승려의 마음처럼 스산한 것이었기에 이 세상 무엇이라고 그리 대단해 보이지 않는 것이 여간 고통스럽지 않았다.'(153쪽), '이 '천황-스탈린-이승만'이라는 세 이름 속에서 구보씨의 반생의 정신은 어리둥절하면서 지나온 것이었다'(148~149쪽)라는 서술정보에서 알 수 있는 바와 같이, 구보씨가 현상과 본질, 허명과 실체의 괴리에 대한 민감한 자의식을 반추하게 되는 것도, 또한 자조적으로 내뱉는 '에끼 神哥놈'이라는 푸념을 통해 주체와 세계와의 인식론적 괴리를 반복적으로 드러내는 것도, 인생의 의미에 대해 '늦가을의, 아직 덜 가신 안개 기운이 서린 수풀 사이를 걸어가면서 미꾸라지처럼 잡히지 않는 삶의 비밀'(55쪽)이라고 규정하게 되는 것도 모두 이 세상에 존재하는 모든 것을 회의적 이성의 법정에 세우고자 하는 회의주의자로서의 최인훈의 인식론적 정체성이 투영된 결과이다.

구보씨의 모습을 통해서 읽어낼 수 있는 최인훈의 다른 한 가지 모습은 모든 존재에는 빛과 어둠, 해방과 억압, 우연과 필연, 삶과 죽음, 운동과 정지, 이성과 감성, 몸과 마음, 신체와 관념 등과 같이 길항과 갈등의 관계를 형성하고 있는 상호 대립물들이 한 실체에 공존하고 있다는, 한마디로 '모순의 운동성'을 모든 존재의 본질적 조건으로 규정하는 변증법의 논리를 자신의 인식론적 표지로 삼아 존재의 어느 한 극단에 대한 안이한 편향을 단호히 거부하는 건강한 다원주의자로서의 모습이다. 한 실체에 공존하고 있는 상호 대립물 가운데 어느 한 쪽이 다른 한 쪽의 효과의 산물임을 간파하여 중용의 가치를 선택하는 건강한 균형감각을 통해 절대적 중심이 없는 통일성을 지향하는 다원주의자로16)서의 최인훈의 모습을 극명하게 대변하고 있는 서사정보가 바로 "'사물'을 모두 잠정적인 '현상'으로 바라보는 것, 고체역학에서 유체역학으로. 그래서 어떤 사물이든 그것을 변화의 한 형태로 바라보는 것, 모든 사물을 변화하는 전체 속에서의 한 단계로, 그것을 불변의 단위라고는 보지 않았다'(102면), '사실은 이 세상에 단단한 것은 없다는 세계관의 표현으로서, 사람이 늘 거기서부터 출발하고 거기로 돌아가야 할 발판이 아닐까. 아니 '발판없음의 인식'이 아닐까?'(24면), '이 세상에 든든한 것은 하나도 없고 세상살이에 자신이란 것도 없다고 생각한다'(132면) 등과 같은 구보씨의 반복적인 내적 독백들이다.

---

16) 존재와 세계에 대한 의심의 제도화와 균형감각을 자신의 인식론적 표지로 하는 회의주의자와 다원주의자로서의 최인훈의 사유체계는 어떤 점에서 '아무 것도 진리가 아니다, 따라서 모든 것이 허용된다'라는 허무주의와 반토대주의 명제를 통해서 근대적인 계몽이성의 폭력성과 허구성에 대한 통렬한 전복과 반역을 감행하여 오늘날 다양한 포스트 담론체계의 저수지 역할을 하고 있는 니체의 사유체계 및 다원성과 우연성을 삶의 전제조건으로 설정하면서 니체를 통한 니체의 극복을 자신의 철학적 과제로 삼고 있는 리차드 로티의 우연성 철학과도 담론적 친연성을 보이고 있다. 니체와 로티의 담론체계에 대해서는 이진우, 『이성은 죽었는가』, 문예출판사, 1998, 4장과 8장 참조.

한편, 존재와 세계에 대한 방법적 회의와 균형감각이야말로 최인훈으로 하여금 기계론적 인과론이나 단선적 환원주의에 기초한 객관적 진리의 폭력적 허구성을 쉽게 간파하게 한 원동력이었을 것으로 판단된다. 다시 말해, 기계론적 인과론이나 단선적 환원주의에 기초한 객관적 진리야말로 형이상학적 현전에 대한 믿음을 전제로 하는 자기 동일성의 원리에 기초하고 있음을, 따라서 그것은 타자의 배제와 억압을 피할 수 없음을, 한마디로 기계론적 인과론이나 단선적 환원주의에 기초한 객관적 진리란 '권력의지의 간계'에 다름 아님을 통찰하게 하였을 것이다. 구보씨가 '살고 보니 진리란 '있는' 것이 아니라 만드는 것이며 더 바르게 말하면 '있게 하는 것'이 아닌가'(179면)하는 생각을 굳히게 되는 것도, 인간존재의 본질을 '두 개의 얼굴을 가진 이 신화의 인물'(165면)인 야누스로 규정하는 것도, 『광장』에서의 이명준이 남한과 북한의 두 체제 가운데 어느 한 체제를 선뜻 선택하지 못하다 결국 제3국행을 결심하게 되는 것도, 그리고 또한 자신의 문학적 자화상을 그려달라는 편집자의 부탁에 의한 「원시인이 되기 위한 문명한 의식」이라는 글에서 '무엇이 어찌 됐건 모든 형태의 객관주의의 늪에 조심해야 할 것 같다는 것······, 나는 우리 시대는 이미 삶의 뜻이 동상이나 성상처럼 고체형으로밖에 있지도 않고, 그렇다고 경문이나 미사처럼 안에 있는 것도 아니고, 그렇다, 마치 주식시장의 장세표처럼 시간의 띠 위에 각각으로 표시되는 주가처럼 벌써부터 '움직이는 질서'의 형태로만 존재한다는 그런 세계인식 때문인 줄로 안다'라는 소회를 드러내는 것도 모두 그와 같은 방법적 회의와 균형감각이 투영된 결과라고 하겠다.

방법적 회의와 균형감각를 자신의 인식론적 표지로 삼는 회의주의자와 다원주의자로서의 구보씨의 그러한 태도 형성에는 자기 동질성의 토대이자 근원적인 삶의 공간이 되기도 하는 고향에서 강제로 분리되는 극한상황에서의 다양한 가치박탈 체험들이 상당한 영향을 주었으리라 추정해 볼 수 있다. 익히 알려져 있는 바와 같이, 최인훈은 1950년 한국전쟁과 그로 인한 피난,

그리고 그 이후 계속되는 유랑체험을 거듭하는 과정에서 많은 가치박탈을 경험한 것으로 전해지고 있다. 최인훈의 그러한 인생유전에 대해 김욱동은 '한 몸으로 인생을 두 번 거친 듯하고, 한 사람으로서 두 몸이 있는 듯하다'는 명제로 자신의 인생역정을 규정하고 있는 후쿠자와 유키치(福澤諭吉)의 삶에 견주고 있다.17) 실제로 최인훈은 이 작품을 비롯한 여러 작품들이나 수필, 또는 대담 등과 같은 1차 자료들을 통해 6·25 이후 계속되었던 유랑체험과 그것들이 자신의 정체성 형성에 미친 영향 등에 대해 암시적인 형태로 드러내고 있다.

    전쟁이 났을 때 그는 고등학교 일학년이었다. 전쟁이란, 거의 모든 사람에게 그런 것이지만 더구나 고등학교 일학년짜리에게는 그것은 어떤 어질머리였다. 피난. 월남. 이십 년의 세월. 그 이십년은 구보에게 있어서 그 어질머리의 실마리를 풀어가는 일이었다. 어질머리. 삶은 어질머리를 가만히 앉아서 풀어가는 가내수공업 센터 같은 것이 아닌 것도 사실이긴 하였다. 풀어간다는 것도 살면서 풀어가는 것이고, 산다는 일은 어질머리를 보태는 일이었다. ……
    아름다움을 남보다 더 누린 사람은 반드시 그 갚음을 해야 한다. 월남 후 그는 그 갚음을 하기에 이십 년을 허비했다.(19~20면)
    특히 내 경우에는, 가령 중앙의 문화가 그리워서 변변인이 중앙으로 점점 가까이 온 경우가 아니고 정치적으로 타율에 의해서 우리 집안 자체의 필연적인 삶의 길을 찾아 이동해 온 것이거든요. 그것이 한편으로는 공교롭게도 문화적으로 굉장한 갈등을 안겨 주었는데, 그런 이동이 그 동안에 저 자신 작가로서 가장 집착하는 문제가 되었고, 앞으로도 아마 필연적으로 정해진 저의 길이 아닌가, 그렇게 생각합니다. ……
    그 때만 해도 제가 고등학교 2학년생이었는데, 이제까지의 생애에서 그만한 인원이 한군데 모인 것을 본 적이 없었어요. …… 어떤 사람이나 그런 충격은 감각적으로는 마찬가지이겠지만, 결국 직업이 그런 것을 자꾸 반추하게 되는 직업이다 보니까 그게 내가 아직도 정식화하지 못할 만큼 굉장한 응어리를 만들어 준 것 같아요.18)

---

17) 김욱동, 앞의 책, 31면.

일본말이나 일본사람이 싹 없어지는 것도 충격은 충격이죠. 그리고 일본인 대신에 들어온 소련군의 새 질서라는 것도 우리에게도 생소한 것이고, 남한에 월남한 뒤엔 또 생활에 있어서나 문화에 있어서나 이데올로기에 있어서 또 다른 거죠. …… 불행하게도 나는 절대적으로 압도할만한 선택의 기준을 만나지 못했던 것입니다. 작가생활을 시작할 때부터 지금 이 시점까지도 나는 그러한 것을 가지고 있지 않아요. …… 그런 것이 나에게 없는 동안은 마치 있는 것처럼 말한 적이 없고 앞으로도 그렇다 라는 입장이라고나 할 수 있을까[19]

인용문면들을 보면서 다시 한 번 확인하게 되는 것은 '존재가 의식을 결정한다'라고 하는 마르크스의 저 유명한 고전적 명제의 유효성이다. 그것은 최인훈의 존재론적 기반과 인식론적 토대 사이에는 구조적인 상동관계가 형성되어 있음을 확인하기 때문이다. 인용문면에서 유추해낼 수 있는 바와 같이, 최인훈이 그 어떤 고정된 근원이나 단일한 중심에 쉽게 함몰되지 않고 이동과 과정의 유동성을 모든 존재와 세계의 본질로 규정하고자 하는 방법적 회의와 균형감각의 소유자가 된 데는 월남 이후 거듭되었던 문화충격과 유동적인 삶을 강요당할 수 밖에 없었던 자신의 존재론적 조건이 결정변수로 작용하고 있음을 알 수 있다. 그러한 유추해석의 정당성에 대해서는 '땅 위에 정착하기 어려웠던 개인적이고 현실적인 경험이 지배하고 있다'[20]라는 자신의 고백적 진술이 증명하고 있는 바이다.

2) 구성적 의식으로서의 작가의식

이 작품에서 피난민 의식 못지 않게 중요한 서사비중을 차지하고 있는 의식이 바로 작가의식이다. 시인이나 소설가, 평론가나 출판인 등, 주로 문학 공동체 구성원들과의 만남에서 촉발된 구보씨의 작가의식은 크게 두 가지의

---

18) 김현·최인훈, 「변동하는 시대의 예술가의 탐구」, 『꿈의 거울』, 우신사, 1990, 206~207면.
19) 이창동·최인훈, 앞의 글, 48~49면.
20) 앞의 글, 62면.

층위에서 드러나고 있다. 하나는 언어를 표현매체로 하는 소설장르의 정체성에 대한 미학적 자의식이다. 다른 하나는 소설가의 정체성에 대한 성찰적 자의식이다.

추구하는 정신에서의 리얼리즘과 구체적인 방법론에서의 모더니즘의 조화로운 공존. 소설 장르에 대해 구보씨가 일관된 형태로 보여주고 있는 미학적 자의식의 핵심적 요체로 규정할 수 있는 개념항이다. '객관적 재현을 통한 현실비판'을 핵심범주로 하는 리얼리즘과 '다양한 형식실험'을 핵심범주로 하는 모더니즘 방법론의 조화로운 공존에 대한 구보씨의 미학적 자의식은 15개의 삽화에서 반복적으로 반추되고 있다.

'어질머리라는 누에집을 풀어서 그것이 대체 어떤 까닭으로 그렇게 얽혔는가를 알아보아야 하는 것'(20면), '세상살이의 이치와 느낌을 지어낸 인물의 일생이나 사건을 통해서 이야기로 엮어놓은 글'(144면), '천지와 인사의 이치가 머리에 선할 때 일위 인물을 지어내어 그의 파란곡절을 통해 이 이치를 깨닫게 하는 것'(149면), '세상살이 이야기 한 꼭지를 지어내서 세상이치를 밝혀내고 인물마다 옳고 그름을 가리는 일'(262면) 등과 같은 서술정보들에서 알 수 있듯이, 존재와 세계의 본질적인 이치의 궁구를 통한 현실비판이야말로 소설장르의 핵심과제라는 성찰적 자의식을 소유하고 있는 구보씨에게 소설을 쓴다고 하는 행위는 투명한 의식을 지닌 자율적이고 통일적인 사회·역사적 주체를 생산해내는 이데올로기적 실천행위인 것이다. 작가들에게 "스스로를 어떤 실천의 주체들로서 체험하도록 용인하며, 또 그들이 이 같은 실천에 자신을 예속시키면서 자기 자신의 동일성을 확인하도록 용인"[21]하는 이데올로기적 실천으로 소설쓰는 행위를 규정하는 구보씨에게 소설이란 단순히 미학적 가상으로서의 언어적 구성물의 지위에 머무를 수가

---

21) 클라우스-미하엘 보그달, 「징후적 독해와 역사적 기능분석」, 클라우스-미하엘 보그달 편저, 문학이론연구회 옮김, 『새로운 문학이론의 흐름』, 문학과 지성사, 1994, 124면.

없게 되는 것이다. 구보씨에게 소설이란 자신의 존재론적 조건에 대한 자아성찰적 구성물이자 제도적 기호를 통해 사회·역사적 주체로서의 자신의 존재론적 지위를 드러내는 존재증명 방식이 되는 것이다. 소설쓰는 행위를 사회적 실천이자 실존적 기투행위로 규정하고 있다는 점에서 구보씨는 엄정한 리얼리스트라고 할 수 있다.

그러나 '소설에서 이놈의 진짜 비슷하게 써야 한다는 소리가 신물이 날 지경인데'(108면)라는 푸념에서도 알 수 있는 바와 같이, 대상의 객관적 재현을 핵심범주로 하는 리얼리즘적 글쓰기의 강박에 대한 해방적 욕구를 항상적으로 지니고 있다는 점에서 구보씨를 단순히 리얼리스트로서만 규정하는 것은 평면적이다. 존재와 세계의 재현방식으로 선조적 인과론과 진보적 발전사관을 축으로 하는 전형과 총체성의 개념을 배타적으로 고집하지 않고 다양한 형식실험에 대해서도 유연한 태도를 견지하고 있다는 점에서 구보씨는 반리얼리스트, 아니 보다 정확히는 '개방적 리얼리스트'로 규정할 수 있을 것이다. 실제로 최인훈은 이창동과의 대담에서도 세상살이든지 우리들의 삶의 구조를 객관화되고 통일된 하나의 과학적 원칙이나 법칙으로 보려고 하고, 또 그것에 도덕성을 부여하고자 하는 경화된 리얼리즘이 지배적인 방법론과 이념으로 군림했었던 80년대의 현상에 대해 자신에게는 무슨 전통적인 소설이니 주류가 어떠느니 리얼리즘이 어떠느니 하는 종래의 그릇은 아무 쓸모가 없었고 오직 현실만이 실감이 있었다라는 진술과 더불어 자신의 눈에는 양쪽이 모두 보였기 때문에 완전히 카프카(모더니즘)처럼 가보지도 못했고 솔제니친이나 고리끼(리얼리즘)처럼도 가보지 못하고 그 중간쯤에서 배가 롤링하듯이 좌우로 움직인 궤적이 자신의 문학세계의 항적이었다[22]는 진술을 덧붙이고 있다.

추상과 구상은 서로 배척할 것이 아니라 공존해야 한다는 것/추상과 구상도

---

22) 이창동·최인훈, 앞의 글, 52~54면.

한 시공에 동시에 존재하는 생의 얼굴이라고 봐야지 한쪽으로만 결판내려면 생을 일그러뜨릴 수밖에 없다는 것/일그러뜨릴 때는 그것이 언어의 전개형태인 계기적 서술의 한계에서 오는 방법적 단순화임을 자각하는 여유가 있으면 좋지만 그런 허구의 조작을 실체화하려 들면 교조주의가 된다는 것/예술은 현대문명에서 단일한 양식을 가질 수 없다는 것/양식전범을 통일하려 할 것이 아니라 분파가 택한 전범 각기의 테두리 안에서 감상을 얼마나 극복했는가를 가지고 신심을 저울질하는 길밖에 없다는 것/문학의 음계는 복합음계로서 풍속의 지시를 포함하지 않을 수 없다는 것. (30~31면)

리얼리즘과 모더니즘의 조화로운 공존에 대한 자신의 미학적 자의식을 '추상'과 '구상'이라는 대립항을 통해 비교적 분명한 형태로 보여주고 있는 글이 바로 이 인용문이다. 추상과 구상의 두 가지 방법 가운데 어느 한쪽에 대한 배타적 편향은 교조주의적 단순화의 오류를 범할 수 밖에 없다는 진술이 시사하는 바와 같이, 최인훈은 세계에 대한 계몽된 비전을 제시하고 있는 기존의 습관화된 의사소통 구조의 해체와 의미화 실천의 심문을 통한 의심의 해석학으로서의 모더니즘이 잠재적으로 지니고 있는 전복적인 기호학적 힘[23])에 대한 믿음을 지니고 있었을 뿐만 아니라 모더니즘적인 실천은 계몽주의의 비판적인 기획을 재활성화시키는 데 이바지하며, 왜곡된 의사소통에 저항하는 잠재적인 세력으로서의 의사소통적 합리성을 재활성화하는 데도 이바지할 수 있다[24])는 믿음 또한 지니고 있었던 것으로 판단된다. 이와 같이 구상과 추상의 대립적 방법론을 변증법적 통일의 관계로 파악하고 있는 문학관과 구보씨의 인식론적 표지인 존재와 세계에 대한 방법적 회의와 균형감각 사이에는 구조적인 상동성이 형성되어 있음을 알 수 있다. 최인훈이 『서유기』를 비롯하여 『구운몽』, 『열하일기』, 『총독의 소리』 등과 같은 일련의 소설들에서 환상이나 꿈과 같은 초현실주의적 기법을 적극적으로 도입했던 것도, 샤갈에 대한 일방적인 편향을 드러내는 것들이 모두 방법적

---

23) A. 아이스테인손, 임옥희 옮김, 『모더니즘 문학론』, 현대미학사, 1996, 285~288면.
24) 앞의 책, 287면.

회의와 균형감각을 중시하는 구보씨의 인식적 지향과 밀접한 관련이 있다고 할 수 있다. '균형감각이 없으면 부분적으로 아무리 놀랍더라도 그 문화가 야만일 수밖에 없다'(212면)는 구보씨의 문화의식은 그러한 판단의 설득력을 보강해주고 있다.

소설가의 정체성에 대한 성찰적 자의식은 크게 두 가지의 층위에서 반복적으로 반추되고 있다. 하나는, 당위의 층위에서 반복적으로 반추되고 있는 '예술가 의식'이다. 다른 하나는, 현실의 층위에서 반복적으로 반추되고 있는 '직업의식'이다. '시인이란 무엇? 사기 도박을 발견하면 고래고래 소리를 지르고, 죽은 자에게는 대성통곡하는 것'(47면), '동네가 난리를 만나거나 염병에 걸렸는데 가야금을 뚱땅거리는 건 잡담 제하고 개새끼에 틀림없다. 그럴 때는 예술가도 남을 보살피기 위해 팔을 걷어 부쳐야 한다'(110면)라는 진술들에서 알 수 있는 바와 같이, 당위의 층위에서 반복적으로 반추되고 있는 예술가 의식의 핵심은 존재와 세계에 대한 통찰력과 비판력이다. 그와 같은 예술가 의식에 대한 압축적인 메타포로 기능하는 것이 바로 작가를 '미의 사제'나 '무당의 후손'으로 규정하는 구보씨의 작가관이다. 예술가 의식의 대립항으로 반추되고 있는 직업의식에 대한 압축적인 메타포로 기능하고 있는 것은 '노동자'라는 용어이다. 구보씨가 '그러니 소설가는 역시 인쇄기니 제본기계니 하는 생산수단을 가지지 않았다는 뜻에서 노동자임에 틀림없다'(144쪽)라는 자의식을 끊임없이 반추하는 것은 구보씨의 직업의식이 예술가 의식과 등가의 차원에서 자유롭게 넘나듦을 암시하고 있다.

사적이고 귀족적인 후원체계의 소멸과 동시에 익명적 상품거래에 기초하는 부르조아 사회의 시장기능에 자신들의 운명이 결정적인 영향을 받기 시작하는 자본주의적 근대 이후, 소설가를 포함한 거의 대부분 예술가들의 존재론적 조건이 그러하듯이, 구보씨의 예술가 의식과 직업의식은 길항관계를 형성하고 있다. 그런 점에서 구보씨는 근대적 예술가의 존재론적 초상을 대변하고 있는 인물이다. 예술가 의식과 직업의식의 괴리에서 오는 구보씨의 존재론적 갈등을 상징적으로 압축하고 있는 메타포가 바로 '시심'(詩心)과 '물욕'(物慾)의 대립항이다. 구보씨가 노동자라고 하는 명칭을 반복적으로 고집하는 것도, 그리고 인세와 원고료에 관련된 자신의 미묘한 속내를 희화적으로 드러내는 것도, 출판사에 보관 중에 있는 작품을 '재고품', 자신의 소설쓰는 행위를 '날품팔이'나 '목구멍에 풀칠하기' 등과 같은 자조적인 표현에 빗대어 규정하는 것 등이 모두 예술가 의식과 직업의식의 괴리에서 오는 구보씨의 존재론적 갈등과 밀접한 관련이 있다고 하겠다.

또한 예술가 의식과 직업의식의 괴리에서 오는 구보씨의 존재론적 갈등에 대한 기능적 표지로 작용하고 있는 것이 바로 두 가지 의식의 문체적 차이이다. 예술가 의식을 드러내는 문체들의 속성이나 자질이 대부분 진지하면서도 성찰성이 강한 규범적 문체로 이루어져 있는 반면, 직업의식을 드러내는 문체들의 속성이나 자질은 자조적이면서도 냉소적인 문체로 이루어져 있다. 그와 같이 예술가 의식과 직업의식 사이에는 그 의식의 실체 못지 않게 문체 면에서도 상당한 차이를 보이고 있는데, 그러한 문체적 차이는 그 두 의식의 존재론적 괴리의 문체적 표지로 기능하고 있다.

3. 나오는 말

이 글은 대상 텍스트인 『소설가 구보씨의 일일』이 최인훈 문학의 원천에 대한 생산적인 지도 역할을 하고 있다는 문제의식을 가지고서 출발했다. 그러한 문제의식과 관련하여 이 글은 두 가지의 작업가설을 논증하는 것을 그 연구목적으로 설정하였다. 하나는 피난민 의식과 작가의식이라고 하는 두 가지 지향이 이 작품의 지배적인 구성적 원리로 기능하고 있다는 가설을 논증하는 작업이었다. 다른 하나는 그 두 가지의 의식 사이에는 상호의존적 관계가 형성되어 있을 것이라는 가설을 논증하는 작업이었다. 구체적인 작품분석의 결과 실제로 이 작품은 그 두 가지의 작업가설이 상당한 설득력을 지니고 있음을 알 수 있었다.

먼저 피난민 의식과 작가의식이 이 작품의 구성적 원리로 기능할 수 있었던 이유로는 최종적인 초월적 기의로부터 해방된 기호들의 운동성을 연상케 할 정도로 개방된 구보씨의 의식지평에 포착되는 사유와 자의식 체계 가운데 다른 대부분의 의식들이 단발성의 사유와 자의식의 반추로 끝나는 데 비해 그 두 가지 의식은 하나의 단일한 체계를 형성하고 있다는 점을 들었다. 15개의 삽화에서 시종일관 반복적으로 반추되고 있는 구보씨의 피난민 의식은 두 가지의 층위에서 나타나고 있었다. 존재론적 층위에서 반복적으로 반추되고 있는 피난민 의식의 지배적 실체는 근원으로부터의 이탈에서 오는 비애와 상실감의 정서임을 알 수 있었으며, 인식론적 층위에서의 그것은 존재와 세계에 대한 방법적 회의와 균형감각임을 알 수 있었다.

주로 문학 공동체 구성원들과의 만남에서 촉발되고 있는 구보씨의 작가의식 또한 두 가지의 층위에서 반복적으로 반추되고 있음을 알 수 있었다. 언어를 표현매체로 하는 소설장르의 정체성에 대한 미학적 자의식의 핵심요체는 추구하는 정신에서의 리얼리즘과 구체적인 방법론에서의 모더니즘과의 조화로운 공존임을 알 수 있었다. 소설가의 정체성에 대한 성찰적 자의식의 핵심요체는 예술가 의식과 직업의식 사이의 존재론적 길항과 갈등임을 알 수 있었다. 시심과 물욕의 대립적 메타포로 압축되고 있는 두 가지 의식 사이의 존재론적 길항과 갈등은 그 문체 면에서도 기능적 차이를 드러내고 있음을 알 수 있었다.

이 작품이 최인훈 문학의 원천에 대한 생산적인 지도 역할을 하고 있다는 문제의식과 그것에 기초하여 이루어진 이 글에서의 분석결과는 앞으로 최인훈의 다른 작품들을 연구하는 데 유효한 준거의 틀을 제공할 수 있으리라 생각한다. 특히, 최인훈 자신이 이 작품을 포함하여 5부작으로 읽혔으면 좋겠다는 자심의 바람을 피력한 바 있는 네 작품, 『광장』, 『회색인』, 『서유기」,『태풍』은 더욱 그럴 것이다. 그 네 작품은 물론이고 최인훈의 다른 작품들에 대한 작업은 앞으로의 과제로 남겨둔다.

존재와 세계에 대한 비극적 통찰 :
오정희의 「구부러진 길 저쪽」

　오정희의 소설들은 대부분 서정시의 상태를 지향하는 단편의 미학적 본질에 충실한 것으로 알려져 왔고 또한 사실이 그러하다. 오정희 소설의 미학적 표지로 '촘촘하면서도 섬세한 결로 직조된 밀도 높은 문체'와 '명징한 시적 이미지'를 꼽는 것에 대해 대부분의 평자들이 생각을 같이 하는 것도 오정희 소설의 그러한 장르적 특성 때문이라고 생각한다. 한마디로 서사보다는 묘사에 기대어 이야기를 이끌어나가는 것이 오정희 소설의 핵심 서사문법이라고 할 수 있다. 아우토반에서의 고속질주와도 같은 속도감있는 독서가 번번히 좌절되고 마는 것도 '겉으로 드러내면서 드러내기'보다는 '안으로 감추면서 드러내기'의 서사전략에 의존하는 오정희 소설의 서사문법 때문이라고 생각한다. 이 글에서 이야기하고자 하는 「구부러진 길 저쪽」 또한 그러한 서사문법의 일반론으로부터 크게 비켜서 있지 않고 있다. 비켜서 있지 않다라기보다는 지극히 충실한 편이다.

　존재와 세계에 대한 비극적 통찰로 가득한 「구부러진 길 저쪽」은 극적 구성방식과는 상당히 거리가 먼 작품이다. 따라서 그 작품의 전체 서사를 구성하는 중심서사와 주변서사의 위계나 층위의 경계나 구분은 흐릿할 수밖에 없다. 대신 그 작품은 세 사람의 초점인물을 축으로 하여 기능하는 서사단위들을 교차·반복 서술하는 중층적 서술구조를 이루고 있다. 그러한 서술구조는 이 작품으로 하여금 서술의 입체성을 확보하게 하며, 그러한 서술의 입체성은 또한 인식의 입체성 확보로 나아가게 한다. '서술자의 서술적 중재'를 그 장르적 표지로 하는 서사물에서의 서술은 인식과 등가의 관계이기 때문이다. 1979년 제3회 이상문학상 수상연설에서 작가 오정희는 "더 많은 질문을 던지는 자가 작가"라는 작가의 존재론을 진술한 바 있다. 그 당시의 그 진술이 아직도 유효하다고 한다면 아니 유효해야 한다면, 작가 오정희가 「구부러진 길 저쪽」을 통해서 존재와 세계에 대해서 묻고자 하는 의미는 과연 무엇일까? 이러한 질문에 대한 성실한 탐색을 해보고자 하는 동기와 의도를 가지고서 이 글은 출발한다.

　이 작품의 초점인물로 기능하는 세 인물은 인자와 은영 그리고 현우이다. 이 세 인물의 공통점은 모두 자신들의 현재적 삶에 대해 만족하지 못하고 소외된 상태에 놓여 있다는 점이다. 먼저 양적으로 가장 많은 서술비중을 차지하고 있는 인자는 여공시절 노동운동을 하던 대학생과의 사랑으로 은영을 낳은 미혼모이다. 인자는 현재 원천에서 가게 인근의 학생들을 상대로 스넥코너를 운영하면서 하루하루의 고단한 삶을 견뎌 나가고 있다. 인자가 원천에 눌러앉아 살게 된 계기는 자기를 버리고 달아난 대학생의 고향이 원천이었기 때문이다. 인자의 가장 큰 고민과 불안은 자신의 딸 은영이 자신처럼 "생의 공포에 노출되어" 자신의 불행한 운명을 되풀이하지 않을까 하는 것이다. 그러한 염려와 불안은 신경과민의 지경에 이르러 딸의 속옷 색깔에 대해서조차도 민감한 반응을 보일 정도이다. 더우기 두 세달에 한 번씩 손님처럼 고향에 찾아오는 딸 은영과의 만남에서조차도 인자는 낯선 이방인을 만나는 듯한 소외감과 단절감을 느낄 뿐이다. 그러한 소외감과 단절감에서 오는 외로움과 허전함은 인자로 하여금 아무 곳에나 충동적으로 전화를 걸어 그저 송수화기를 통해 물리적인 음성들만을 주고받는 건조한 의사소통 행위에 매달리게 할 정도이다. 생의 공포에 노출되어 평생을 불행한 삶에 결박당한 인자의 소외된 삶은 "오늘 역시 기억되지 않을 날들 중의 하루로 지나갈 것이다"라는 서술자의 요약적 진술에 잘 압축되어 있다. 또한 인자의 소외된 삶은 "물에 갇힌 꿈"이라는 작품 말미의 이미지에 상징적으로 압축되어 있다.

인자의 딸 은영은 원천에서 전문대학을 나온 후 도망치듯 상경하여 백화점 포장부에서 일하다 지금은 골프장의 캐디로 일하나 그곳에서도 적응을 잘 하지 못한 채 무기력하게 하루하루를 견디어 나가는 인물이다. 은영의 부적응과 무기력함은 때와 장소를 가리지 않고 엄습하는 잠으로 표상된다. 결손가정에서의 성장체험 때문인지 몰라도 은영은 사회성이 부족한 편이다. 은영의 사회성 부족은 동료 캐디인 명희로부터 "다른 사람들과 좀더 부드럽게 지내는 법을 배워야 된다"는 충고를 받을 정도이다. 일상에 지친 몸으로 어쩌다 한 번 들린 고향 집에서도 은영은 안온함을 느끼지 못한다. 자신의 딸 또한 자신처럼 평생을 불행한 삶에 결박당하지 않을까 노심초사하는 어머니의 신경증적 간섭 때문이다.

고아 출신의 영화 엑스트러로 스타에의 열망을 지니고 살아가는 현우는 성장과정에서의 상처와 소외로 인해 왜곡된 자아 정체성을 지닌 인물이다. "자기처럼 불운한 인간도 드물 것이다. 자신은 이제껏 자신의 의지와 선택과는 무관하게 어떤 잔인한 심술궂은 힘에 떠밀려 왔다"는 운명론적 피해의식과 상대적 박탈감에 시달리는 현우는 세상에 대한 맹목적 적의와 환멸의 비애를 느끼면서 항상 오징어 배를 타거나 폐광으로 잠적해버릴까 하는 도피심리만을 반추한다. 술집에서의 사소한 시비가 발단이 된 폭행사건 이후 현우는 그 사건에 대한 강박관념에 가까울 정도의 신경증적 불안에 시달리게 된다.

이 세 사람의 초점인물을 통해서 전달되는 서사는 대부분 원천이라는 작은 도시 주변에서 발생하는 사소한 것들이다. 그러나 그 서사들이 사소하다는 것은 외연의 차원에서만 사실일 뿐이지 내포의 차원에 있어서는 결코 사소하지가 않다. 바로 그 점에 이 작품의 묘미가 있다. 내포의 차원에서 그 사소한 서사들은 존재와 세계에 대한 비의와 통찰을 담고 있다. 그 비의와 통찰의 시선 또한 섬뜩하리 만치 날카롭고 비극적이다. 사소한 서사를 통해서 전달되는 존재와 세계에 대한 비극적 통찰은 이 작품의 핵심 서사공간인 원천의 공간 이미지에 대한 묘사에도 그대로 반영되고 있다. 이 작품에 반영되는 원천의 공간 묘사는 대부분 어둡고 황량하고 일그러져 있으며, 여유라고는 전혀 없이 각이 지고 날이 선 기계적·물질적 이미지들이 지배적이다. "고장난 시계탑과 태극기가 힘없이 늘어진 국기 게양대, 직육면체를 포개 얹은 듯한 멋없이 번듯한 시멘트 구조물", "수십 년래의 낡고 더러운 초록빛 빌로드 의자", "거리는 가까스로 인도만 남긴 채 온통 파헤쳐져 있고 굴착기와 포크레인이 밤빛에 괴물처럼 흉측하게 서 있는" 등의 묘사들이 바로 이 작품의 그러한 이미지를 대변하고 있다. 더우기 그러한 이미지들은 이 작품의 단순한 장식적 요소로 기능하는 것이 아니라 이 작품의 전체 분위기를 지배하는 기조음으로 자리하고 있다.

서사물의 해석과정에서 제목은 대개 독자의 기대지평이 처음 형성되는 단위로 기능한다. 특히 단편에서의 제목은 그 작품의 핵심 메시지를 상징적으로 압축하는 경우가 많다. 「구부러진 길 저쪽」의 제목 또한 단편의 그러한 장르적 관습을 충실히 따르고 있다. '구부러진 길 저쪽'이라는 제목은 이 작품의 궁극적 비의인 '존재와 세계에 대한 비극적 통찰'을 상징적으로 압축하고 있기 때문이다. 존재와 세계에 대한 비극적 통찰이라는 이 작품의 궁극적 비의와 관련하여 구부러진 길 저쪽이라는 제목은 '구부러진 길/저쪽'이라는 두 개의 상징단위로 분절할 수 있다.

그러면 이 두 개의 상징단위가 각각 상징하는 궁극적 비의는 무엇인가? 이 물음에 대한 대답이야말로 이 작품의 핵심에 가장 빨리, 그리고 가장 정확히 도달할 수 있는 지름길이 아닐까 생각한다. '인생은 나그네 길'이라는 은유가 있다. 그 은유처럼 우리들의 삶은 흔히 길의 이미지에 비유되곤 한다. 사실 '진행성'과 '중층성'이라는 두 가지의 중요한 속성을 놓고 볼 때 '길의 이미지'와 '우리들의 삶'은 서로 유사성을 공유하고 있다. 그런데 이 작품에서 상징단위로 기능하는 길은 그냥 곧게 난 길이 아니라 구부러진 길이다. 길이 구부러져 있다는 것은 무슨 의미일까. 이 작품 내에서 그 대답을 찾아보도록 하자.

이 작품에서 구부러진 길의 공간 이미지는 삶의 진정성이라고는 한 구석도 찾아볼 수 없을 정도로 섬찟하고 황량한 풍경으로만 채워진 세계를 상징하고 있다. 그 세계에서는 아기 미혼모가 아이를 버리기도 하고, 전자 오락실 골방에서 어린 학생들의 도덕적 표상이어야 할 나이 지긋한 어른들이 음란 비디오를 통해 음습한 욕망의 눈빛들을 주체하지 못하는 일들이 너무나도 자연스럽게 이루어지기도 한다. 국민학생들 또한 그 세계의 타락한 질서와 논리로부터 결코 예외일 수가 없다. 따라서 그 세계에서는 국민학생들의 반장선거에서도 어른들의 타락한 선거방식이나 선거전략이 한 점 부끄러움이나 한 획의 주저도 없이 그대로 재현되기도 하며, 어린 학생들에 대한 인간적 애정과 관심이 유괴의 예비로 의혹을 사기도 한다. 그 세계에서는 또한 교련시간에 총검술 동작이 서투른 학생에게 머저리, 돌대가리, 병신 같은 놈 등의 모멸적이고 가학적인 언어적 폭력이 거리낌없이 배설되기도 하며, "비상시 대피소로도 활용할 수 있는 지하상가를 만들기 위해 여름이면 짙은 그늘로 터널을 만들던 오래된 플라타너스 가로수들을 마구 베어버리는 일"이 마구 일어나기도 한다.

그 세계는 또한 폭력이 폭력을 낳고 그 폭력들은 또한 부메랑이 되어 되돌아오는 폭력의 악순환 구조가 지배하는 공간이기도 하다. 그리하여 그곳에서는 교련교관의 폭력대상이었던 어린 고등학생이 폭력의 주체로 돌변하여 국가권력과 사회체제로부터 합법적으로 습득한 총검술을 응용하여 단지 '하루 종일 열받았다'는 이유 같지 않은 이유 하나만으로 전자 오락실 주인 내외를 잔인하게 죽이는 범죄행위가 이루어지기도 한다. 더우기 그 세계의 환경감시 기능을 떠맡아야 할 방송에서는 황색 저널리즘의 포로가 되어 그 사건을 즐기는 듯한 선정적인 보도태도로 보도하기도 한다.

구부러진 길이라는 상징 이미지로 표상되는 세계는 또한 소외와 상실감의 비애가 모든 인간관계의 정서를 지배하는 곳이기도 하다. 이 세계에서의 모든 인간관계는 활력과 생명력을 상실한 채 건조하고 병들어 있다. 이러한 인간관계에 바탕을 두고 있는 모든 개별자들 또한 서로에게 '타자의 외로운 섬'으로 마주하면서 무관심하거나 적대적인 표정만을 주고받을 뿐이다. 한마디로 이 세계에서 이루어지는 모든 인간관계를 지배하는 논리는 '상생의 원리에 그 뿌리를 둔 식물성의 논리'가 아니라 '상극의 원리에 그 뿌리를 둔 동물성의 논리'이다. 오락실의 귀머거리 주인 내외로 표상되는 부부관계가 그러하고, 인자와 계꾼들간의 거리로 표상되는 친구관계가 그러하고, 교련 교관과 학생들 사이의 폭력으로 표상되는 사제관계가 그러하고, 인자와 은영간의 불협화음으로 표상되는 모녀관계가 그러하고, 그리고 인자와 현우의 출생으로 표상되는 부자관계 또한 예외가 아니다. 이외에도 약국집 주인에 대한 현우의 불신이나 제식훈련 시간에 실수한 한 학생에 대한 다른 학생들의 반응 등 이 세계에서 건강한 인간관계가 이루어지는 법은 한 번도 없다. 인물들 사이의 대화 또한 생산적인 만남과 울림을 생산하지 못한 채 건조하게 겉돌기만 할 뿐이다. 그것 또한 인간존재의 근원적인 소통불가능성을 암시하고 있다.

이 작품에서 구부러진 길과 함께 또 하나의 상징단위로 기능하는 '저쪽'이라는 공간 이미지는 또한 무엇을 상징하고 있는가. 구부러진 길 저쪽에 놓인 세계는 어떤 세계인가. 의미론적 층위로 볼 때 구부러진 길 저쪽에 있다는 말은 구부러진 길의 세계와는 무엇인가 다른 세계가 저쪽의 세계라는 사실을 암시하고 있다. 그렇다면 과연 구부러진 길의 세계와는 다른 저쪽 세계의 실체는 무엇인가. 그 세계는 어떤 세계이며 그 세계의 본질이 무엇인가에 대해서 작가는 철저히 침묵하고 있다. 그 세계에 대해서는 나도 알 수 없고 너도 알 수 없고 따라서 우리 모두가 모를 수 밖에 없는 따라서 몰라야만 되는 세계이다. 그 세계는 결코 이루 수 없는 시원의 유토피아이거나 유한적 존재로서의 인간의 이성이나 오성의 인식범위를 훨씬 벗어나 있는 초월자의 영역(기독교의 예수, 불교의 석가, 이슬람교의 마호메트, 샤머니즘의 민간신앙, 신은 결코 없다고 믿는 사람들의 마음에 자리하고 있는 신……까지도 포함하는 초월자)에 속하는 몫일 수도 있기 때문이다.

구부러진 길과 저쪽이라는 두 개의 공간상징 해석을 통해서 알 수 있는 바와 같이 이 작품은 인간존재의 근원적인 삶의 조건으로서의 비극성을 문제삼고 있다. 이 작품을 통한 오정희의 진단에 의하면 구부러진 길 이쪽에 있을 수도 없고, 그렇다고 구부러진 길 저쪽에도 갈 수 없는 불행한 의식과 비극적인 삶의 조건을 짊어진 시지프스의 운명이야말로 유한자로서의 인간존재를 규정하는 본질 축이 아니겠느냐는 것이다. 그런 점에서 "삶의 그 어느 것을 통해서도 세계와 화해할 수 없다는 것이 오정희의 전율이다. 그것은 인간의 가장 근원적인 존재상에 대한 통찰이며 그는 거기서 비롯된 절망을 드러낸다.…… 오정희의 소설은 바로 이 절망과 무력한 시도 자체가 우리 가슴으로 흘러드는 한 조각의 빛, 살별의 꼬리임을 암시하고 있는지도 모른다"(김병익,「세계에의 비극적 비견」,『제3세대 한국문학』13)라는 김병익의 진술은 아직까지도 소중해 보인다.

현실과 환변증법 :
윤후명의 「등대는 어디에 있는가」

윤후명의 대부분 소설들처럼 「등대는 어디에 있는가」 또한 '현실과 환상의 혼융(교직)구조'로 이루어진 작품이다. 윤후명은 왜 '현실과 환상의 혼융구조'를 자기소설의 지배적인 서사・서술구조로 고집하는가? 그리고 또 '현실과 환상의 혼융구조' 이야기를 통해서 윤후명이 우리들에게 묻고자 하는 의미는 과연 무엇인가? 이 두 가지 물음에 대한 성실한 탐색이 윤후명 문학의 본질에 접근하는 유효한 지름길이 아닐까? 「등대는 어디에 있는가」 또한 그 물음과 해답으로부터 결코 자유로울 수 없다.

우리들의 삶에 있어서 현실은 무엇이며 환상은 무엇인가? 우리들이 통념적으로 생각하는 것처럼 현실 영역과 환상 영역 사이에는 신성불가침의 경계선이 가로놓여 있는 것일까? 또한 부성적 위계논리에 기초한 근대적 계몽이성의 친절한 가르침처럼 현실영역만이 중요하며 환상영역은 전혀 몰가치하기만 한 것일까?

구조주의 사유체계의 방법론적 핵심인 이항대립 틀은 존재와 세계를 해석하는 유효한 도구임에 틀림이 없다. 그럼에도 불구하고 구조주의의 이항대립적 사유체계는 후기 구조주의자들의 '건강한 회의'처럼 자신을 구성하는 두 개의 대립적인 가치영역 가운데서 어느 하나를 배제할 수 밖에 없는 폭력성 때문에 항상 문제의 불씨를 안고 있다. 현실과 환상의 이항대립항에 대한 우리들의 통념 또한 마찬가지이다. 만일 우리들의 통념처럼 감각적 지각이 가능한 현실만이 소중한 것이고 환상은 전혀 쓸모가 없는 것이라고 한다면 우리들의 삶은 얼마나 끔찍하리만치 삭막하고 견딜 수 없는 것이 될까? 어떻게 보면 환상이야말로 우리들로 하여금 황량하고 고단한 일상의 굴레와 속박에서 오는 고통과 상처를 견딜 수 있을 만한 것으로 받아들이게 하고 다시금 일상으로의 건강한 회귀를 자극하는 소중한 보상적 심리기제가 아닐까? 그런 점에서 본다면 환상은 현실의 '부정적 그림자'가 아니라 현실의 다른 얼굴이라고 해야 되지 않을까? 사실, 사회주의 리얼리즘 계열의 소설이건 포스트 모더니즘 계열의 소설이건 모두 속악하고 폭력적인 현실세계의 피안을 꿈꾸는 백일몽이라는 점에서 환상과 얼마만큼의 거리가 있는 것일까? 아니 얼마만큼의 거리가 있을까가 아니라 환상 그 자체가 바로 문학의 본질이 아닐까? 윤후명이 자신의 소설에서 '현실과 환상의 혼융구조'를 고집하는 이유, 또 '현실과 환상의 혼융구조'를 통해서 그가 우리들에게 묻고자 하는 의미는 바로 그러한 것들이 아닐까라는 전제를 전제하면서 「등대는 어디에 있는가」라는 작품을 구체적으로 분석해보기로 한다.

　우리들이 사는 사회는 저마다 다른 개성과 정체성을 지닌 수많은 사람들이 모여 살고 있다. 그럼에도 불구하고 우리 사회는 나름대로의 질서를 유지해나가고 있다. 그러면 그 동력은 과연 무엇일까? 사회 구성원들의 약속. 바로 사회 구성원들의 약속이 그 동력이 아닌가 한다. 그런데 그 약속들은 한 가지 이름만을 가지고 있는 것이 아니라 여러 가지 이름들을 지니고 있다. 규범, 관습, 풍속, 법률, 양심, 도덕률, 윤리, 가치관…… 등등이 바로 그 약속의 서로 다른 여러가지 이름들이다. 문화라는 이름으로 통합이 가능한 그 이름들은 구체적인 상황과 맥락에서 사회 구성원들의 욕망들을 조정하고 통제하기도 하면서 우리 사회의 질서를 유지해나가는데 기능적인 도구로 작용하고 있다. 그 과정에서 문화체계는 또한 사회 구성원들에게 억압적인 기제로 작용하기도 한다. 우리들이 항상 일상으로부터의 비상이나 탈출을 꿈꾸게 되는 것도 일상이 지닌 바로 그 억압 때문일 것이다.

　일상의 억압 때문에 우리들이 꿈꾸게 되는 일상으로부터의 비상이나 탈출은 가능하다. 그런데 그 가능성은 일시적이고 잠정적일 수 밖에 없다.

일상으로부터의 비상이나 탈출의 가능성이 일시적이며 잠정적이라는 사실은 싫더라도 다시 일상의 세계로 복귀해야만 된다는 점이다. 거창하게 말한다면 바로 그 점이야말로 현대 산업사회에서의 모든 인간존재들을 불행하게 하는 근원적인 존재조건인 것이다. 윤후명의 「등대는 어디에 있는가」는 바로 그러한 존재론적 물음에 그 뿌리를 내리고 있다. 작품의 제목이 의문형으로 되어 있는 것도 바로 그러한 존재론적 물음과 전혀 무관하지 않으리라. 그런 점에서 이 작품의 제목 또한 제목이 그 작품의 핵심 메시지를 상징적으로 압축하고 있는 단편의 장르적 관습에 충실한 편이다.

"나는 소설에서 될 수 있는 대로 구성이라는 걸 염두에 두지 않는다"라는 작가 자신의 고백적 진술처럼 윤후명의 소설들은 대체로 순차적 인과관계의 선조적 구성과는 상당히 거리가 멀다. 윤후명 소설의 스토리 라인을 평면적으로 재구성하는 일이 어렵게 느껴지는 것도 극적 구성방식을 무시하는 작가의 독특한 서사전략과 관계가 있다. 윤후명 소설이 일반 대중독자들에게 재미있게 읽히거나 쉽게 읽히지 않는 중요한 이유 또한 그러한 전략과 상당한 관련이 있으리라 생각된다. 앞에서 전제한 바와 같이 「등대는 어디에 있는가」 또한 윤후명의 독특한 서사전략을 아주 충실하게 따르고 있다.

이 작품의 구성은 현실서사와 환상서사의 두 서사단위가 입체적으로 교직하는 전략을 취하고 있다. 두 개의 핵심서사는 배타적 대립구조를 이루고 있지 않고 서로 자유로이 넘나들면서 동일한 시·공의 서사차원에서 혼융하고 있다. 그리고 이 작품에서의 현실서사와 환상서사의 경계는 분명하지 않으며 그 경계를 따지는 일이 오히려 이 작품의 의도를 배반하는 행위가 될 수도 있다. 어쩌면 그것이 바로 작가의 서술전략일 수도 있기 때문이다.

그 경계가 불분명한 현실서사와 환상서사는 외형적으로 액자소설의 형태를 취하고 있다. 액자의 형태는 세 개의 바깥 이야기와 두 개의 속 이야기로 이루어져 있다. 세 개의 바깥 이야기는 작품전체의 서술자이기도 한 '나'를 초점인물로 해서 전달되고 있으며 두 개의 속 이야기는 각각 용접공 김씨와 도장공 이씨(용접공 김씨의 고향 후배)의 약혼녀(?)를 통해서 전달된다. 용접공 김씨와 도장공 이씨의 약혼녀(?)를 초점인물로 하는 두 개의 속 이야기는 '나'의 대리서술을 통해서 간접서술된다.

작품전체의 서술자이면서 바깥 이야기의 초점인물로 등장하는 '나'는 연수원 교육생 신분으로 조선소에 오게 된다. 그곳에서 나는 우연히 용접공 김씨를 만나 김씨의 엉뚱한 하소연을 듣게 되었다는 것. 그 과정에서 꼭대기에 하얀 등대가 하나 서 있는 이웃 섬이 있다는 이야기를 김씨로부터 듣게 된 '나'는 김씨와 함께 그 이웃섬에 갈 것을 약속하였다는 것. 이 내용이 바로 '나'의 회상형식으로 이루어진 전체 이야기의 도입부 기능을 담당하고 있는 바깥 이야기 1의 핵심서사이다.

용접공 김씨를 초점인물로 하고 있는 속 이야기 1은 자신의 인생역정에 관한 용접공 김씨의 하소연이다. 세 가지의 내용이 김씨 하소연의 핵심을 이룬다. 고향을 떠나 신산스러운 인생역정 끝에 서른 셋에 늦장가를 들고 이제 간신히 집을 장만하였다는 것. 항상 고향에 대한 원초적 그리움을 지니고 있다는 것. 자신이 홧김에 발로 찬 쇳조각이 우연히 자신의 고향후배 도장공 이씨의 눈에 맞아 이씨가 실명했을 것이라는 단정으로 인한 죄의식과 자책감으로 시달리고 있다는 것.

하얀 등대가 있는 이웃 섬에 같이 가기로 약속했던 김씨가 오지 않아 혼자서 그 섬에 갔다가 그곳에서 우연히 약혼자가 병원에 입원해 있는 한 여자(도장공 이씨의 약혼녀?)를 만나게 되었다는 내용이 바깥 이야기 2의 핵심서사이다.

그녀를 초점인물로 하고 있는 속 이야기 2의 핵심서사는 그녀가 태종대에서 한 용접공(용접공 김씨?)을 알게 된 과정과 항해사가 되고 싶은 그 용접공의 꿈에 관한 내용이다.

철가면(용접공 김씨?)과 함께 그의 직장동료(도장공 이씨?) 병문안을 갔다가 그 곳에서 '나'는 그녀를 보게 된다는 것이 바깥 이야기 3의 핵심서사이다.

윤후명은 자신의 대부분 다른 작품들과 마찬가지로 이 작품에서도 일상으로부터의 비상이나 탈출의 상징적 매개로 환상을 택하고 있다. 환상의 상징적 매개를 담당하는 것은 '등대'이다. 이 작품에서 등대가 실제하느냐 그렇지 않느냐, 아니면 주인공 '나'가 실제로 등대가 있는 섬에 직접 가서 등대를 보았느냐 그렇지 않았느냐 하는 질문은 전혀 중요하지가 않다. 그러한 질문은 어떻게 보면 규범적인 문법체계를 미학적으로 일탈하고 있는 한 편의 시를 두고서 문법에 맞니 틀리니 하고서 따지는 행위 이상으로 어리석은 것이 되리라. 왜냐면 이 작품에서 등대는 '실재하지 않거나 아니면 실재한다고 하더라도 갈 수 없다는 사실을 알면서도 그곳에 이르고자 하는 환상적 공간'의 등가적 상징으로 기능하기 때문이다.

'그 섬에 하얀 등대가 있다고 내게 들려준 것은 말했다시피 '철가면'이었다. 그리고 나는 그 말을 의심 없이 받아들였다. 그런데 나중에 그것이 없다는 사실을 알았음에도 불구하고 나는 여전히 등대를 앞세우고 있는 것이다. 결론부터 말하면, 그가 말한 하얀 등대라는 건조물은 세관의 감시 망대(望臺)였다. …… 그것이 등대가 아니라 밀수선을 감시하는 망대였다 해도 내 의식 속에 결국은 등대로 자리잡은 것은, 언제부터인가 감시활동이 중단됨과 함께 비어 있었던 사실에서 출발한다. …… 밤에 불빛을 비추지 않는 한 결코 등대일 수는 없을지라도 내가 그것을 등대로 알았기 때문에 접근해 갔었고, 또 어떤 쓰임새도 없이 버려져 있는 까닭에, 지금도 나는 그것을 등대라고 부르고 싶은 것이다. 그것이 내 인생의 어느 길목에 등대처럼 서 있었다고 믿고 싶은 것이다.'(159~160면) 인용 문면에서와 같이 '나'는 실제로 등대가 밀수선을 감시하기 위해 설치하였다가 지금은 그 기능마저도 중단되어 버린 세관의 감시망대임을 확인하고서도 자신의 의식 속에서는 자신의 인생행로를 비추어줄 수 있는 등대로 받아들이고 있다.

그리고 또한 등대에 대한 환상이나 항해사의 꿈은 '용접이나 샌딩, 도장 등 어느 것 하나 쉬운 일이라고는 없는' 조선소 노동자들의 고단한 일상에만 국한되는 것은 아니다. '나 또한 신바드와 같은 항해사를 꿈꾸고 있었던 것이다. …… 그러면 그럴수록 내 마음은 현실로부터의 이적(移籍)과 환상으로의 모험을 꿈꾸고 있었던 것이다'라는 '나'의 고백을 통해서 알 수 있는 바와 같이 그러한 환상이나 꿈은 현대산업사회에서 소외와 억압을 경험하는 모든 인간존재의 근원적 유토피아이기 때문이다. 이 작품이 현대 산업사회에서의 인간존재의 근원적인 존재조건에 관한 진지한 존재론적 물음에 그 뿌리를 깊이 내리고 있다라는 해석은 바로 그러한 이유에서이다.

고단하고 황량한 일상의 굴레와 억압. 그리고 속악하기 짝이 없는 현실세계의 폭력성. 환상을 통해서나마 그것들로부터 잠시 벗어나볼 수 있는 꿈꾸는 행위마저 단죄의 대상이 된다면 종말을 예비하고 있는 듯한 묵시록적인 이 세상에서 살아남을 사람이 과연 몇 명이나 될까? 그리고 그 사람들은 과연 어떤 사람들일까? 그런 점에서 본다면 환상은 황량한 현실세계의 폭력적 질서나 억압으로부터 한 걸음 비켜서거나 물러서는 행위라기보다는 나름대로 그 현실세계를 견디어내거나 맞서는 방법론이라고는 볼 수 없는 것일까? 「등대는 어디에 있는가」에서 등대라는 환상적 이미지를 통해서 윤후명이 우리들과 나누어 가지고자 했던 의미 또한 그것이 아니었을까. 그러한 추측이 사실과 크게 다르지 않다면 그 추측의 외연을 확장시켜, 현실과 환상의 혼융구조로 짜여진 일련의 소설들에서 다양한 환상적 이미지들(윤후명의 소설에는 날아오르는 공간 이미지나 하얀 색의 색상 이미지가 빈번하게 등장하는데 이 사실 또한 그러한 추측의 토대를 강화시켜 준다)을 통해서 윤후명이 우리들에게 들려주고자 했던 메시지 또한 그것과 동궤의 선상에 놓여있으리라.

소설가 주권 선언의 출사표 :
마르시아스 심의 「명옥헌」

　심상대의 글을 읽다 보면 여러 곳에서 '권력에의 의지'나 '인정 욕망의 무의식'을 어렵지 않게 발견하게 된다. 그러한 발견은 자연스레 '욕망은 결핍이다'라는 자크 라캉의 명제나 '인류의 역사는 인정 투쟁의 역사이다'라는 막스 베버의 명제를 떠올리게 한다. 사실, 중앙 문단의 영주권을 획득한 이후 끊임없는 영토 확장을 모색하며 리좀의 운동성을 보여주고 있는 심상대의 글쓰기 행위는 적어도 나에게 그러한 혐의를 두지 않을 수 없게 한다. 그의 소설 가운데 자신의 글쓰기 작업을 둘러싼 장(場)에 관한 작품들이 상당수 발견되는 사실은 그러한 혐의에 상당한 근거를 제공하고 있다. 마르시아스 심으로의 필명 전환이라는 심상치 않은 사건 또한 그러한 속내와 적지 않은 관련이 있어 보인다. 고대 그리이스 신화를 차용하여 자신의 필명 전환에 대한 동기부여를 제공하고 있는 「마르시아스」는 그 어떤 권력의 감시와 처벌에도 불구하고 시대와의 불화를 존재론적 조건으로 삼는 소설가의 실존을 기꺼이 감내하겠다는, 그 결과 상처와 좌절로 인한 불면의 밤을 양식으로 전복과 모반의 정신을 글쓰기의 원천으로 삼는 본때 있는 소설가가 되어 보겠다는, '소설가 주권 선언의 출사표'에 다름 아니기 때문이다.
　작가의 말에 실린 저간의 사정 이야기를 들어보면 『명옥헌』에 수록된 11편의 작품들은 심상대와 마르시아스 심 사이에 귀속성의 소지를 안고 있어 보인다. 그러나 '가이샤의 것은 가이샤에게로', '마르시아스 심의 것은 마르시아스 심에게로……' 이번 작품집을 통해서도 확인되는 분명한 사실 한 가지는 그가 우리 말과 글을 다룰 줄 아는 작가라는 점이다. 그리고 또한 가지. 근대 이전의 전기수나 강담사를 연상케 하는 재미있는 이야기꾼이라는 사실이다. 우리의 말과 글에 대한 섬세한 감각, 재담이나 경구 들을 통해 민감한 상황이나 무거운 분위기를 눙치고 돌아가는 기법, 이야기 양식으로서의 소설 장르의 정체성에 대한 자의식 등의 자질은 이번 작품들에서도 여전히 그 빛과 힘을 잃지 않고 있기 때문이다.

『명옥헌』에 수록된 11편의 작품들은 정체성을 부여할 만한 일관된 표지를 표나게 내세우고 있지는 않아 보인다. 먼저 이번 작품집에서 선보이고 있는 담론 장치들만 보더라도 신화나 설화의 차용, 일기나 편지 형식의 도입, 재담과 풍자, 알레고리의 동원 등 실로 '담론의 전시장'을 방불케 할 정도로 다양하다. 그리고 이야기 층위에서 보더라도 요시꼬라는 한 일본 여성 독자와의 서신 교환을 통해 가깝고도 먼 이웃인 일본과의 미래 지향적인 관계에 대한 전망을 언어와 문화 차이의 전경화를 매개로 진단하고 있는「요시코의 편지」, 분단으로 인한 이산 가족의 비애를 통해 체제의 폭력과 억압을 다루고 있는「압록강 풍경」, 자신을 청상과부로 만든 바다에 대한 애증의 변증법을 지닌 한 여인의 곡진한 순애보와 한을 초점화하고 있는「저 시퍼런 바다」, 제도의 폭력과 전도된 가치관이 지배하는 불구적인 시대상에 대한 비판과 존재의 양면성에 대한 성찰을 담고 있는「감방일기」, 아수라장을 방불케 하는 무질서와 혼돈의 도가니인 사회 풍속도에 대한 풍자인「신금오신화 제3편」, 문우들과의 대화를 통해 문학에 대한 미학적 자의식과 존재와 삶에 대한 성찰적 자의식을 반추하고 있는「명옥헌」등 서사의 초점 또한 다양하기 그지 없다.

이와 같은 독이(獨異)한 개성을 지닌 세계들의 혼거로 인해 이번 작품집을 꿰는 중심을 설정하는 일은 만만치 않아 보인다. 그럼에도 불구하고 이번 작품집에 정체성을 부여할 만한 작품군을 들 수 있다면, 아무래도 자신의 글쓰기 행위에 관한 공동체적 장과의 만남에서 촉발되는 자의식을 전경화하고 있는 작품들일 것이다. 큰 맥락에서 볼 때 이러한 범주에 넣을 수 있는 작품으로는 이 작품집의 표제작으로 내세웠더라면 더 나았을 듯 싶은 「마르시아스」를 비롯하여 「작가와 작품과 독자의 관계에 관한 소묘」, 「요시코의 편지」, 「명옥헌」, 「무릉도원」 등을 들 수 있다.

이와 관련하여 「무릉도원」은 눈여겨 볼 필요가 있는 작품이다. 무엇보다도 이 작품은 무릉도원이라는 그 제목에서부터 초월의 세계를 꿈꾸는 유토피아 지향성을 본질로 하는 문학·예술의 존재론에 대한 알레고리로 기능하고 있다고 보여지기 때문이다. 제도를 통해 제도를 넘어서고자 하는 '역설적 제도'로서의 문학이 지향하고자 하는 차안의 세계에 대한 취객(예술가)의 초월적인 욕망이 집단적인 조롱과 추문거리로 희화화되는 상황 설정. 그리고 또 무릉도원이라는 공간이 상징계의 질서가 요구하는 금기를 위반한 '사회적 타자들의 일탈과 추문의 공간'으로 희화화되는 상황 설정 등은 근대 자본주의의 초입, 댄디들의 방어 본능을 자극했을 부박한 가치가 갈수록 무소불위의 힘을 얻어가는 현대 자본주의 사회에서 교환가치와 사용가치 사이에 가로놓인 화해 불가능한 심연으로 인해 예술가가 경험하고 있는 존재론적 절망과 소외에 대한 알레고리로 보여진다.

유목민의 끊임없는 영토 확장과 탈주를 감행하고 있는 심상대, 아니 마르시아스 심. 이 담엔 그 어떤 모습으로 우리들을 유혹할지 사뭇……

넋두리를 통한 트라우마 넘어서기 :
심상대의 「망월」

 80년 광주. 바로 그 역사의 현장에서 숨진, 집안의 대들보로 믿고 기대던 생때같은 큰아들의 생급스런 죽음으로 인한 한 여인의 원한(怨恨)의 정서. 이 글의 해설 대상작품인 「望月」의 지배적인 정조이다. 80년 광주에 대한 여인의 관심은 따라서 역사학자들의 그것들과는 사뭇 다를 수밖에 없다. 사회변혁 주체로서의 민중들의 힘, 이제까지 맹방이라는 믿음에 추호의 의심조차 가져보지 않았던 미국이라는 나라의 본질적 실체와 허구성, 군사독재정권의 폭력적 광기와 야만성 등등의 거대담론은 적어도 이 작품에서만큼은 서사의 중심에서 밀려날 수밖에 없게 된다. 따라서 이 여인이, 서정시인조차 거리의 투사로 내몰던 야만의 세월을 들머리에서 규정하고 있는 '그 80년 광주', '광주 이후 이 땅 위에서 서정시가 씌어지는 일은 결단코 없으리라'는 한 시인의 패러디를 불러일으킬 정도로 엄청난 비극적 재앙이었던 '저 80년 광주'의 역사적 본질이나 의미에 대해서 무지하거나 무관심하다고 해서 그 여인을 매도하거나 비난할 권리는 그 누구에게도 없는 것이다.
 유달리 '효'를 중시하는 유교적인 규범이나 관습에서 부모에 대한 가장 큰 '불효'로 치는 것이 바로 '慘慽'(참척)이다. 자손이 부모나 조부모보다 일찍 죽는 참척은 남은 부모에게 평생 지울 수 없는 상처와 고통을 남기기 때문이다. '열 손가락 깨물어 안아픈 손가락 하나도 없다'라는 우리네 속담과도 같이, 잘나면 잘난대로 또 못나면 못난대로 하나하나의 자식들은 모두 어느 부모에게나 그 어느 다른 자식들로도 대체할 수 없는 유일무이의 개체성을 지닌 '바로 그 존재'이기 때문이다. 더욱이 '니 국민학교 댕길 때 콜라 묵고 싶어하는

디 한번도 사멕이들 못했응께. 경태 고놈은 멀로 둘러대 거짓말로 돈을 타내서라도 묵고 싶은 것을 사묵었는디 너는 고로코롬 착했지야'라는 넋두리에서도 알 수 있는 바와 같이, 지지리도 못난 에미・애비들 때문에 자식들에게 호강 한 번 제대로 시켜준 적이 없다라는 자책과 회한에 시달리는 이 여인에게 죽어버린 큰아들로 인한 한과 죄의식은 전시의 피난지나 소개지역을 완전접수한 점령군처럼 이 여인의 무의식을 마음껏 유린・약탈하면서 식민화시킨다.

「망월」은 80년 광주, 바로 그 역사의 현장에서 숨진 큰아들의 참척으로 인한 여인의 한을 넋두리라고 하는 방어기제(defense mechanism)를 통해서 승화・정화하고 있는 작품이다. 그러한 주제를 효과적으로 드러내기 위해 이 작품은 크게 두 가지의 담론장치를 동원하고 있다. 하나는 남도 방언이 지니는 민중적 역동성이다. 다른 하나는 조응적 이미지로서의 달빛의 시각적 효과가 가지는 정서적 환기력이다.

자신의 첫 창작집인 『묵호는 있는가』의 발문에서 심상대는 "한글을 만드느라 애쓰신 옛 어르신네 여러분, 그 한글을 더욱 다듬고 가꾸신 많은 분, 또한 숱한 어려움 속에서도 우리글 한글을 아끼고 지키신 모든 분들의 뜻에 삼가 절을 올립니다"라는 인사로 자신의 작가적 다짐을 다지고 있다. 길고도 험한 문학의 고단한 길에 첫 발을 내딛는 초행자로서의 이러한 다짐과 결의는 심상대의 작가적 지향이 어디에 그 뿌리를 두고 있는가를, 또 앞으로 어디로 뻗어나갈지를 짐작케 한다. 모든 문학의 출발이 우리말과 글에 대한 섬세한 자의식이라는 사실을 전제로 한다면, 심상대는 앞으로 기대를 걸어 보아도 괜찮을 작가이다. 그가 구사하는 문장은 정확하며, 그가 동원해내는 우리 어휘는 풍부하다. 그의 묘사는 신선하여 생동감이 흐른다. 그리고 그의 문체는 삽상하여 감칠 맛이 있을 뿐만 아니라 대상을 눙치며 어르고 돌아가는 품새가 여간 아니다. 초기작에서부터 최근의 작품들에 이르기까지 한결 같은 내공을 느끼게 하는 그의 문장과 문체에 대한 자질이나 감각은 요즈음 일부 젊은 작가들의 부실공사에 비추어 보면 더욱 소중해 보인다.

우리말과 글에 대한 심상대의 섬세한 감각과 자의식은 이 작품에서 여인의 넋두리에 동원되고 있는 남도 방언을 통해서 여실히 드러나고 있다. 이 작품의 실질적 주인공이라고 할 수 있는 여인의 남도방언(넋두리)은 큰아들의 참척으로 인한 자신의 죄의식과 한을 선명하게 드러내는 담론장치로 기능하고 있다. 남도방언의 그러한 담론기능은 두 가지 층위에서 이루어지고 있다. 하나는 언어 사회학적인 층위에서이고, 다른 하나는 언어학적인 층위에서이다. 방언의 의미는 사회・역사적인 맥락에서 상대화되는데, 이제까지 남도방언은 표준어로 통하는 경기방언을 비롯한 다른 방언들의 '열등한 타자'나 '부정적 그림자'의 소외된 지위에 머물러 있었다. 언어 사회학적인 층위에서의 남도방언의 이러한 사회・역사적 의미는 큰아들의 참척으로 인한 여인의 원한의 정서와 죄의식의 감정을 선명하게 드러내는 담론장치로 기능하고 있다. 한편, 여인의 넋두리는 시종일관 큰아들이, 마치 살아있는 듯한 착각을 불러일으킬 정도로 살가운 대화형식과 진양조의 유장하면서도 처연한 가락으로 이어지는데, 여인의 넋두리가 지닌 그러한 언어학적인 자질 또한 동일한 담론효과를 내고 있다.

이 여인에게 있어서 큰아들의 죽음은 일종의 트라우마(trauma)이다. 큰아들의 죽음으로 인한 한과 죄의식은 이 여인의 무의식에 수시로 출몰하면서 강박적으로 호출해낼 정도로 강렬하면서도 폭력적이기 때문이다. 큰아들의 죽음으로 인한 여인의 한과 죄의식이 자신의 무의식이 감당해낼 수 있는 둑의 한계수위를 넘나들 정도로 고통스러운 것은 죽기 이전 그 아들에 대한 도저한 자부심과 지극한 애정 때문이다. 큰 아들은 고향의 시골 중학교를 졸업할 때까지 한번도 일등을 놓쳐본 적이 없는, 어려서부터 동네에서 알아주는 수재로, 그 지방 명문대학의 법대생으로 재학중이었다. 나머지 네 명의 동생들이 모두 초등학교 졸업을 끝으로 학업을 중단하고 생활전선에 나서게 된 것도 모두 큰아들의 성공에 대한 환상적인 기대와 희망 때문이었다. 큰아들에 대한 여인의 편집증적 집착에 가까울 정도로 강한 애정과 자부심은 손자 승민이와 함께 씨를 뿌려서 발아한 봉숭아를 큰아들의 무덤가 양쪽에 다 심는 모티프에서도 여실히 드러나고 있다. 그러한 큰아들의 생급스런 참척으로 인한 여인의 원한과 죄의식의 강도를 극명하게 보여주는 서사정보가 바로 '아야, 나는 인자 다 잊어부렀다. 다 잊어부렀어'라는 넋두리이다. 큰아들의 죽음 이후 16년이 지난 지금까지도 여인의 무의식을 강박적으로 지배하고 있는 원한과 죄의식으로 인해 시종일관 주술처럼 반복되어 나타나는 '다 잊어버렸다'라는 의식층위에서의 발화는 그러나 '아무리 잊으려 해도 하나도 잊혀지지 않는다'라는 무의식 층위에서의 대립적인 발화를 전제하고 있다. 그럼에도 불구하고 '다 잊어버렸다'라는 넋두리를 강박적으로 반복하는 것은 자신의 원한의 정서와 죄의식의 감정을 승화시키고자 하는 방어기제적 행위라고 할 수 있다.

한편, 여인의 원한의 정조에 대한 조응적 이미지로서의 달빛의 문학사적 계보는 그 뿌리가 깊고도 넓다. 신화의 세계에서도 일반적으로 여성적 특성은 달에 귀속되고, 남성적 특성은 태양에 귀속된다고 한다. 이 작품은 달에 대한 묘사로 시작해서 달에 대한 묘사로 끝나고 있다. 일종의 기하학적인 대칭구도를 형성하고 있는 달빛에 대한 이러한 묘사는 이 작품에서 달빛이 중요한 기능적 장치로 동원되고 있는 것으로 해석할 수 있다. 한편 이 작품에는 흰색의 색채 이미지가 유달리 많이, 그리고 반복적으로 등장하고 있다. '새하얀 고무신 한짝', '흰 저고리', '흰 수건', '흰 꽃', '하얀 꽃송이' 등등. '달빛의 시각적 이미지와 관련하여 이 작품에서 반복적으로 등장하고 있는 흰색의 색채 이미지는 유의미한 해석소로 기능하고 있다. 달빛의 상징과 마찬가지로 여성을 표상하는 흰색의 색채 이미지는 일반적으로 계시나 상승, 폭로와 용서를 상징한다고 한다. 달빛의 적요하면서도 처연한 시각적 이미지와 흰색의 색상이미지는 결합하여 복합적인 상징효과를 내면서, 큰아들의 참척으로 인한 여인의 원한과 죄의식을 승화시키는 방어기제로 기능하는 여인의 넋두리와 유사한 담론효과를 거두고 있다.

II

한국 근대 작가·작품론

박태원의 소설가 소설

1. 머리말

'미더스의 황금'처럼 모든 것이 환금 가능성과 등가적 교환의 대상으로 도구화되는 자본주의적 근대에서 소설의 담론적 지위는 어떠한 변화를 경험하게 될까? 그리고 소설가의 존재론적 지위 또한 어떤 변화를 경험하게 되는 것일까? 다른 부문 제도들과의 기능적 관련 속에서 상대적 자율성을 지니고 있는 문학제도[1]의 성격이 근본적인 변화를 경험하게 되는 자본주의 사회의 구조적 변화 그 자체와 밀접한 관련을 맺게 되는 그 문제들은 근대사회에서 문제적 성격을 지니게 된다. 그것은, "상품으로서 거래되는 교환가치의 추상성이 사용가치의 구체성을 은폐하고 왜곡시키는 물신숭배 현상"[2]이 전일화되는 자본주의적 근대의 메카니즘으로 인해 소설 또한 자본주의적 생산양식 속에 도구적으로 식민화되는 운명을 피하기 힘들기 때문이다. 이러한 운명으로 인해 소설의 유통기제와 관련된 문학제도 또한 근본적인 변화를 경험하게 되는데, 특히, 문학시장과 독서계의 변화와 관련하여 익명적 상품거래에 기초하는 부르조아 사회의 시장제도가 양적인 측면에서 안정적이고, 질적인 측면에서 예측가능한 수요 계층이던 패트런 제도를 접수하게 되는 문학제도의 근본적인 변화[3]는 작가들로 하여금 정체성의 분열로 인한 위기

---

[1] 제도라는 관점에서 예술의 존재론적 지위를 논의하고 있는 대표적인 글로는 조지 디키, 김혜련 역, 『예술사회』, (문학과 지성사, 1998)를 들 수 있다.
[2] 김상환, 『해체론 시대의 철학』, 문학과 지성사, 1996, 421면.
[3] 자본주의 사회에서의 문학제도의 근본적인 변화에 대해서는 김문환 외, 『19세기 문화의 상품화와 물신화』, 서울대학교 출판부, 1998, 32~58면 참조.

의식4)을 경험하게 한다.

그러한 사정은 대륙침략 정책과 관련해서 일제가 의욕적으로 추진했던 식민지 공업화 정책으로 인해 자본주의적 근대를 경험하기 시작하던 1930년대 식민지 조선의 작가들에게도 마찬가지였던 것으로 보여진다. 그것은 자본주의의 생산양식을 배경으로 개인의 일상을 단일하게 규제하는 원리로서의 자본주의적 일상성이 대두하던 1930년대에 자본주의적 근대에서의 소설가의 존재론적 갈등을 담론화한 소설들이 선을 보이고 있기 때문이다. 이와 관련하여 박태원의 「소설가 구보씨의 일일」(1934)과 「자화상 제 1, 2, 3화」는 생산적인 논의의 단초를 제공하고 있는 작품들이다. 그것은 두 가지의 이유 때문에서이다. 하나는 두 작품 모두 자본의 논리가 관철되는 과정에서 근본적인 질서재편을 경험하던 식민지 자본주의 사회에서 '생활'과 '예술'의 괴리적 상황이 야기하는 불행한 의식으로 인한 존재론적 소외와 갈등을 형상화하고 있다는 점이다. 다른 하나는, 두 작품 모두 '근대적 소설가의 존재론적 초상'으로 그 성격을 규정할 수 있음에도 불구하고 그 둘 사이에는 상당한 차이가 드러나고 있다는 점이다. 이 두 가지의 이유와 관련된 이 글의 동기와 목적 또한 두 가지이다. 하나는, 꼼꼼한 텍스트 분석을 통해 두 작품 사이에 드러나는 근대적 소설가의 존재론적 초상의 차이 수준을 밝혀보고자 하는 것이다. 다른 하나는 그러한 차이를 낳게 한 발생동인을 밝혀보고자 하는 일이다. 이 두 가지의 작업을 수행하는 과정에서 양가성(ambivalenz)5)과 무차별성이라

---

4) 서구에서 좁게는 '예술가 소설'이니 '예술을 위한 예술'이나, 보다 넓게는 '댄디즘'이나 '모더니즘' 등의 양식들 또한 예술제도의 변화와 관련된 예술가들의 위기의식의 소산임을 부인하기 힘들다.
5) 두 가지의 상반되는 유형의 행동, 의견, 특히 어떤 사람에 대한 두 가지의 감정 사이에서 동요하는 경향성을 의미하는 양가성의 개념에 대해서는 페터 지마의 논의를 충실하게 따라갈 것이다. 양가성이라는 개념을 통해서 현대소설의 주요 작가·작품들을 분석하고 있는 페터 지마의 논의에 대해서는 페터 지마, 서영상·김창주 역, 『소설과 이데올로기』, 문예출판사, 1996 ; 페터 지마, 김태환 편역, 『비판적 문예이론과 미학』, 문학과 지성사, 2000, 151~159면 참조.
시민사회의 성립 이래 교환가치에 의한 매개가 언어의 가치를 박탈하고 의미론

는 개념은 최종 심급의 지위를 누리게 될 것이다.

2. 일상세계에 대한 양가성과 무차별성의 차이

당위와 욕망 사이의 괴리적 상황이 야기하는 불행한 의식으로 인한 근대적 소설가의 존재론적 소외와 갈등을 형상화하고 있다는 점, 별다른 허구적 여과과정 없이 작가 박태원의 자전적 정보가 맨 얼굴의 형태로 투영되고 있다는 점6), 서사적 설정의 측면에서 상당한 수준의 구조적 상동성을 공유하고 있다는 점 등. 주제나 창작의 원천, 그리고 서사구조와 같은 몇 가지 중요한 차원에서 네 작품은 강한 친족적 유사성을 지니고 있다. 그러나, 그럼에도 불구하고 네 작품 사이에는 일상세계에 대한 태도라는 맥락에서 접근할 때 그 친족적 유사성을 무화시킬 정도의 중요한 차이 또한 지니고 있다. 당위와 욕망 사이의 괴리로 인한 존재론적 갈등과 그 갈등을 해소하는 과정에서 드러나는 서사주체의 태도의 차이가 바로 그러한 차이이다. 그 차이를 한마디로 규정하면, 생활과 소설, 욕망과 당위의 대립적인 가치 사이에서 진자운동을 반복하는 양가성을 통해서 소설 장르의 정체성 유지에

적 대립을 무너뜨리며 개별 의미 단위들을 애매하게 만들어왔으며, 그와 같은 과정에 의해 이루어진 의미단위들의 애매성이 결국에는 모든 가치 대립을 수상쩍게 만드는 극단적 양가성으로 이행한다는 것이 양가성에 관련된 페터 지마의 입장이다.

6) 「소설가 구보씨의 일일」은 우선 그 제목에서, 그리고 「음우」는 작품 말미에 부가된 자화상 제1화라는 부제에서부터 두 작품이 모두 작가 박태원의 자전적 요소가 직접적으로 투영된 것임을 강하게 암시하고 있다. 그리고 실제로 두 작품에 나오는 인물이나 공간에 관련된 서사정보들이 거의 실제에 가까운 편이다. 특히, 「偸盜」・「債家」와 더불어 자화상 3부작을 구성하고 있는 「음우」에 나오는 설영, 소영, 일영은 1934년 10월 27일 당시 보통학교 교원이던 김정애와 결혼하여 낳은 2남 1녀의 실명과 나이 그대로여서, 그리고 「債家」에 나오는 '나'의 기유생 십이월 초칠일 미시라는 서사정보 또한 실제 박태원의 전기적 정보인 1909년 12월 7일(음력)과 정확하게 일치하고 있어 더욱 흥미롭다. 이와 관련된 박태원의 전기적 정보나 연보에 대해서는 정현숙, 『박태원 문학 연구』, 국학자료원, 1993, 25~60면 및 박태원 소설집, 『소설가 구보씨의 일일』, 깊은샘, 1994, 355~357면 참조.

필요한 경험 세계와의 미학적 거리를 확보하고 있는 작품이「소설가 구보씨의 일일」이라면, 생활과 예술 사이의 균형과 긴장이 완전히 무너지게 되면서 의식의 균형추가 생활 쪽으로 급격하게 기울어지게 되는 무차별성을 통해서 최소한의 미학적 거리마저 상실하고 마는 작품이「자화상 제 1, 2, 3」이라고 할 수 있다. 그러한 태도의 차이에는 작가의식의 차이가 핵심동인으로 작용하고 있으며, 결혼과 그것이 생활에 개입하는 억압 수준이 작가의식의 차이를 낳는 규정력으로 기능하고 있다는 것이 이 글의 지배적인 논지이다. 구체적인 텍스트 분석을 통해서 이를 밝혀보도록 한다.

1) 일상세계에 대한 양가성 :「소설가 구보씨의 일일」

「소설가 구보씨의 일일」이라는 그 제목에서 강하게 암시하고 있는 바와 같이, 이 작품에는 박태원의 자전적인 체험소가 짙게 투영되고 있다. 그것은 '직업과 아내를 갖지 않은, 스물여섯 살 짜리 아들'이라는 구보씨의 서사정보가 실제 그 당시 박태원의 자전적인 정보에 그대로 부합한다는 점에서도 증명이 되는 바이다. 이 작품은 또한 등장인물이나 공간 등 다른 여러 가지의 서사정보에서도 대부분의 다른 작품들에서와 마찬가지로 박태원의 경험세계가 별다른 미학적 가공이나 변형이 없이 그대로 투영되고 있다. 그런 점에서 이 작품의 서사주체로 기능하는 구보씨는 단순히 미학적 가상으로서의 허구적 인물이라기보다는 박태원의 무의식적 욕망이 투사된 그림자라고 할 수 있다.[7] 그림자의 실체를 밝히는 작업은 따라서 이 작품의 진리내용과 관련하여 아주 중요한 의미를 지니게 된다. 그림자의 실체를 밝히는 작업과 관련하여 중요한 심급으로 기능하는 것이 이 작품의 배경으로 등장하는

---

[7] 그 사실을 전제할 경우, 이 작품의 서술상황은 구보씨로 초점화되는 외형적인 서술인칭으로만 보아서는 인물시각적 소설같아 보이지만 실제로는 서술행위와 체험간의 존재론적 유대가 굳건해지는 유사 자전적 일인칭 소설의 범주에 속하는 것으로 보는 것이 정확하다.

1930년대 중반 이후 식민지 조선사회, 특히 경성의 사회·역사적 환경이다.

자본주의 사회 구성체로의 전화가 이루어지는 1930년대 중반 이후의 식민지 조선사회에서는 기형적인 형태이기는 하지만 자본주의적 경제 범주가 사회 구성체적 수준에서 질적인 규정성을 획득하기 시작한다. 이 시기는 따라서 "신의를 배신으로, 사랑을 미움으로, 미움을 사랑으로, 미덕을 악덕으로, 노예를 주인으로, 주인을 노예로, 헛소리를 이성적인 것으로, 이성적인 것을 헛소리로 돌변"[8]시키는 자본의 위력이 식민지 조선사회 주체들의 의식과 일상에 아비투스로 기능하면서 시장법칙이 모든 문화적 가치들의 대립과 차이를 균질화하는 시장문화의 양가성이 나타나는 때이기도 하다.

모든 가치들이 교환가치에 궁극적인 기원을 두고 있는 시장 메카니즘의 세계에서 사물들을 양분해버리는 가치평가적 태도는 허위적인 가상이 되고 만다. 가치의 대립이나 위계에 대한 형이상학적인 믿음이 근본적으로 흔들리기 시작하는 시장의 메카니즘에서는 따라서 양가성이 전면화·편재화되게 되고 그에 따라 자아 역시 판단과 행위에 있어서 중대한 위험과 갈등에 직면하게 된다. 또한 교환가치와 이데올로기적 갈등으로부터 생겨나는 양가성은 소설가들에게 실존적인 문제로 압축된다.[9] 이러한 시장 메카니즘과 연관된 양가성의 대두라는 맥락에서 접근할 때 구보의 의식은 문제적이며, 따라서 구보의 문제의식을 전경화하고 있는 「소설가 구보씨의 일일」 또한 문제적일 수밖에 없다. 자본의 논리가 관철되는 과정에서 근본적인 질서 재편을 경험하던 1930년대 식민지 자본주의 사회에서 '생활'과 '예술'의 괴리적 상황이 야기하는 불행한 의식으로 인한 구보씨의 존재론적 소외와 갈등은 불가능한 것들을 교배시킴으로써 사물들의 보편적인 전도와 혼돈을 야기하는 교환가치에 의한 매개가 모든 대립들을 상대화하거나 지양하는 양가성의 전형을 보여주고 있기 때문이다.

---

8) 페터 지마, 김태환 편역, 앞의 책, 155~165면.
9) 페터 지마, 서영상·김창주 편역, 앞의 책, 49~84면 참조.

1930년대 경성의 중심가를 배회하는 과정에서 경험하게 되는 식민지 조선의 일상과 풍물에 대한 반응의 심리적 편린들로 구성된 「소설가 구보씨의 일일」은 크게 두 개의 서사로 구분할 수 있다. 하나는 '"의식의 만화경"10)의 소유자인 '소설가 구보씨의 경성 편력' 서사이고, 다른 하나는 '실직 예술가의 섬세한 자의식의 소유자인 소설가 구보씨의 행복찾기' 서사이다. 두 가지의 서사 가운데 그 외형으로만 보아서는 '경성 편력' 서사가 핵심서사로 기능하고 있으나 실질적인 핵심서사로 기능하는 것은 '행복찾기' 서사이다. 그러한 해석의 설득력을 더해 주는 텍스트 정보로 기능하는 것은 크게 두 가지이다. 하나는, 이 작품에서 '행복'이라는 낱말이 가장 많은 빈도로 전경화되고 있다는 점이다. 다른 하나는, '대체 어느 곳에 행복은 자기를 기다리고 있을 것인가를 생각해 본다', '그리고 또 설혹 그것이 무슨 의미를 가지고 있었다 하더라도, 그것은 적어도 '행복'은 아니었을 게다', '행복은 아니어도…… 어떻든 한 개의 일일 수 있다……', '그가 그렇게도 구하여 마지않던 행복은, 그 여자와 함께 영구히 가버렸는지도 모른다', '구보는, 자기는, 대체, 얼마를 가져야 행복일 수 있을까 생각해 본다' 등과 같이 행복찾기와 관련된 심리단편이나 독백들이 구보씨의 의식 속에서 지속적으로 반추되고 있다는 점이다. 구보씨의 행복찾기 욕망의 강도는 반복강박과 편집에 가까울 정도로 강렬하다는 점에서 이 작품의 진정한 주제라고 할 수 있을 정도이다.

한편 그 두 개의 서사는 구보씨의 행복찾기가 완성되면 경성편력은 중단된다는 점에서 상관속을 형성하고 있다고 할 수 있다. 그리고 그 두 개의 서사단위를 축으로 이 작품은 '구보씨가 행복의 의미를 찾기 위해 정오에 집을 나가 자정에 들어오다'라는 서사명제로 요약할 수 있다. 그런데 이 서사명제는 구보씨의 경성 편력이 분명한 목적의식이나 지향성을 상실한

---

10) 권성우, 「1930년대 한국 모더니즘 소설 연구」, 서울대학교 문학석사 학위 논문, 1989, 23면.

충동적인 배회라는 서사정보와 유기적인 관련을 맺게 되면서 이 작품의 핵심 의미기제로 기능하게 된다. 구보씨의 경성편력이 충동적인 배회라는 것은 공간이동의 동기를 결정하는 낱말들이 '그의 일있는 듯싶게 꾸미는 걸음걸이', '아무렇게나 내어 놓았던 바른발이 공교롭게도', '갑자기 걸음을 걷기로 한다', '저도 모를 사이에 그의 발은' 등과 같이 주체의 의지나 욕망이 거세되거나 배제된 정태적인 낱말들이라는 점에서, 그리고 '한 손에 단장과 또 한 손에 공책을 들고, 목적없이 거리로 나온 자기'라는 서술정보에서 뚜렷이 드러난다. 그러면 구보씨는 왜 분명한 목적의식이나 지향성을 상실한 충동적인 배회를 반복하는가? 그리고 이 질문이 이 작품의 핵심 의미기제로 기능하게 되는 것은 어떤 이유에서인가?

구보씨의 충동적인 배회를 추동하는 동인은 '생활'과 '예술'의 괴리적 상황이 야기하는 불행한 의식으로 인한 존재론적 소외와 갈등이다. 구보씨의 존재론적 소외나 갈등과 관련하여 텍스트 해석의 요체로 기능하는 것이 바로 '생활'과 '좋은 소설(창작)'이라는 대립항이다. 두 가지 가치체계의 대립항 가운데 생활가치의 담지체로 기능하는 인물이 어머니이다. 구보씨의 직업과 가정으로 표상되는 어머니의 욕망은 소설의 끝에 이르기까지 시종일관 구보의 의식과 생활을 지배한다는 점에서 중요한 서사단위로 기능하고 있다. "지성과 심미주의를 포기하는 대가로 지불되는 일상적 행복을 표상"[11]하는 어머니의 욕망은 또한 충동적인 배회의 과정에서 마주치는 다양한 유형의 인간군상들과 식민지 조선의 일상에서 구보씨가 확인하게 되는 속물적 욕망의 평균치를 대변하고 있다는 점에서도 중요하다.

충동적인 배회의 과정에서 마주치게 되는 부르조아의 속물적 욕망과 교환가치가 전면화되는 식민지 조선의 일상에 대한 구보의 표면적인 정서는 '경멸'과 '혐오'이다. 구보의 그러한 태도를 집약적으로 외화하는 진술이

---

11) 강상희, 『한국모더니즘소설론』, 문예출판사, 1999, 206면.

바로 '서정시인조차 황금광으로 나서는 때다'라는 구보씨의 내적 독백이다. 그런데 문제는, 그 당시 식민지 조선사회의 새로운 규범으로 그 세력을 넓혀 나가던 부르조아 가치와 속물적 욕망에 대한 구보씨의 반응이 단순히 표면적 층위에서의 경멸과 혐오에만 그치지 않고 있다는 사실이다. '구보는 그들을 업신여겨 볼까 하다가, 문득 그들을 축복하여 주려 하였다', '구보는 그러한 여자를 가엾이, 또 안타깝게 생각하다가, 갑자기 그 사내의 재력을 탐내 본다' 등의 서사정보에서 알 수 있는 바와 같이, 구보는 부르조아의 교환가치가 지배하는 일상적 삶을 영위하는 평범한 시민들의 삶에 대해서 경멸과 혐오의 강도 못지 않은 강렬한 '동경'과 '편입 욕망'을 경험하고 있다.

따라서 '생활'과 '예술' 두 대립항 사이의 가치서열이나 위계는 교환가치의 매개로 인해 구보의 의식 속에서 잠재적인 상태론만 존재하게 되는, 따라서 실제로는 그 의미론적 대립의 차별성이 무화되는 양가성이 나타나게 된다. 그것은 '직업과 아내를 갖지 않은, 스물여섯 살짜리 아들은, 늙은 어머니에게는 온갖 종류의 근심, 걱정거리였다·······. 그렇더라도 대답은 역시 하여야만 하였었다고, 구보는 어머니의 외로워할 때의 표정을 눈앞에 그려 본다'라는 서두에서의 서술정보와 '이렇게 밤늦게 어머니는 또 잠자지 않고 아들을 기다릴 게다. 우산을 가지고 나가지 않은 아들에게 어머니는 또 한 가지의 근심을 가질 게다·······. 구보는 어머니의 조그만, 외로운, 슬픈 얼굴을 생각하였다. 그리고 제 자신 외로움과 또 슬픔을 맛보지 않으면 안 된다'. 라는 말미의 서술정보에서도 확인할 수 있다. '부르조아의 교환가치가 지배하는 생활세계에 대한 경멸과 동경의 양가적 반응', 그 지점이 바로 구보의 존재론적 소외와 갈등이 발생하는 장소이다.

생활과 소설의 대립적 가치에 대한 양가성으로 인한 소외와 갈등은 반복 강박과 편집에 가까울 정도로 강렬한 욕망인 구보씨의 '행복찾기'를 계속 유예시키는 심리기제이기도 하다. 구보씨가 행복을 찾기 위해서는 고독한 예술가로서의 자존을 지키기 위해 직업과 가정도 없이 어머니와 대립하든지, 아니면 안정된 직장과 가정을 가진 후 소시민적 생활인의 지위에 만족하며 어머니를 만족시켜 드리던지 어느 하나를 분명하게 선택해야 하기 때문이다. 그런데, 구보씨는 "근대 부르조아 사회의 가치체계를 거부함으로써 '고독한 예술가'라는 심미적 근대인"12)과 계량화의 표상인 교환가치와 실제적 합목적성이 지배하는 근대적 일상성의 논리에 포박된 철저한 생활인 사이에서 끊임없는 왕복운동을 반복하고 있을 뿐이다. 따라서 구보씨의 행복찾기는 계속 유예될 수밖에 없으며, 구보씨의 목적 없는 경성편력 또한 계속 반복될 수밖에 없다.

한편, 생활과 소설의 대립적 가치에 대한 양가성과 불행한 의식. 그리고 그로 인한 행복찾기의 유예와 경성편력의 반복이 야기하는 구보씨의 존재론적 소외나 갈등에 대한 정서적 반응은 고독으로 표상되며, 육체적 반응은 피로와 격렬한 두통, 그리고 한숨으로 표상된다. 고독과 피로13)는 경제적 소외를 매개로 한 지식인과 예술가들의 성찰적 자의식을 화두로 하는 다른 작품들―「딱한 사람들」, 「거리」, 「피로」, 「비량」, 「방랑장 주인」―에서와 마찬가지로 이 작품에서도 작가 특유의 개인어인 개인약호로 기능하고 있다. 흔히 작가들의 개인 약호는 일상적・의사소통적 언어가 갖는 일반적 약호와 큰 편차를 보일 수 있고, 이런 경우 개인약호를 일반적 약호로 환원하는 것은 불가능14)해지는데 이 작품에서도 고독과 피로는 일상적인 소통상황에서와는 다른 존재론적 차원에서의 의미를 확보하고 있다는 점에서 개인약호로 기능하고 있다고 할 수 있다.

  구보는, 벗이, 그럼 또 내일 만납시다. 그렇게 말하였어도, 거의 그것을 알아

---

12) 강상희, 앞의 책, 107면.
13) 고독과 피로는 박태원의 다른 작품들, 특히 실직 지식인을 서사주체로 설정하고 있는 작품들에서 전경화되고 있는 낱말들이다. 「피로」와 같은 작품은 그 제목부터가 아예 피로로 되어 있다.
14) 페터 지마, 김태환 편역, 앞의 책, 72면.

듣지 못하였다. 이제 나는 생활을 가지리라. 생활을 가지리라. 내게는 한 개의 생활을, 어머니에게는 편안한 잠을…… 평안(平安)히 가 주무시오. 벗이 또 한번 말했다. 구보는 비로소 그를 돌아보고, 말없이 고개를 끄떡하였다. 내일 밤에 또 만납시다. 그러나, 구보는 잠깐 주저하고, 내일, 내일부터, 내 집에 있겠소, 창작하겠소…….
"좋은 소설을 쓰시오."
벗은 진정으로 말하고, 그리고 두 사람은 헤어졌다. 참말 좋은 소설을 쓰리라. 번(番)드는 순사가 모멸을 가져 그를 훑어보았어도, 그는 거의 그것에서 불쾌를 느끼는 일도 없이, 오직 그 생각에 조그만 한 개의 행복을 갖는다…….
구보는 지금 제 자신의 행복보다도 어머니의 행복을 생각하고 싶었는지도 모른다. 그 생각에 그렇게 바빴을지도 모른다. 구보는 좀더 빠른 걸음걸이로 은근히 비 내리는 거리를 집으로 향한다.
어쩌면 어머니가 이제 혼인 얘기를 꺼내더라도, 구보는 쉽게 어머니의 욕망을 물리치지는 않을지도 모른다. (「소설가 구보씨의 일일」,『소설가 구보씨의 일일』, 깊은샘, 1994, 75~76면)[15]

시종일관 구보씨의 의식을 지배하면서 존재론적 갈등을 야기하는 불행한 의식 및 양가성의 태도와 관련하여 가장 중요한 서사정보를 제공하고 있는 문면이다. 문면에서 보는 바와 같이, '생활을 가지리라'는 일상적인 욕망과 '참말 좋은 소설을 쓰리라'라는 예술적 욕망이 구보의 의식 속에서 자유롭게 넘나들면서 존재론적 화해를 시도하고 있다. 그 시도는 그러나 현실적 동기부여가 미약하여 공허하게 들릴 뿐이다.

교환가치의 매개가 초래하는 중심적인 문제는 의미론의 단위가 서로 대체 가능하고 대립이 소멸해가는 양가성의 문제이다. 따라서 교환가치가 지배하는 사회·문화적 상황에서는 기존의 유관성 기준과 약호가 더 이상 보편 타당성을 지닐 수 없게 되고 결국 개개인마저도 대체 가능한 단위로 전락하게 된다. 차이와 대립이 아무 상관도 없는 의미론적 세계에서는 주체

---

[15] 앞으로 작품 인용 방식은 이와 같은 방식으로 통일하고자 함.

성의 기반이 허물어지기 시작하면서 행동과 진술의 주재자인 주체가 설 땅을 잃게 되기16) 때문이다. 교환가치의 매개에 의해 모든 문화적 가치들의 의미론적 대립 기반이 무너짐으로써 통합될 수 없는 대립물의 통일로서의 양가성에 포박된 구보씨가 자신의 존재론적 범주 속에서의 양립이 근원적으로 불가능한 예술적 자아와 현실적 자아의 관념적인 화해를 시도하는 과정에서 불행한 의식을 보여줌은 당연한 귀결이라 하겠다. 따라서 구보씨가 '좋은 소설을 쓰겠다'라는 문화적 강압과 '이제 나도 하나의 생활을 가지련다'라는 자연적 충동의 양극적 성좌 사이에서 부단한 진자운동을 반복하는 것도, 반복적으로 존재와 세계에 대한 양가적 반응으로 인한 분열증적 의식에 시달리는 것도, 주체의 정체성에 심각한 의문과 도전에 직면하게 되는 것도, 강박신경에 가까울 정도로 행복이라는 말을 반복적으로 되뇌이는 것도, 그리고 이 작품의 서사구조가 이념적 방향성에 기초한 문제적 인물의 계기적 행동이 인과적인 통일성을 형성하는 선조적 서사의 형태보다는 분열적인 욕망과 파편적인 의식의 편린들이 무계기적으로 착종하는 비선형적인 서사의 형태로 진행되는 것도, 모두 불행한 의식으로 인한 자신의 존재론적 갈등 때문이다.

지금까지의 분석을 통해서 알 수 있는 바와 같이, 별다른 허구적 여과나 미학적 변형이 없이 당시 박태원 자신의 자전적인 체험소가 짙게 투영된 것으로 보이는 당위와 욕망 사이의 괴리적 상황이 야기하는 불행한 의식으로 인한 소설가의 존재론적 소외와 갈등을 반영하고 있는 작품이 「소설가 구보씨의 일일」이라고 할 수 있다. 그러나 이 작품에는 생활과 소설, 욕망과 당위의 대립적인 가치 사이에서 진자운동을 반복하는 양가성을 통해서 소설 장르의 정체성 유지에 필요한 경험 세계와의 미학적 거리를 확보하고 있다. 이 거리야말로 박태원의 작가적 정체성을 1930년대 역사적 모더니스트로

---

16) 페터 지마, 김태환 편역, 앞의 책, 184~188면 참조

규정하는 데 자주 동원되곤 하는 기법적 자질들 —의식의 흐름이나 내적 독백과 같은 심리주의적 수법, 몽타주 기법과 같은 영화적 수법, 쉼표의 빈번한 사용과 치렁치렁한 장거리 문장, 특히 한 문장으로 한 작품을 구성하고 있는 「방랑장 주인」에서와 같은 극단적인 언어실험 —을 낳게 한 동인이라고 할 수 있다. 이 작품을 전후하여 전통적인 소설적 관습의 해체를 통한 다양한 실험의식을 모색하는 일군의 작품들이 군락을 형성하게 되는 것도 그러한 맥락에서 이해할 수 있다.

2) 일상세계에 대한 무차별성 : 「음우」, 「투도」, 「채가」

「음우」(1940. 10)는 「투도」(1941. 2), 「채가」(1941. 4)와 더불어 연작 3부작을 구성하고 있는 작품이다. 전기적 기록에 의하면 박태원은 1948년에 성북동 39번지로 이사할 때까지 1940년 돈암동 487-22 번지에 새로 지은 집에서 생활했던 것으로 나타나고 있다. 그 당시 큰집에서 분가 후 거의 원고료로 생활을 꾸려나간 박태원은 상당한 경제적 어려움에 시달렸던 것으로 보이는데 그 당시의 곤경이 3부작에 잘 반영되어 있다.

자화상 제 1, 2, 3이라는 부제가 말해주고 있는 바와 같이 세 작품에는 그 당시 박태원의 자전적 정보가 아무런 허구적 여과나 미학적 변형이 없이 체험의 직접성의 형태로 드러나고 있다. 체험의 직접성은 그 당시 세 남매의 이름과 나이는 물론이고 처소의 번짓수까지 경험세계의 실제 정보를 그대로 차용하고 있을 정도여서 소설이라는 장르적 외피를 쓰고 있기가 민망스러울 정도이다. 그 정도로 박태원은 당시의 경제적 어려움에서 오는 압박과 궁지에서 자유롭지 못했던 것으로 보인다. 그러한 어려운 조건이 작가의식의 후퇴를 규정했을 것이고 그러한 후퇴가 구체적인 작품으로 반영된 것이 삼부작일 것이다. 구체적인 분석을 통해서 살펴 보도록 하자.

새로 터를 사서 이사한 돈암동 집이 한달 가량이나 이어진 지리한 장마

끝에 날림과 부실 공사로 인해 집안이 물난리를 맞게 되고 그 와중에 도둑이 들고 하는 과정에서 느끼게 되는 생활상의 문제로 인한 소설가의 자의식을 형상화하고 있는 것이 삼부작의 서사 얼개이다. 거의 생활 기록문의 담론 수준에서 당시의 구체적인 생활상을 평면적으로 서술하고 있는 삼부작에서 드러나는 박태원의 초상은 평범한 소시민적 일상인의 지위로 소일하는 모습이다. 그리고 지배적인 서사대상으로 초점화되는 것은 자잘한 일상사의 구체적인 세목들이다.

생활과 예술 사이의 괴리로 인한 구보씨의 존재론적 갈등이라는 「소설가 구보씨의 일일」에서의 문제 의식은 삼부작에서도 반복적으로 변주되고 있다. 그러나 서사의 설정에서 두 작품은 중요한 변화를 보이고 있다. 먼저 외형적인 가족관계와 관련된 중요한 변화로는 생활가치의 담지체로 기능하면서 구보씨의 존재론적 갈등을 야기하던 '어머니'가 '아내'로 바뀌어 있고, '미혼의 상태'에서 '세 남매를 둔 가장'으로 바뀌어 있다는 점을 들 수 있다. 그리고 생활상의 어려움에 대한 아내의 호소는 보다 직접적이고 적극적이다. 이러한 서사 설정과 관련된 중요한 변화는 생활과 예술 사이의 진자운동이 '양가성의 상태'에서 '무차별성의 상태'로 하강 이동하고 있는 점이다.

삼부작을 통해서 드러나는 박태원의 작가적 초상은 가정의 호구지책과 연명의 수단으로서의 글쓰기 행위에 매달리는 왜소한 소시민적 일상인의 모습 그 자체이다. 삼부작의 서사 주체로 기능하는 나의 관심사는 가정사의 테두리를 벗어나는 법이 결코 없으며, 나의 의식 지평 또한 가족적 온정주의의 범주를 결코 벗어나지 않고 있다. "가정을 책임지는 가장, 가정과 아이를 위해 자신의 모든 것을 희생하는 가장, 따라서 그에 위협이 되는 어떤 것도 포기해야 되며, 또한 기꺼이 그렇게 하려는 가장, 그렇게 행복한 가정을 모든 사회적 활동의 실질적 목표로 삼는 가장, 이것이 바로 19세기 후반에 탄생한 이 새로운 전략이 노동자들에게, 혹은 좀더 일반화하여 모든 직업적 활동을 하는 개인들에게 부여한 사회적 정체성/동일성(identity)이고, 그러한 정체성이 작동하고 재생산되는 자리이다. 더불어 가정의 행복을 위해 오직 가정 안에 머물며 남편과 아이의 욕망을 가정으로 이끄는 인력(引力)의 중심으로서 여성, 가정적 안정성과 평화, 행복을 위협하는 일체의 외부적인 요소들에 대해 투쟁하는 여성, 때론 그러한 위협의 소지들을 내부에서조차 미리 발견하면서 미연에 방지하는 여성, 이것이 바로 이 새로운 전략이 노동자의 아내들에게, 혹은 좀더 일반화해서 모든 가정을 관리하고 보호하는 여성들에게 부여한 정체성/동일성(identity)이고, 그러한 정체성이 작동하고 재생산되는 자리이다."17) 박태원의 삼부작은 강제와 억압에 의해 작동하는 저 '무정한 세계'와 대비되는 '안식처'인 가족으로 개인들의 욕망 자체를 영토화하기 위하여 부르조아지가 고안하고 실행했던 계급적 전략인 '부르조아 가족주의'의 전형을 전형적으로 보여주고 있다.

박태원의 이러한 작가적 초상은 물론 일제의 식민 지배체제를 정당화하는 국민문학류의 친체제적 글쓰기 행위만이 활자화의 은전을 누릴 수 있었던 당시의 시대상황에서는 불가피한 선택이었다는 상황논리의 도움을 받아 면죄부를 부여받을 수도 있으리라. 더욱이 작가의 윤리의식이 미학의 문제로 전이되는 대표적인 장르인 소설적 글쓰기의 진정성을 보여주지 못하고 소시민적 일상의 세계로 후퇴한 작가가 당시 박태원 혼자만이 아니었다는 사실 또한 그러한 면죄부 부여에 상당한 원군 역할을 할 수 있으리라. 그런데 문제는 삼부작을 통해서 드러나고 있는 박태원의 작가적 초상은 "가족 중심의 소시민적 생활 양태에 절대적인 가치를 부여"18)함으로써 유토피아 지향성으로 인한 시대와의 불화를 자신의 존재론적 조건으로 삼을 수밖에 없는 문제적 인물로서의 문제성이 진공상태에 갇히게 되는 '영도의 작가의식'을 보여주고 있다는 점이다. 더욱이 삼부작에서 전경화되고 있는 일상성의 세계라고 하는 것이 그 당대 시대상황과 대화적인 관계를 형성하지 못하고

---

17) 이진경, 『근대적 주거공간의 탄생』, 소명출판, 2000, 312면.
18) 정현숙, 앞의 책, 233면.

그 자체로 고립된 자족적인 세계라는 점이다. 일반적으로 한 개인의 일상은 그 구체적 개인이 몸 담고 있는 사회 전체의 상징적 표상을 압축적으로 드러내게 된다. 한 개인의 일상의 본질적 의미를 제대로 포착해내기 위해서는 전체 사회의 구조적 관련 속에서 조망되어야 하는 것도 바로 그러한 맥락에서이다. 그런데 삼부작을 통해서 반복적으로 초점화되고 있는 일상은 가정의 일상사에 철저할 정도로 고착되어 있다. 「소설가 구보씨의 일일」에서의 구보씨가 그 당시 근대적 자본주의적 질서로 재편되어 가는 식민지 조선의 심장인 경성 편력을 통해 소설가로서의 성찰적 자의식을 반복적으로 반추하는 과정에서 '생활'과 '예술' 사이의 긴장을 유지하고 있는 모습과는 달리 삼부작에서의 나가 가정이라는 자족적 공간 안에 특권적 지위를 부여하면서 가장으로서의 소박한 즐거움과 생활고에 갇혀 있는 모습만을 보여주고 있는 것도 두 작품들 사이에 가로놓인 작가의식의 차이 때문이라고 할 수 있다. 이러한 맥락에서 삼부작을 포함한 이 당시 박태원의 신변소설들에 대해 "소시민 계층 가족 중심의 소박한 휴머니즘에 기초한 한 가난한 작가의 심경 토로 이상의 의미를 확보하지 못하고 있다"[19]는 소극적인 평가는 설득력이 있어 보인다.

> 이땅에서는 글만을 써가지고는 살림이 기름질 수 없었으나…… 그러나 내게 만일 약간의 재물이 있다면, 나는 그들을 내 아내와 내 어린것들을 좀더 행복되게 하여 줄 방도를 구할 수 있을 듯 싶어…… 일찍이, 나의 일생을 걸려고 하였던 문학에, 나는 정열을 상실하고 있은 지가 오랜지도 모를 일이다……. 아내가 나에게 원하는 것은, 혹은, 값 높은 예술작품이 아니었는지도 모른다. 작품이야 되었든 안되었든, 그가 지금 탐내고 있는 것은 약간의 고료였을지도 모른다.(「음우」, 『이상의 비련』,(깊은샘, 1991, 205~208쪽).

> 이 땅에서 글을 써가지고 살림을 차려 본다는 것은 거의, 절망에 가까운 일이 아닐 수 없건만, 그러나 나에게는 글을 쓴다는 밖에 아무 다른 재주도

---

19) 앞의 책.

방법도 없었으므로, 아내의 눈에도, 딱하게, 민망하게, 또 가엾게까지 보이도록, 나는 나의 힘이 미치는 데까지, 밤낮으로 붓을 달렸다……. (「채가」, 『소설가 구보씨의 일일』, 깊은샘, 1994, 317면).

자본주의 근대 사회에서 문학이나 예술을 업으로 삼는 미적 주체들이 자신들의 진정성에 대한 존재 증명의 객관적 표지로 내세울 수 있는 덕목이 바로 부르조아 일상성의 가치와 질서에 대한 비판적 거리라고 할 수 있다. 작가의 존재론적 지위를 "한 사회 집단의 가능 의식의 최대치를 구현하는 상상적 세계를 창조하고 표현하는 데 적합한 형식을 발견하는 자"[20])로서의 예외적 개인으로 규정할 수 있는 것도 속악한 부르조아 가치의 유혹에 대한 방어기제로 기능하는 바로 그 비판적 거리 때문이라고 할 수 있다. 그런데 인용 문면을 통해서 드러나고 있는 작가로서의 박태원의 초상은 부르조아 일상성의 질서에 투항하는 과정에서 한 집안의 가장으로서의 성실한 의무와 책임에 관한 자의식만을 강박적으로 반추하는 평범한 소시민의 모습 바로 그 자체이다. 이러한 모습은 "아버지/남편이 홀로 돈벌이를 하는 남성 가계 부양이라는 근대의 가족 이데올로기"[21])에 포박되어 모든 욕망을 가족적인 경계 안에 가두고자 하는 가족주의라는 욕망의 배치에 영토화된 초라한 개인의 모습에 다름 아니다.

지금까지의 분석을 통해서 알 수 있는 바와 같이, 평범한 소시민인으로서 느끼게 되는 소박한 일상사들을 지배적인 서사 대상으로 초점화하면서 경험적 현실과 허구적 현실 사이의 미학적 거리가 무화되는 서사 양상을 보이고 있는 삼부작에 오게 되면 경험 세계와 허구 세계, 일상적 욕구와 이상적 욕구, 일상인과 소설가, 생활과 예술 사이의 균형과 긴장이 완전히 무너지게 된다. 그리고 두 가지의 대립쌍 가운데 의식의 균형추는 전자 쪽으로 급격하

---

20) 홍성호, 『문학사회학, 골드만과 그 이후』, 문학과 지성사, 1995, 53면.
21) 다이에너 기틴스, 안호용 외 옮김, 『가족은 없다:가족 이데올로기의 해부』, 일신사, 1997, 49~50면.

게 기울어지게 되는 무차별성이 전일화된다. 그 과정에서 작품에 맨얼굴의 형태로 드러나는 것은 평범한 일상인의 지위로 자족하며 가족의 안위에 집착하고자 하는 박태원의 일상적 욕망이다. '근대적 소설가의 존재론적 초상'이라는 동일한 약호로 해석할 수 있는 두 작품들 가운데 「소설가의 구보씨 일일」이 일상세계의 가치에 대해 양가성의 태도를 보이며 미학적 긴장을 유지했던 것과는 달리, 「삼부작」과 거의 같은 시기에 발표된 「명랑한 전망」(1938)이나 「여인성장」(1941)과 같은 장편들이 애정갈등의 삼각적 대립구조를 서사구조의 기본축으로 하는 통속적인 연애담 범주 수준에서 크게 벗어나지 못하고 있는 것도 그러한 작가의식의 후퇴와 상당한 관련이 있다라는 것이 나의 생각이다.

3. 맺음말

자본의 논리가 전일적으로 관철되는 자본주의 근대에서 소설가의 글쓰기 행위는 어떤 변화를 경험하게 되는 것일까? 다시 말해 자본주의 근대 사회에서 자본의 논리와 소설가의 글쓰기 행위는 어떤 관련을 맺게 되는 것일까? 이 글의 동기부여를 제공한 문제의식은 바로 그 질문이었다. 이러한 문제의식을 바탕으로 이 글은 네 작품(「소설가의 구보씨의 일일」,「음우」,「투도」,「채가」)을 분석 대상 텍스트로 설정하였다. 그것은 두 가지 이유에서였다. 하나는 네 작품들이 모두 기형적인 형태이긴 하나 식민지 조선 사회에서 자본주의적 경제 범주가 사회 구성체적 수준에서 질적인 규정성을 획득하던 시기에 쓰여진 작품이라는 점이었다. 다른 하나는 네 작품들이 자본의 논리에 기초한 일상성의 세계를 받아들이는 주체의 태도에서 일정한 차별성을 드러내고 있다는 점이었다. 이러한 문제의식을 바탕으로 이 글은 네 작품들을 '일상세계에 대한 양가성과 무차별성'이라는 개념적 차이를 통해 그 차별성의 의미를 구체적으로 살펴 보았다. 이제까지의 논의를 정리하면 다음과 같다.

　분석 결과 네 작품은 모두 '생활'과 '소설', '당위'와 '욕망' 사이의 괴리적 상황이 야기하는 불행한 의식으로 인한 소설가의 존재론적 소외와 갈등이 서사의 초점으로 기능하고 있음을 알 수 있었다. 네 작품 사이에는 그러나, 그러한 공통소에도 불구하고 일정한 차별소 또한 존재하고 있음을 알 수 있었다. 1934년에 발표된 「소설가 구보씨의 일일」에는 생활과 소설, 당위와 욕망의 대립적인 가치 사이에서 진자운동을 반복하는 양가성을 통해서 소설 장르의 정체성 유지에 필요한 경험 세계와의 미학적 거리를 확보하고 있음을 알 수 있었다. 반면, 1940년 초반에 발표된 「자화상 제 1, 2, 3」세 작품에는 생활과 소설, 당위와 욕망 사이의 균형과 긴장이 완전히 무너지게 되면서 의식의 균형추가 생활과 욕망 쪽으로 급격하게 기울어지는 무차별성을 통해서 최소한의 미학적 거리마저 상실하고 있음을 알 수 있었다.

　네 작품 사이에 드러나는 이러한 차이는 결혼 이후 경제적인 독립을 모색하는 과정에서 겪어야만 했던 박태원의 개인사적 조건이 중요한 동인으로 작용하고 있음을 알 수 있었다.

　'미더스의 황금'처럼 모든 것이 환금 가능성과 등가적 교환의 대상으로 도구화되는 자본주의적 근대에서 '생활'과 '소설', '당위'와 '욕망'의 거리는 화해 불가능한 아포리아인가? 이 글을 마치면서 남는 화두이다.

박태원의 모더니즘 소설

1. 머리말

후기 구조주의[1]의 반성적 도전에도 불구하고 구조주의의 이항대립적 사고는 존재와 세계를 해석하고 규정하는 데 여전히 유효하면서도 편리한 도구로 기능한다. 그러한 사정은 소설유형을 범주화하고 설명하는 데도 마

---

[1] 후기 구조주의는 그것의 相關束 개념이라고 할 수 있는 구조주의와의 관계를 어떻게 규정하는가에 따라서 그 명칭 자체가 달라질 수 있고, 또 실제로 구조주의와의 단절적 측면을 강조하는 김성곤은 탈구조주의라는 명칭을 고집하기도 한다. 그 명칭에 관한 김성곤의 논의에 대해서는 김성곤, 「탈구조주의의 문학적 의의와 전망」, 김성곤 편, 『탈구조주의의 이해』, 민음사, 1988, 11~41면 참조.
이 글에서 필자가 후기 구조주라는 명칭을 사용하게 된 데는 필자 나름대로의 이유가 있다. 후기 구조주의는 구조주의와 단절의 측면보다는 연속의 측면이 더 강하다라는 필자의 생각이 바로 그 이유이다. 사실, 구조주의의 이항 대립적 사고체계의 폭력성에 대해 '건강한 회의'를 통한 반성적 질문을 던지고 있음에도 불구하고 그 반성적 질문의 방법론으로써 구조주의적 사고의 방법론적 매개항인 이항 대립쌍에 의존할 수 밖에 없다는 점에서 후기 구조주의는 구조주의와 연속의 측면이 더 강하다라는 생각이 든다. 물론 '폭력적인 서열제도'로 규정하고 있는 데리다의 지적처럼 구조주의의 이항대립 체계가 父性的 原理에 기초하고 있는 폐쇄적, 결정적, 종결적 회로임에 비해 후기 구조주의의 이항대립 체계는 母性的 原理에 기초한 개방적, 비결정적, 미종결적 회로라는 차이는 분명히 존재하며, 그 차이는 또한 그 둘을 전혀 다른 사고체계로 규정해야 할 정도로 중요하기도 하다.
그러나 그러한 중요한 차이에도 불구하고 후기 구조주의는 플라톤 이래 서구 사상사의 흐름을 지배해 오면서 구조주의에 이르러 정점에 이른 '이성 중심주의적 세계관'을 직접 계승·강화하고 있다는 점에서 구조주의의 연속으로 보는 것이 옳지 않을까 생각한다. 사실 이성 중심주의적 세계관이라는 관점에서 본다면 후기 구조주의는 구조주의의 극단적 연장이라고 할 수 있다. 그런 점에서 "후기 구조주의자들이란 어느날 갑자기 자신들의 잘못을 발견한 구조주의자들" (레이먼 셸던, 현대문학이론 연구회 역, 『현대문학이론』, 문학과 지성사, 1987, 11면)이라는 지적은 설득력이 있다.

찬가지이다. 소설유형을 범주화하고 설명하는 데 도움이 되는 이항 대립쌍 중에서 리얼리즘/모더니즘 개념쌍이 가장 생산적인 대립쌍이 아닐까 한다. 그것은 실제 작품분석에 적용될 때의 리얼리즘/모더니즘 대립쌍이 소설의 특정 구성요소만을 축으로 한 '단선적 개념쌍'이 아니라 작가의 세계관은 물론 서사구조나 서술구조, 인물의 유형까지도 포괄하는 '중층적 개념쌍'이기 때문이다.

사실 한국의 근대 소설사라고 하는 것도 따지고 보면 리얼리즘과 모더니즘 진영의 拮抗의 역사라고 할 수가 있다. 당대의 시대상황이나 시대정신, 또한 그러한 것들이 요구하는 당대의 시대적 과제와 맞물리면서 리얼리즘과 모더니즘이 앞서거니 뒷서거니 하는 양상을 반복해 온 것이 한국 근대소설사의 진행과정이라고 할 수 있기 때문이다. 그러한 진행과정은 앞으로도 마찬가지일 것이라고 생각한다.

한편 한국의 근대 소설사에서 일정한 세를 형성하고서 모더니즘 운동을 전개한 시기는 1930년대 중반이다. 그 당시 역사적 모더니즘 운동의 구심체 역할을 한 문단조직이 구인회였으며 구인회의 실질적 중심에 자리했던 작가가 바로 朴泰遠이다. 이 글은 왕성한 실험정신을 보이면서 1930년대 역사적 모더니즘 운동의 핵심 역할을 했던 朴泰遠 모더니즘 소설의 소설사적 의미를 밝혀보고자 한다.

朴泰遠의 소설은 九人會 가입(1933. 8. 15)을 전환점으로 두 가지 층위에서 일정한 변모를 수반한다. 그 하나는 소재층위에서의 변모이고 다른 하나는 기법층위에서의 변모이다. 구인회 가입을 전후하여 쓰여진 대부분의 소설들에는 주로 작가를 정점으로 하는 실직 지식인들이 서사행위의 주체로 등장한다. 또한 생활현실에 적극적으로 참여하지 못하고 자의식의 반추만을 반복하는 그들의 무기력한 현실대응 양상이 이 시기 소설들의 지배적인 서사대상으로 부각된다. 환경에 대한 적극적 대응이나 구체적 교섭이 약화된 인물들이 서사행위의 주체로 등장함으로 인해 이 시기 소설들은 서사성이 약화되는 특성을 지니게 된다. 이 시기 소설들에는 또한 서사대상들 상호간의 인과적 응집력을 통한 유기적 결합을 이루고 있는 '팽팽한 플롯'(tight plot)은 거의 보이지 않는다. 대신 일관된 논리를 상실한 우연한 사건이나 사소한 삽화들이 평면적으로 나열되는 '느슨한 플롯'(loose plot)[2]이 이 시기 소설들의 지배적인 서사구조를 이루고 있다. 평면적으로 분산된 삽화들 사이에 소외상황에 처한 무기력한 인물들의 내면의식을 채워넣는 서술구조로 인해 이 시기의 소설들은 "사건내용이 의식내용으로 해체됨으로써 사건진행을 객관적으로 전달하는 소설의 근원상황에서 이탈"[3]하는 서사양상을 보인다.

한편, 전통적인 소설적 관습의 해체를 통한 다양한 실험의식의 모색이 이 시기에 발표된 작품들에서 집중적으로 이루어진다. 기법적 측면에서는 주로 의식의 흐름이나 내적 독백과 같은 심리주의적 수법이나 몽타지와 같은 영화적 수법을 직·간접적으로 수용하는 실험정신을 추구한다. 그와 같은 기법실험은 서사행위의 주체로 등장하는 무기력한 주인공의 의식흐름을 섬세하게 추적·묘사하는 데 효과적인 기능적 장치로 작용한다.

또한 담론차원에서는 '하다'나 '일어나다' 형태의 '過程陳述'(process)보다는 '이다'나 '있다'의 형태로 사물들의 존재만을 진술하는 '靜態陳述'(stasis)[4]이 더 많은 비중을 차지하는 양상을 보인다. 이와 같은 담론양상 또한 부정적 상황에 대한 적극적 대응을 보이지 못하고 주관성에 함몰되는 서사행위 주체들의 의식내용들을 효과적으로 드러내는 기능적 장치 역할을 하고 있다.

---

2) Richard M.Eastman, *A Guide to the Novel*, (California : Chandler Publishing Company, 1965), 14~15면.
3) 조정래·나병철, 『소설이란 무엇인가』, 평민사, 1991, 119~124면.
4) 시모어 채트먼, 김경수 옮김, 『영화와 소설의 서사구조』, 민음사, 1990, 35~37면.

이와 같이 구인회 가입은 朴泰遠의 글쓰기 행위에 있어서 중요한 의미를 지닌다. 그것은 많은 평자들의 지적처럼, 구인회 가입을 계기로 朴泰遠은 그 이전의 습작기적 미숙성으로부터 벗어나는 한편 다양한 형식실험을 통해 본격적이고도 의식적인 차원에서의 창작행위를 전개해나가기 때문이다. 한마디로 朴泰遠은 구인회 가입을 계기로 '소설 쓰는 행위에 대한 미학적 자의식'을 가지게 되었다고 할 수 있다.

시각이나 관점에 따라 구인회를 "당시 문단의 중심세력으로 군림하고 있던 KAPF문학의 격파 및 제압이라는 정치적 음모를 지닌 명백한 정치 지향적인 단체"5)로 규정하든 아니면 "조직이라기보다는 문단의 사교적인 모임에 불과하며 어떠한 이념적 결속력도 없고 조직구성에 대한 구속력도 없는"6) 문인들의 친교모임으로 규정하든 그 단체가 지향하고 실천하고자 했던 문학적 이념은 형식주의적 성향이 상대적으로 두드러졌던 점은 부인할 수 없는 사실이다. 파격적인 문체실험과 다양한 기법실험을 통해 그와 같은 구인회의 문학이념을 적극적으로 실천하고자 했던 형식주의자이자 "세계를 오직 자아 욕구충족의 근원으로 다루는 자의식의 절대성에서 출발하는 모더니즘 세계인식"7)의 소유자였던 朴泰遠의 현실인식 태도와 미학적 변별성을 극명하게 보여주는 작품들이 구인회 가입을 전후한 시기에 집중적으로 쓰여졌다. 그와 같은 모더니즘 소설범주에 속하는 작품들로는 "구인회 시절의 朴泰遠을 말하기 위해 마땅히 주목해야 하며 朴泰遠의 소설기법과 그 문학적 성과를 동시에 규명해볼 수 있는 문제작"8)인「小說家 仇甫氏의 一日」(1934)을 정점으로 「피로」(1933),「거리」(1936),「전말」(1935) 등을 들 수가 있다. 이 글에서는 「소설가 구보씨의 일일」과 「피로」두 작품만을 분석하고

---

5) 김윤식,『한국현대문학사론』, 한샘, 1988, 320면.
6) 권영민,「박태원의 도시적 감성과 소설적 상상력」,『한국해금문학전집』, 삼성출판사, 1988, 419면.
7) 임철규,「우리 시대의 리얼리즘」,『창작과 비평』, 1980년 여름, 28~30면.
8) 권영민, 앞의 글, 409~410면.

자 한다. 그 두 편의 작품이 다른 작품들에 비해 모더니즘 소설의 전형적 특성을 보다 더 분명하게 보여주고 있다라는 판단 때문이다.

2. 일상적 가치체계와의 거리두기 양상

「피로」는 여러가지 면에서 1년 뒤에 발표된 「소설가 구보씨의 일일」의 원형을 보여주고 있는 작품이다. 먼저 「피로」는 「소설가 구보씨의 일일」과 마찬가지로 "서술적 자아(the narrating self)와 경험적 자아(the experiencing self)가 균형상태를 유지하는 '의사 자서전적 일인칭 서사물'(the quasi-autobiographical first-person narrative)"[9]의 형식적 외피를 쓰고 있다. 이 작품의 플롯을 결정하는 중심인물인 주인공으로 스물다섯 살의 소설가가 등장한다. 일년 뒤에 발표된 「소설가 구보씨의 일일」의 서사행위 주체로 등장하는 소설가의 나이는 스물여섯이다. 이 서사정보들은 작가의 전기적 사실과 일치한다. 그런 점에서 이 두 작품은 朴泰遠 자신을 서사모델로 한 고백적 서사구조의 범주에 속하는 작품들이다. "자신의 경험을 회상하는 서술형식을 취하는 '고백소설'(confessional novel)에서의 서술자는 보편적으로 지적이며 분석적이며 내향적인 성격"[10]을 갖는다. 두 작품 모두 그와 같은 서사적 속성을 지니고 있다는 점에서 서로 쌍생아적 친족성을 짙게 드러낸다. 두 작품 사이의 쌍생아적 친족성은 그 제목에서도 드러나고 있다. 「피로」는 발표 당시 「어느 半日의 記錄」이라는 제목을 달고 있기 때문이다. 「소설가 구보씨의 일일」에서처럼 「피로」 또한 도시가 주는 인상에 신중한 주의를 기울이면서 거리를 돌아다니는 예술가의 '漫步客 모티프'(falaneur motif)[11]가 서사골격을 구축하고 있다.

---

9) F.K Stanzel, trans.by, Charlotte Goedsche, *A Theory of Narrative*, (London & New York : Cambridge University Press, 1984), 210~211면.
10) 한용환, 『소설의 이론』, 문학아카데미, 1990, 244면.
11) 漫步客(flaneur)은 원래 소비 자본주의의 초기 모습들이 나타나기 시작하던 '19세기의 수도' 파리거리를 거북을 앞세우고서 산책하던 사람들을 가리키는 말이었다고 한다. 이 말의 본래적 의미는 '빈둥거리는 사람', '게으름 피우는 사람'으

「피로」에는 작가의 대용인물(surrogate)로 추정되는 소설가 '나'가 서사행위 주체로 등장한다. '나'는 잘 풀리지 않는 작품구상 문제로 고심하다가 다방을 충동적으로 뛰쳐나온다. 그 후 '나'는 목적없이 경성거리를 배회하다 다시 다방 안으로 들어오게 된다. 다방 안에서 목적없는 배회의 과정을 회상을 통해 선조적으로 서술하는 서술구조를 취하고 있는 작품이 「피로」이다. 목적없는 배회의 과정에서 마주친 군중이나 근대적 도시풍물들에서 느낀 단상이나 체험의 편린들이 주요 서사대상으로 부각된다. 목적없는 관조자적 배회의 과정은 낙랑다방-M신문사-D신문사-노량진행 버스-한강철교-낙랑다방으로 공간이동되는 '여로형 회귀구조'의 틀 속에서 이루어진다. 여로형 회귀구조의 시간적 · 공간적 틀의 분석을 통해 「피로」의 의미조를 분석해보기로 한다.

모더니즘 계열의 소설에 등장하는 인물들은 "대체로 본래부터 고독하고 비사교적이고 다른 인간들과 정상적인 사회적 관계를 맺을 수가 없는 인물들로 제시된다. 그리고 다른 사람들과의 접촉은 피상적이고 우연적인 방법으로만, 존재론적으로 말한다면 회고적 반영(retrospective reflection)에 의해서만 가능해진다. '나의 세계관은, 고독이란 것이 나 자신이나 소수의 고독한 인간에게만 특유하고 희귀한 상황이 아니라 인간존재의 피할 수 없는 중심적 사실이라는 확신에 기초하고 있다'"[12]라는 토마스 울프의 진술은 고독을 인간존재의 근원적 상황으로 파악하면서 시대의 잔혹성에 절망하여

로 우리 전통의 '한량'에 가깝다고 할 수 있다. 발터 벤야민은 특별한 목적이나 지향없이 거북과 함께 느린 걸음을 뽐내는 만보객의 행동에서 단순히 걸음이 늦다는 물리적 사실 이외에 세상을 사는 특정한 태도가 깃들어 있음을 지적한다. 만보객의 느린 걸음은 바야흐로 부산해지고 바빠지면서 속도전을 방불케 하는 도회지의 부박한 일상에 대한 항의였다라는 것이 벤야민의 지적이다.
강내희, 『공간, 육체, 권력 : 낯선 거리의 일상』, 문화과학사, 1995, 120~125면 참조.
12) 게오르그 루카치 외 지음, 황석천 옮김, 『현대리얼리즘론』, 열음사, 1986, 20~21면.

자기자신 속으로 침잠하는 폐쇄적인 존재양식을 드러내는 모더니즘 계열 소설 인물의 지배적 이미지를 대변하고 있다. '나'는 모더니즘 소설 인물들의 그와 같은 존재론적·인식론적 속성들을 전형적으로 집약하고 있는 인물이다.

> 나는 어제 이후로 한 자도 쓸 수 없었던 원고를 생각하고, 초조와 불안을 느끼면서 얼마동안인가 무의미하게 그 광고 등을 바라보고 있었다.……
> 그러나 그러한 것은 어떻든 나는 그러한 속에서 나의 소설을 계속할 수 없는 것을 갑자기 느끼고 그 미완성한 원고를 책보에 싸서 그것을 노마에게 맡기고, 그리고 도망질치 듯이 그 다방을 나와, 장곡천정을 부청 쪽으로 향하여 터덜터덜 걸어갔다.(「소설가 구보씨의 일일」, 『朴泰遠 단편집』, 깊은샘, 1989, 123면. 이후 작품 인용은 면수만 기록)

여로형 회귀구조의 출발공간인 낙랑다방 안이다. 문면에서와 같이 "예술의 자율성을 지키려는 목적으로 가득 차 있으면서 불안과 몰가치 속에 소외된 창조적 개인"[13])으로서의 소설가인 '나'가 서사행위 주체로 등장한다.

> 나는 M신문사 앞에까지 이르러 걸음을 멈추었다. 그리고 그 곳에 잠깐 우두머니 서서 누구나 만나보고 갈까?…… 하고 생각하였다. 그러나 그 즉시 그 곳 수부(受附) 책상 위에 놓여 있는 면회 인명부를 생각하고 나는 돌층계를 올라가기를 단념하여 버렸다. 수부에서 청하는 대로 그 명부 위에다 바보같이 만나보려는 이의 이름과 나의 주소와 또 나의 이름을 적을 용기가 나에게는 결핍되었던 까닭이다.(124면)

소설구상 문제로만 고민할 뿐 자신의 구체적인 존재기반인 사회현실에 대한 어떤 실천적 지향점도 가지고 있지 않던 '나'가 충동적으로 다방을 뛰쳐나온 후 특별한 목적도 없이 도착한 공간이 M신문사이다. 말이나 행동을 통해 자신의 존재적 속성을 드러내는 극적 방식(dramatic method)의 성격

---

13) 송문근, 「제3세계와 포스트모더니즘」, 『외국문학』, 1990 여름, 259~260면.

묘사로 서술되고 있는 이 문면은 '나'의 '성격지표'(character-indicator)로서 기능하고 있다. 이 문면이 제공하고 있는 성격정보는 '나'가 우유부단하고 소극적인 성격의 소유자라는 사실이다. 문면에서와 같이 어떤 생각을 구체적인 행동으로 실행할까 하다가 단념해버리는 '계획행위'(contemplated act)[14]는 작품 도처에서 산견된다.

    그러나 그러한 것은 아무렇든 좋았다. 나는 내가 아무 것도 보잘 것 없는 이 겨울의 한강을 나가는 것의 무의미한 것을 막연히 느끼면서, 이곳에서 버스를 내리리라고 마음먹었다. 그리고 사실 나는 좌석 위에서 완전히 일어서기조차 하였다. 그러나 나는 내 앞에 어깨들을 맞붙이고 서있는 칠팔 명의 승객을 보았을 때, 그 사람들을 헤치고 도어 앞까지 갈 용기를 상실하고 있었다. 현재의 나에게 있어서, 그것은 비록 그 특제 라이스카레이에 대한 희망과 욕구를 가지고서도 결행하기에 적지 않은 각오와 노력이 필요한 일임에 틀림없었다.(128면)

"햄릿에게서 전형적인 전범을 찾아볼 수 있는 습관적인 계획행위는 작중인물의 수동성이나 행동으로부터의 위축을 암시"[15]하고 있다. 문면에서와 같이 반복적으로 재현되는 '나'의 습관적인 계획행위는 '나'의 우유부단하고 소극적인 성격을 강조하는 기능적 장치로 제시되고 있다. 그와 같은 성격적 속성의 소유자인 '나'는 소설 쓰는 일 이외의 일상적 가치에 대해서는 일정한 관조적 거리를 유지한 채 적극적인 관심을 보이지 않는다. 더우기 '나'는 일상적인 가치체계에 순응하며 살아가는 다른 사람들과는 존재론적 범주가 다른 층위에 존재하는 것으로 자부한다. 다른 사람들에 대해 존재론

---

14) 리몬 캐년은 등장인물의 행동유형을 세 가지로 분류하고 있다. 캐년의 분류체계에 의한 세 가지 행동유형은 다음과 같다.
작위행위(act of commision) : 작중인물에 의해 수행된 행위
부작위행위(act of ommision) : 작중인물이 수행해야 하지만 하지 않는 행위
계획행위(contemplated act) : 실현되지 않은 작중인물들의 계획이나 의도
Shlomith Rimmon-Kenan, *Narrative Fiction : Contemporary Poetics* (London and New York : Methuen, 1983), 59~62면.
15) 앞의 책, 59~62면.

적 우월의식을 가지고 있는 '나'에게 소설쓰는 일 이외의 다른 일상사는 무의미하며 몰가치하게 느껴질 뿐이다.

> 나는 보도 위를 다시 걸어가며, 먼저 받아 썼던 약간의 원고료로 말미암아, 신문사의 요구대로 쓰고 싶지도 않은 종류의 원고를 쓰지 않으면 안되었던 R씨의 경우와, 몇 회 계속을 못하고 이렇게 사흘씩 중단할 수 밖에 없었던 사실을 생각하고, **그 곳에도 역시 인생의 피로를 시인하지 않을 수 없었다.**(124면)

> 어제 한나절을 내려 곱게 쌓였던 눈이, 어쩌면 그렇게도 구중중하게 녹은 거리 위를, 그들은 전차도 타지 않고 터덜터덜 걸어가고 있었다. 뿐만 아니라 그들 중에는 고무 장화를 신은 사람조차 있었다. 눈이 완전히 녹아 구중중하게 질척거리는 한길 위를 무겁게 터벅거리고 가는 고무 장화의 광경은, 물론 **보기에 유쾌한 것이 아니었다.**

> 나는 그 고무 장화의 피곤한 행진을 보며, 그것을 응당 물로 닦고 솔질을 하고 할 그들의 가엾은 아낙들을 생각하고, 또 그들의 아낙들이 가끔 드나들어야만 할 전당포를 생각하고, **그리고 그곳의 삶의 어려움을 느끼지 않을 수 없었다.**(126면)

모더니스트와 리얼리스트의 근본적인 차이는 반영대상인 세계와 인간존재에 대한 인식태도이다. 리얼리스트들은 근본적으로 인간의 의식과는 독립적으로 존재하는 객관적 실재를 인식가능한 대상으로 인식한다. 또한 리얼리스트들은 세계와 인간존재를 고정불변의 실체로 파악하는 것이 아니라 끊임없이 변화·발전하는 운동과정상의 유동적 실체로 파악한다. 리얼리즘 계열의 작품들이 '유기적 구조'를 취하는 것도 반영대상으로서의 객관적 실재를 총체적으로 인식할 수 있다는 리얼리스트들의 인식태도와 세계관이 반영된 것이다.

반면에 모더니스트들은 리얼리스트들과는 대조적인 인식태도와 세계관을 지니고 있다. 리얼리스트들과는 달리 모더니스트들은 인간의 인식능력으로는 존재와 세계에 대한 파악이 근본적으로 불가능하다는 '不可知論(agnosticism)의 입장을 취한다. 또한 세계와 인간존재를 동태적인 관점에서 인식하는 리얼리스트들과는 대조적으로 모더니스트들은 정태적인 관점에서 인식한다. 따라서 모더니스트들에게 있어서 세계와 인간존재의 변화가능성은 근본적으로 불가능한 것으로 인식된다. '유기적 구조'를 취하는 리얼리즘 계열의 작품들과 달리 모더니즘 계열의 작품들이 '비유기적인 파편구조'를 취하게 되는 것도 반영대상으로서의 객관적 실재를 불가지론의 입장에서 정태적으로 파악할 수 밖에 없는 모더니스트들의 인식태도와 세계관 반영의 결과이다.

이와 같이 객관적 현실의 불변성을 주장하는 모더니스트들의 작품에 반영되는 인간활동은 "대부분 선험적(a priori)으로 무기력하고 의미가 박탈된 것으로 묘사"[16]될 수 밖에 없다. 따라서 문면에서와 같이 '나'는 자신에 대한 끝없는 회의와 자아성찰 속에서 '지적 유희'나 '자아반영'만을 반추하게 된다. 또한 '나'는 무의미하고 파편적이라고 생각하는 상황 속에서 불안과 곤혹스러운 방황만을 계속할 뿐, 자신의 존재기반을 지탱해 줄 새로운 의미체계를 구축하려 하지 않는다. 이와 같이 지적 엘리트주의와 정태적 세계관에 매몰되어 버림으로 인해 '나'는 자신의 존재기반인 구체적인 사회현실에 뿌리내리지 못하게 된다. 뿐만 아니라 다른 사람들과 사회적 교섭을 차단해 버린 '나'는 삶에 대한 실천적 지향점을 상실한 채 목적없는 배회와 방황을 계속할 뿐이다.

어느 틈엔가 나는 버스를 타고 있었다. 나의 타고 있는 버스는 노량진을 향하여 달려가고 있었다. 그러나 물론 나는 노량진을 가기 위하여서 버스를 타고 있는 것은 아니었다. 그렇다고 노량진 이외의 아무 곳을 가기 위하여서

---

16) 게오르그 루카치 외 지음, 황석천 옮김, 앞의 책, 37면.

탄 것도 아니었다.
  그러면?······ 그것은 이를테면 아무 데로도 갈 곳을 가지지 않은 나였기 까닭에, 아무 데라도 가기 위하여서의 행동에 지나지 않았다.(126면)

문면에서와 같이 '나'는 자신의 행위에 대해서조차도 수동적 객체로 대상화된 존재로 남아 있다. 그리하여 자신이 버스를 타게 된 동기나 목적도 없이 그저 버스가 가는 대로 몸을 맡긴 채 하루하루를 무의미하게 소일할 뿐이다.

일상적 가치체계에 대해서 일정한 관조적 거리를 유지한 채 개별화되고 고립된 존재양식의 개인주의적 세계관에 매몰된 '나'의 시각을 통해서 반영되는 세계 또한 현상적이고 파편화된 양상으로 제시될 수 밖에 없다. 그것은 "대체적으로 리얼리즘 문학에서의 모든 세부묘사가 개별적이면서 전형적인 반면에 모더니즘의 이데올로기는 이 전형적인 것을 부정하기 때문이다. 모더니스트들은 대개 이 세계의 일관성을 파괴함으로써 세부사항을 단순한 특수사항으로 격하시켜버린다. 그리하여 결국 모더니즘 문학은 '구체적 전형성'을 '추상적 특수성'으로 대체"[17]하게 된다.

  덜컥! 하고 버스는 또 급격하게 정거하였다. 나는 창밖을 바라보고, 그리고 그곳이 연병장임을 알았다······.
  그러자 나의 눈에 전차 선로를 횡단하여 오는 한 어린이의 모양이 보였다. 그 어린이는 행길을 호떡을 먹으면서 걸어오고 있었다.
  그것을 보자, 나는 갑자기 나도 무엇인지 먹고 싶은 욕망을 느꼈다. 그리고 그와 함께 원정 일정목엔가 이정목에 있는 조그만 음식점이 머리에 떠올랐다.
  언젠가 나는 그곳에······
  이러한 광고를 분명히 보았던 것이다.
  물론 그야 그 동안에 이삼 년의 시일이 경과되었고, 더구나 서울 어느 구석이라고 찾아들기를 주저하지 않는 경제공황은, 혹은, 그 음식점 주인으로 하여금

---

17) 앞의 책, 40~44면.

단돈 십원을 받고 — 아니, 어쩌면 단돈 일원조차 받는 일 없이 — 그 영업
밑천의 '특제 라이스카레이' 제법을 아무에게든 전수하여 버렸을지도 모르는
일이다.(127~128면)

목적없는 배회의 세번째 기착공간인 노량진행 버스 안이다. 이 문면이
제공하고 있는 사회사적 정보는 1930년대 초반의 경제공황이다. 그 당시
세계경제 동향과의 구조적 연계성 속에서 발생했던 경제공황은 일제의 식민
통치 방식에 근본적인 전환을 가져오게 하는 중요한 역사적 사건이다. 일제
로 하여금 식민지 조선산업의 군사적 재편성과 견고한 대륙병참기지 건설을
위한 파쇼 통치체제로 나아가게 하는 역사적 계기가 되었던 것도 바로 1930
년대 초반의 경제공항이라고 할 수 있다. 그러나 그와 같은 사회·경제사적
발생배경을 지닌 경제공황에 대한 정보들이 '나'의 회상 속에 부유하는 무질
서한 의식단편들로만 제시될 뿐이다. 그리하여 당시 후발 자본주의 국가이
던 일제의 식민지 경제정책과의 구조적 연계성 속에서 파악되어야 할 경제
공황이 문면에서와 같이 차창 밖 행길에서 호떡을 먹으면서 걸어오는 어린
이의 모습에서 연상된 음식점의 광고판을 통해 현상적 단편으로만 제시되고
있다. 따라서 그 의식의 파편들을 상호관련짓게 하는 의미있는 결합은 이루
어지지 않고 있다.

이와 같이 자신의 구체적인 존재기반인 그 당시의 시대상황을 "'구조화된
전체' 속에서 파악하지 못하고 '원자화된 경험의 흐름' 속에서 파악"[18]할
수 밖에 없는 정태적인 세계관에 매몰되어 버림으로써 '나'의 인식지평은
그 당시 1930년대 근대도시 경성에 밀어닥치고 있던 자본주의적 생산양식
에 대한 거시적 조망에까지는 개방되지 못하고 있다. 이와 같이 "초월적인
명령과 굳건한 세속적 가치에서의 의미상실"[19]로 인해 인식대상에 대한 통

---

18) 유진 런, 김병익 역, 『마르크시즘과 모더니즘』, 문학과 지성사, 1988, 49~50면.
19) 앞의 책, 48~49면.

일된 전망이 결여된 '나'의 정태적 인식지평을 통해서 반영되는 세계 또한 비극적일 수 밖에 없다.

> 인생의 피로한 자여! 겨울 황혼의 한강을 찾지 말라.
> 죽음과 같이 냉혹한 얼음장은 이 강을 덮고, 모양 없는 산과 벌에 잎 떨어진 나무가지도 쓸쓸이, 겨울의 열없는 태양은 검붉게 녹슬어 가는 철교 위를 넘지 않는가?…… (129면)

목적없는 배회의 마지막 기착공간인 한강이다. 서술자의 논평(commentary)으로 이루어진 이 문면은 '나'의 정태적 인식지평을 명징하게 드러내고 있다. 다른 사람들과의 사회적 교섭을 의식적으로 차단한 채 목적없는 배회만을 계속하는 '나'의 자폐적인 의식의 반추를 통해서 반영되는 세계란 문면에서와 같이 비관적이고 단편적일 수 밖에 없다. 모든 사회적 범주의 제거를 전제로 하는 정태적 세계관을 통해 드러나는 '나'의 의식편린들은 자신의 존재를 규정하고 있는 구체적인 사회현실의 본질에 대한 적극적인 의미탐색과는 구체적 관련이 없어보인다. 다만, "추상적인 주관성으로서 그 자체로 공허한 내면성의 가상"[20]으로 물러날 뿐이다.

이와 같이 구체적인 사회·역사적 맥락에서 절연되어 현실과의 긴장된 관련을 상실한 채 주관성에 함몰되는 인물들을 서사행위의 주체로 등장시키는 것은 주관적인 경험이 현실 그 자체를 구성한다는 작가의 모더니스트적 세계관 때문이다. 따라서, "모더니스트들의 텍스트가 개인의 내적 삶을 반영하는 것은 그들이 살도록 강요되는 원자화된 단편적 세계를 극복할 수 없는 무능력의 증거"[21]라는 지적은 설득력이 있어 보인다.

「소설가 구보씨의 일일」은 "섬세한 자의식의 소유자인 소설가 구보의 하루 동안의 경성 편력기이다. '직업과 아내를 갖지 않은, 스물 여섯살'의

---

20) 차봉희, 『비판미학』, 문학과 지성사, 1990, 44면.
21) 레이먼 셀던/현대문학이론연구회 역, 앞의 책, 59면.

소설가 구보가 정오에 집을 나서서 새벽 두 시에 귀가하기까지 근대적 풍물로 가득 찬 경성시내에서 겪은 여러 가지 사건과 그에 대한 단상"[22])들이 이 작품의 서사대상으로 부각된다. 서사대상으로 부각되는 단상들 속에 당시 일제의 기형적인 식민지 공업화 정책으로 인해 파행적으로 진행된 경성의 근대화 과정에서 파생된 사회사적 정보들이나 왜곡된 욕망체계들이 현상적 편린들로 제시되고 있다.

이 작품 서사구조의 골격은 충동적으로 이어지는 목적없는 배회과정에서 마주치는 사건과 인물들의 계기를 통해 구보가 경험하게 되는 '예술적 자아'와 '현실적 자아' 사이의 갈등구조이다. 이 작품 서사구조의 골격을 형성하는 목적없는 관조자적 배회의 과정은 집-광교-종로 네거리-화신상회-전차-조선은행-다방-골동품점-경성역 대합실-조선은행-다방-종로 네거리-대창옥-다방-조선호텔-종로 네거리-낙원정-집으로 이어지는 원점회귀의 구조 속에서 진행된다. 원점회귀 구조의 틀 속에서 진행되는 구보의 경성 편력기가 목적없는 배회임을 알려주는 서사정보는 수평적인 공간이동의 동기부여를 설명하고 있는 구절들이다.

> 그는 종로 네거리를 바라보고 걷는다. **구보는 종로 네거리에 아무런 사무(事務)도 갖지 않는다. 처음에 그가 아무렇게나 내어놓았던 바른발이 공교롭게도 왼편으로 쏠렸기 때문에 지나지 않는다.**(31면)
>
> 그래도, 구보는, 약간 자신이 있는 듯싶은 걸음걸이로 전차 선로를 두 번 횡단하여 화신상회 앞으로 간다. **그리고 저도 모를 사이에 그의 발은 백화점 안으로 들어서기조차 하였다.**(32면)
>
> 전차가 왔다. 사람들은 내리고 또 탔다. 구보는 잠깐 머엉하니 그 곳에 서 있었다. 그러나 자기와 더불어 그 곳에 있던 온갖 사람들이 모두 저 차에 오른다

---

22) 이계옥, 「박태원의 『소설가 구보씨의 일일』 연구」, 숙명여대 석사학위 논문, 1990. 6, 1면, 18~20면.

보았을 때, 그는 저 혼자 그곳에 남아 있는 것에, 외로움과 애달픔을 맛본다.
구보는 움직인 전차에 뛰어올랐다.(32면)

　문면들에서 알 수 있는 바와 같이, 구보의 행동동기를 설명하는 낱말들은 '공교롭게도', '저도 모를 사이에' 등 자신의 주체적인 의지나 분명한 목적의식이 결여된 행위와 관련된 낱말들이다. 구보의 배회과정이 분명한 목적이나 지향없이 반사적으로 이어질 수 밖에 없는 것은 예술적 자아와 현실적 자아를 조화시키지 못하는 데서 오는 갈등이나 고통으로부터 잠시 벗어나고자 하는 심리적 동기 때문이다.
　한편, 목적없는 배회의 과정에서 마주치는 인물이나 사건의 현재 상황과 그 상황이 야기하는 연상이나 회상의 과거상황은 선조적 계기를 이루지 않는다. 시간과 공간의 측면에서 분명한 물리적 범주의 차이를 지닌 두 상황은 "집단적 기억과 개인적 기억 또는 전혀 동떨어진 것들을 뒤섞음으로써 상상력의 감각적 여행을 통해 계열적 시간의 무의미성과 권태를 해체시키는 공간화된 체험의 몽타지"[23]형식으로 제시된다. "시간의 역사성을 상실하게 하면서 공간의 편린"[24]들을 전경화시키는 서술구조적 특성은 시종일관 반복적으로 재현되고 있다. 이와 같은 서술구조적 특징으로 인해 이 작품의 서사성은 이완될 수 밖에 없다. 그것은 이 작품이 주로 사건의 추이가 아니라 사건에 대한 인물의 반응에 서술초점을 맞추고 있기 때문이다. "일반적으로 상황의 구상화를 지향하는 소설은 극적 플롯에 역점을 두지만, 상황에 대한 인물의 반응표출을 지향하는 소설은 극적 플롯의 형성에는 소홀"[25]할 수 밖에 없다. 사건의 내용을 의식내용의 현상적 단편들로 해체하는 서술구조

---

23) 유진 런, 김병익 역, 앞의 책, 56~57면.
24) 이훈, 「도시 속의 지식인과 노동자 :『소설가 구보씨의 일일』과『황혼』을 중심으로」,『문학과 비평』, 1990, 가을, 76면.
25) 이주형, 「채만식의 문학과 부정의 논리」,『한국근대소설연구』, 창작과 비평사, 1995, 270~271면.

와 '원점회귀'의 여로형 서사구조로 이루어진 이 작품의 의미를 밝혀본다.

이 작품의 서사행위 주체로는 구보라는 인물이 등장한다. 朴泰遠의 소설적 자아로 추정되는 구보는 「피로」의 나와 같이 인간은 본질적으로 고독할 수 밖에 없다는 실존주의의 철학적 가정에 지배되는 모더니즘의 세계관을 지닌 인물이다. 인간의 근원적인 존재양식을 고독으로 파악하고 있는 단절적 인간관은 구보로 하여금 자신을 포함한 모든 사람들을 '정신병자로 관찰하고 싶은 강렬한 충동을 불러 일으킬' 정도로 다른 사람들과의 정상적인 사회적 교섭을 불가능하게 한다. 그와 같은 존재론적 고독 속에서 자신의 경험영역의 한계 내에 엄격히 갇혀 있는 구보는 일상적인 가치체계에 대해 일정한 존재론적 거리를 두게 된다. 자신은 일상적인 가치체계에 매몰되어 속물적인 존재양식을 보이는 일상인들과는 존재론적 범주가 분명히 다른 차원에 존재한다고 구보가 자위를 하게 되는 것도 바로 그러한 거리 때문이다. 그러한 거리에 기초하여 구보는 자신의 가치체계와 일상인들의 가치체계 사이에는 상호교류가 불가능한 가치체계의 불연속층이 존재하고 있다고 믿는다. 따라서 목적없는 배회의 과정에서 마주치게 되는 일상적인 가치체계의 담지체들에 대해 구보는 권태와 피로 또는 우울을 느낄 뿐이다.

구둣발 소리가 바깥 포도를 걸어와, 문 앞에서 서고, 그리고 다음에 소리도 없이 문이 열렸다. 그러나 그는 구보의 벗이 아니었다. 뿐만 아니라, 두 사람의 시선이 마주쳤을 때, 두 사람은 거의 일시에 머리를 돌리고 그리고 구보는 그의 고요한 마음 속에 음울을 갖는다.(41면)

구보는 한길 위에 서서, 넓은 마당 건너 대한문을 바라본다. 아동 유원지 유동의자(流動椅子)에라도 앉아서…… 그러나 그 빈약한, 너무나, 빈약한 옛 궁전은, 역시 사람의 마음을 우울하게 하여 주는 것임에 틀림없었다.(42면)

구보는 이 조그만 사건에 문득, 흥미를 느끼고, 그리고 그의 '대학 노트'를 펴들었다. 그러나 그가 문 옆에 기대어 섰는 캡 쓰고 린네르즈메에리 양복

입은 사나이의, 그 온갖 사람에게 의혹을 갖는 두 눈을 발견하였을 때, 구보는
또 다시 우울 속에 그곳을 떠나지 않으면 안된다.(46~47면)

문면에서와 같이 현실세계는 모두 구보에게 부정적이고 속물적인 가치영
역으로 인식된다. 일반적으로 "사회에서 높이 평가되는 목적이나 행위에
대한 낮은 보상가치의 부여로 인해 가치상의 고립"[26]을 경험하는 구보가
현실적인 가치체계에 순응하며 화합할 수가 없음은 당연하다. 그러나 자신
이 일상적인 가치체계에 존재론적 우월의식을 가지고 있다 하더라도 구보
또한 구체적인 사회현실 속에서 다른 사람들과의 사회적 관계를 완전히
절연해버리는 진공상태나 무중력 상태에서 살아갈 수는 없다. 그와 같은
존재론적 조건으로 인해 일상적인 가치체계를 완전히 무시할 수 없다는
데에 구보의 존재론적 갈등이 있다. 그러한 갈등으로 인해 구보는 "현실적인
욕망에 지배받지 않는 자신의 생활에 일종의 자부심조차 갖지만 결코 현실
적 욕구를 완전히 무시할 수는 없다."[27] 생활과 예술 사이에서 구보가 느끼
는 그와 같은 존재론적 갈등은 작품 곳곳에서 산견된다.

> 젊은 내외가, 너댓 살 되어 보이는 아이를 데리고 그 곳에가 승강기를 기다리
> 고 있었다. 이제 그들은 식당으로 가서 그들의 오찬을 즐길 것이다. 흘낏 구보를
> 본 그들 내외의 눈에는 자기네들의 행복을 자랑하고 싶어하는 마음이 엿보였는
> 지도 모른다. 구보는, 그들을 업신여겨 볼까 하다가, 문득 생각을 고쳐, 그들을
> 축복하여 주려 하였다. 사실, 4, 5년 이상을 같이 살아 왔으면서도, 오히려 새로
> 운 기쁨을 가져 이렇게 거리로 나온 젊은 부부는 구보에게 좀 다른 의미로써의
> 부러움을 느끼게 하였는지도 모른다. 그들은 분명히 가정을 가졌고, 그리고
> 그들은 그곳에서 당연히 행복을 찾을게다.(32면)

> 그러나 포도를 울리는 것은 물론 그들의 가장 불완전한 구두 뒤축 뿐이
> 아니었다. 생활을, 생활을 가진 온갖 사람들의 발 끝은 이 거리 위에서 모두

---
26) 정문길, 『소외론 연구』, 문학과 지성사, 1984, 210~211면.
27) 구인환, 「세속을 낚는 실험공간」, 구인환 편저, 『박태원』, 지학사, 1990, 240면.

자기네들 집으로 향하여 놓여 있었다. 집으로 집으로, 그들은 그들의 만찬과 가족의 얼굴과 또 하루 고역 뒤의 안위를 찾아 그렇게도 기꺼이 걸어가고 있었다.(57면)

문면에서와 같이, "예술가라는 자기인식에서 배태된 자긍심과 지적·정신적 우월감을 지닌 구보는 일상생활을 영위하는 일상인들에 대해 경멸감을 나타내기도 한다. 그러나 한편 구보는 그들을 부러워하기도 하는 양가적 반응을 나타낸다."28) 일상적 가치체계에 대해 경멸과 동경의 양가적 반응을 보이는 것은 구보가 미학적 자의식이 강한 소설가이자 가난한 실직자라는 사실 때문이다. 어떤 의미에서 구보가 속물들로 경멸하는 일상인들에 대해 존재론적 우월감을 느끼는 것은 '예술가로서의 우월감'이라기보다는 '실직자로서의 열등감'에서 오는 반동형성(reaction formation)29)이라고 할 수 있다. 생활과 예술 사이의 존재론적 갈등으로 인한 소외감은 구보로 하여금 사회적 고립감을 경험하게 한다.

문득, 제비와 같이 경쾌하게 전보배달의 자전차가 지나간다. 그의 허리에 찬 조그만 가방 속에 어떠한 인생이 압축되어 있을 것인고 불안과, 초조와, 기대와…… 그 조그만 종이 위의, 그 짧은 문면(文面)은 그렇게도 용이하게, 또 확실하게, 사람의 감정을 지배한다. 사람은 제게 온 전보를 받아들 때 그 손이 가만히 떨림을 스스로 깨닫지 못한다. 구보는 갑자기 자기에게 온 한 장의 전보를 그 봉함(封緘)을 떼지 않은 채 손에 들고 감동하고 싶은 충동을 느꼈다. 전보가 못되면, 보통 우편물이라도 좋았다. 이제 한 장의 엽서에라도, 구보는 거의 감격을 가질 수 있을 게다.(68면)

---

28) 이계옥, 앞의 글, 23면.
29) 반동형성은 어느 한 쪽의 충동이나 감정을 억압하고 대신 반대 쪽의 충동이나 감정을 지나치게 강조함으로써 불안을 감소시키는 방어기제이다. 용납할 수 없는 충동을 다스리는 방법 중의 하나인 반동형성은 흔히 무의식적인 것의 반대 형태로 의식의 표면으로 표현된다. 극렬하게 금주를 주장하는 사람은 실제로 자신의 음주충동과 투쟁하고 있는 것인지 모른다. 그러나 강하게 주장하는 의견이면 무엇이든지 반동형성으로 단정하는 기계적인 태도는 위험하다. E 제리 퍼스, 홍숙기 역, 『성격심리학』, 박영사, 1987, 68면.

구보가 경험하게 되는 사회적 고립감은 문면에서와 같이 친구의 엽서 한 장을 가지고도 심리적 균형감각을 상실할 정도로 심하다. 그와 같은 사회적 고립감은 구보로 하여금 이제까지 자신이 존재론적 거리를 가지고서 혐오해 온 현실적 가치체계와의 화해를 시도하게 하는 동인으로 작용한다.

  구보는, 벗이, 그럼 또 내일 만납시다. 그렇게 말하였어도, 거의 그것을 알아듣지 못하였다. 이제 나는 생활을 가지리라. 생활을 가지리라. 내게는 한 개의 생활을, 어머니에게는 편안한 잠…… 평안히 가 주무시요. 벗이 또 한 번 말했다. 구보는 비로소 그를 돌아보고, 말없이 고개를 끄떡하였다. 내일 밤에 또 만납시다. 그러나, 구보는 잠깐 주저하고, 내일, 내일, 내일부터, 나 집에 있겠소, 창작하겠소…….
  「좋은 소설을 쓰시오.」
  벗은 진정으로 말하고, 그리고 두 사람은 헤어졌다. 참말 좋은 소설을 쓰리라. 번(番)드는 순사가 모멸을 가져 그를 훑어보았어도, 그는 거의 그것에서 불쾌를 느끼는 일도 없이, 오직 그 생각에 조그만 한 개의 행복을 갖는다.(79~80면)

이 문면은 마지막 부분으로 목적없는 배회를 마치고 귀가하면서 구보가 친구와 헤어지기에 앞서 나누는 대화내용이다. 문면에서와 같이 구보는 생활과 예술 사이의 거리를 없애고 존재론적 화해를 시도한다. 그러나 그 시도는 현실적 동기부여가 미약하여 공허하게 들릴 뿐이다. 그것은 사회현실과의 구체적 문맥에서 해소되어야 할 존재론적 거리가 어머니에 대한 연민이나 좋은 소설창작에 대한 막연한 다짐과 같은 관념적 차원에서 해소되고 있기 때문이다. 따라서 '이제 나는 생활을 가지리라', '내일, 내일부터, 나 집에 있겠소, 창작하겠소'라는 구보의 다짐은 "대립되는 가치들의 기꺼운 평형상태가 아니라 아주 고약스러운 고독감의 표현"[30]으로 "주관적으로 존

---

30) Burton Pike, *The Image of the City in Modern Literature* (Princeton : Princeton University Press, 1981), 25~26면.

재하는 사회의 구조적 부자유를 외면하면서 주관적인 심리적 자유로 도피하는 행위"[31]일 뿐이다. 세계를 오직 자아 욕구충족의 근원으로 다루는 자의식의 절대성에서 출발했던 구보가 자신의 존재론적 범주 속에서의 양립이 근원적으로 불가능한 예술적 자아와 현실적 자아와의 관념적 화해를 시도함으로써 상호 대립하는 모순적 자아가 공존하는 불행한 의식을 보여줌은 당연하다고 하겠다.

3. 맺음말

이 글은 자전적 체험이 짙게 반영된 '고백적 서사구조'를 지닌 「소설가 구보씨의 일일」과 「피로」, 두 작품의 분석을 통해 朴泰遠 모더니즘 소설의 소설사적 의미를 밝혀보고자 함이 그 목적이었다. 두 작품을 정점으로 하는 모더니즘 계열의 소설들에는 주로 '인간은 본질적으로 고독할 수 밖에 없다'는 실존주의적 가정에 지배되는 인물들이 서사주체로 등장함을 알 수 있었다. 그들은 일상적인 가치체계에 대해 일정한 존재론적 거리를 둔 상태에서 의식의 반추만을 반복하는 내향성을 그 존재적 속성으로 지니고 있었다. 그리하여 그들은 자신들이 처한 경제적 궁핍상황을 극복하기 위한 적극적인 대응능력을 상실하고 있었다. 대신 그들은 경제적 소외상황에서 오는 심리적 갈등이나 고통에서 잠시 벗어나 보고자 하는 목적없는 배회만을 반복하고 있음을 알 수 있었다.

두 작품을 비롯한 모더니즘 계열 소설들의 지배적 모티프로 부각된 '실직으로 인한 지식인의 경제적 궁핍문제'는 그 당시 일제 식민통치 방식과의 구조적 연계 속에서 발생했던 문제이다. 한마디로 그 문제는 그 당시 효과적인 식민통치 전략으로 시행된 차별적인 인사고용정책에서 파생될 수 밖에

---

[31] 김창호, 「자유주의, 누구를 위한 어떤 자유인가」, 『실천문학』, 1991년 봄, 111면.

없었던 문제이다. 그러나 朴泰遠의 모더니즘 소설들에는 충동적인 배회의 과정에서 의식의 반추만을 일삼는 무기력한 지식인들이 서사행위 주체로 등장함으로 인해 실직 지식인들의 구조적 발생배경에 대한 사회사적 지평은 차단될 수 밖에 없었다. 대신 朴泰遠의 모더니즘 소설들에는 자신의 경제적 소외상황을 극복하지 못하는 데서 오는 심리적 갈등의 편린들만이 현상적으로 제시되고 있을 뿐이었다.

두 작품을 비롯한 모더니즘 계열의 소설들에서 朴泰遠이 내면세계에 칩거하는 인물들을 서사행위의 주체로 등장시켰다는 것은 그것 자체가 이미 작가의 인식지평이 협애함을 보여준다고 할 수 있다. "민족 부르조아 계층의 개량주의적 전망이나 노동자·농민의 변혁적 전망 등 그 어느 것에도 소속되지 못하고 현실로부터 소외될 수 밖에 없었던 소시민 지식인"[32]으로서의 협착한 세계관이 그 작품들을 규정했기 때문이다. 朴泰遠의 모더니즘 소설들이 반영대상으로서의 객관적 현실을 총체적으로 반영하는 유기적 구조를 지니지 못하고 등장인물들의 내면세계나 의식의 추이에 대한 배타적 관심으로 물러섬으로써 파편적인 비유기적인 구조를 지니게 된 것도 그러한 이유 때문이다. 만주사변 이후 악화일로로 치닫던 객관적 정세 속에서 작가로서의 역사적 위치를 확고하게 설정하지 못한 朴泰遠이 외부세계에 대한 관심을 주관적인 방식으로 해석하고 드디어는 외부와 연결되는 모든 통로를 스스로 차단한 소설적 결과가 바로 구인회 가입을 전후한 시기에 집중적으로 쓰여진 모더니즘 계열의 소설들이라고 할 수 있다.

한편 朴泰遠은 모더니즘 계열의 소설들에서 한 문장으로 한 작품을 만드는 파격적인 문체실험이나 몽타지 기법 등을 통해 소설의 장르적 탄력성을 효과적으로 활용하고자 하였다. 그러한 장르적 실험은 물론 당시 악화 일로의 객관적 정세 속에서 주조의 공백으로 인한 혼미를 거듭하던 문단의 침체

---

32) 신범순, 「이상문학에 있어서의 분열증적 욕망과 우화」, 『국어국문학』103, 1990. 5, 180~181면.

국면 타개에 일정하게 기여한 점은 무시할 수 없는 소설사적 의의라고 할 수 있다. 그러한 의의에도 불구하고 그러한 장르실험들은 "시간의 축에서 역사를 외면하고 공간의 축에서 사회를 외면한 채 형식에 대한 절대적 집착"33)만을 고수하고 있다는 혐의를 지울 수가 없다. 그런 점에서 이 시기의 모더니즘 소설들에서 의욕적으로 시도된 다양한 실험의식 또한 반영대상으로서의 존재와 세계를 단편적으로 반영할 수 밖에 없었던 작가의 협소한 세계관을 드러내는 인식론적 기제(epistemological mechanism)로 기능했다고 할 수 있다. 따라서 여러 가지의 역사적 의의에도 불구하고 朴泰遠 모더니즘 소설 또한 "새로운 현실인식과 사회적 실천을 통해서 창작방법의 새로움을 발전시켰다기보다는 그러한 인식과 실천이 빈약한 상태에서 서구적 문예이론의 학습을 통한 형식적 새로움"34)만이 돋보였던 1930년대 역사적 모더니즘의 일반적 한계로부터 결코 자유로울 수 없다고 하겠다.

---

33) 김남일, 『다시 쓰는 문학입문』, 청년사, 1991, 214~216면.
34) 염무웅, 「1930년대 문학론 : 식민지 문학의 전개과정」, 임형택・최원식 편, 『한국 근대문학사론』, 한길사, 1982, 434면.

염상섭의 초기 소설

1. 들어가는 말

「개성과 예술」(『개벽』22호, 1922. 4)은 염상섭의 초기 소설들을 이해하는 데 아주 중요한 자료이다. 염상섭의 초기 소설들을 이해하는 데 그 자료는 중요한 정보원으로 기능하고 있기 때문이다. 그것은 두 가지의 이유에서이다. 하나는, 그 자료가 염상섭 초기 소설의 창작 방법론으로 작용했던 자연주의 문학론에 대한 염상섭의 이해 수준을 극명하게 보여주고 있기 때문이다. 다른 하나는, 그것이 당시의 창작 주체이던 염상섭의 황량한 내면 풍경을 엿볼 수 있게 하는 창의 역할을 하고 있기 때문이다. 그런데 「개성과 예술」에서의 자연주의 문학론과 염상섭의 황량한 내면풍경을 소설의 논리와 문법으로 보여주고 있는 것이 바로 「표본실의 청개구리」이다. 그런 점에서 「표본실의 청개구리」는 그 당시 자연주의에 대한 염상섭의 이해 수준과 염상섭을 지배하고 있었던 황량한 내면풍경의 보고서라고 할 수 있는 「개성과 예술」의 소설판 버전이라고 할 수 있다.

이 글의 목적은 상관속을 형성하고 있는 두 글의 상관성 수준과 실체를 밝혀보고자 하는 것이다. 그 목적과 관련하여 이 글은 크게 두 가지의 내용 층위로 이루어져 있다. 하나는 「개성과 예술」에 나타난 염상섭의 자연주의 이해 수준과 그것의 역사적 연유를 밝히는 내용이다. 다른 한 층위는 자연주의 이해 수준과 관련된 「개성과 예술」과 「표본실의 청개구리」 사이의 유사성 수준과 정도를 밝히는 내용이다.

2. 비관주의적 인생관 : 결정론적 인간관의 거리

염상섭이 신문학 초창기를 주도적으로 개척해나가던 1920년대 초반의 일본문단에서는 자연주의 문학이 유행사조로 군림하고 있었다. 그 당시 일본문학을 자신의 창작활동의 저수지로 삼아왔던 역사적 조건으로 인해 식민지 지식인 염상섭은 당시 일본의 유행사조로 활보하던 자연주의 문학론의 영향권으로부터 결코 자유로울 수가 없었을 것이다. 그 사실에 대해서는 염상섭 자신이 시인하고 있다.

> 당시의 구학의 길이자 유행이기도 하였었고 자랑거리나 되는 듯하던 일본 유학을 한답시고 그 나라로, 건너가던 맡에, 신대륙이나 발견한 듯이 눈에 번쩍 띄우던 것이 태서문학의 세계였었는데, 때마침 일본 문단에서는 자연주의 문학이 풍미하던 무렵이었었다. 정작 자연주의 문학의 발상지인 구주문단으로 말하면, 이미 한풀 꺾인 때였지마는, 일본에서는 한물 닿았던 시절이라, 문학에 맛을 들이기 시작하였던 내가 그 영향을 받은 것이 사실이기는 하였다. 1)

일본 문단의 영향을 받은 자연주의 문학론에 대한 염상섭의 이해 수준을 확실하게 엿볼 수 있게 하는 중요한 자료가 바로 1922년『개벽』22호에 발표한「개성과 예술」이라는 글2)이다. 자연주의 문학론에 관한 핵심적 요체만을 간추려 인용하면 다음과 같다.

---

1) 염상섭,「횡보문단회상기」,『사상계』, 1962, 11~12면.
2) 이 글은 그 내용과 체계에 있어서 자연주의 문학론이라고 규정하기 어려운 면이 많다. 개성과 독창성을 문학·예술의 본질로 설명하고 있는 후반부의 내용은 오히려 낭만주의 문학론의 성격에 가깝다. 이에 대해서는 서영채,「염상섭의 초기 문학의 성격에 대한 한 고찰」, 문학사와 비평 연구회 편,『염상섭 문학의 재조명』, 새미, 1998, 37~50면 참조. 그리고 아무리 자연주의 문학의 개념적 외연을 너그럽게 보아도 '자아의 각성'을 자연주의 문학의 표지로 표나게 내세우는 염상섭의 자연주의 문학론은 소박하기 이를 데가 없다.

……하여간 이러한 현상이 사상방면으로는 이상주의, 낭만주의 시대를 경과하야, 자연과학의 발달과 공히, 자연주의 내지 개인주의 사상의 경향을 유치한 것은 사실이다…….

자연주의의 사상은, 결국 자아각성에 의한 권위의 부정, 우상의 타파로 인하야 誘起된 환멸의 비애를 愁訴함에, 그 대부분의 의의가 있다……. 현실폭로의 비애, 환멸의 애수, 또는 인생의 暗黑醜惡한 일반면으로 여실히 묘사함으로써, 인생의 진상은 이리하다는 것을 표현하기 위하야, 이상주의 혹은 낭만파 문학에 대한 반동적으로 일어난 수단에 불과하다…….

하여간 소위 자연주의 운동도 역시 각성한 자아의 叫呼며 그 완성의 道程인 것만 이해하면 고만이다…….3)

인용 문면에서 알 수 있는 바와 같이, 자신의 자연주의 이해와 관련하여 염상섭이 동원하고 있는 핵심화두는 '자아의 각성'이라는 용어이다. 각성된 자아의 냉철한 눈을 통해서 인생을 보게 되면 인생의 본질은 어둡고 추악하며, 그러한 인생의 본질을 여실히 드러내는 것이 자연주의 문학의 본질이라는 것이 염상섭의 자연주의 문학론이라고 할 수 있다. 한마디로 일본을 포함한 염상섭 자연주의의 핵심은 '비관주의적 인생관'이라고 할 수 있다. 냉정하게 보면 인생 자체가 어둡고 추악하기 때문에 문학작품을 통해 반영되는 현실세계 또한 어둡고 추악할 수밖에 없다는 것이 염상섭 자연주의 문학론의 요체인 것이다.

한편, 염상섭이 일본을 모델로 해서 배운 자연주의 문학은 에밀 졸라의 자연주의였다. 염상섭의 자연주의는 그런데 졸라의 자연주의에 견주어볼 때 자연주의의 본질적 표지라고 할 수 있는 중요한 요소가 하나 빠져 있다. 그것은 바로 '결정론의 시각'이다. 염상섭의 자연주의와 졸라의 자연주의 사이에는 신성불가침의 경계석으로 결정론적 시각이 가로놓여 있는 것이다.

---

3) 염상섭, 「개성과 예술」, 『개벽』, 1922. 4.

자연주의는 본래 그 당시 旭日昇天의 기세로 無所不爲의 막강전력을 자랑하던 자연과학의 힘과 그 힘의 원동력이 되었던 실증주의 정신에 대한 거의 절대적일 정도로 강한 낙관적 믿음에 그 뿌리를 두고 있는 사조이다. 자연주의 문학이 결정론적 시각을 자신의 본질적 표지로 내세우면서 인간마저도 자연과학의 대상처럼 엄정한 관찰과 실험에 의해 정확하게 그 본질을 밝혀낼 수 있다는 가설을 내세울 수 있었던 것도 자연과학의 실증주의 정신에 대한 그같은 믿음이 있었기 때문이다. 한마디로 자연주의 문학론의 후견인 노릇을 자처하고 나선 것이 바로 결정론적인 인간관이라고 할 수 있다.

그런데 결정론적인 인간관과 관련하여 자연주의 문학에서 애써 인간의 한계를 시험하는 정도의 극한상황이나 동물적 수준이나 진배없는 비참한 생존조건을 등장시키는 것은 인생 그 자체가 추악하거나 어둡다고 보는 비관주의적 인생관 때문이 아니라 인간성 형성과정에서 유전과 환경이라는 두 가지의 결정변수가 어느 정도의 파괴력을 지니고 있는가 하는 문제에 대한 그들의 관심 때문이었다. 또한 그러한 관심의 진정한 의도는 "유전과 환경의 인위적 교정을 통한 구제의 가능성"에 대한 해법을 모색해보고자 함이었다. 그런 점에서 졸라의 결정론은 자신의 주장처럼 "숙명론이 아니라 인간의 완전 가능성과 무한한 진보를 믿고 있었던 당시의 신화와 표리일체"[4]라는 해석도 가능한 것이다. 따라서 인생의 본질을 추악한 것으로 보는 비관주의적 세계관으로 인해 어둡고 추악한 현실이 소설적 소재가 될 수밖에 없다는 염상섭의 자연주의와 자신들의 이론적 대전제인 결정론적 인간관을 검증하는 과정에서 어둡고 추악한 현실을 즐겨 소재로 삼는 졸라류의 자연주의 사이에는 같은 피를 나누어가진 형제들이라고 하기 어려운, 형제들이라고 하더라도 배다른 이복형제라고 할 수밖에 없는 이질적 차이가 존재하고 있다.

---

4) 정명환, 「염상섭과 졸라 : 성에 대한 견해를 중심으로」, 김윤식 편, 『염상섭』, 문학과 지성사, 1984, 86면.

그러면 염상섭의 자연주의와 졸라의 자연주의 사이에 그러한 차이가 존재하게 된 이유는 과연 무엇일까? 졸라의 자연주의 표지인 결정론적 시각을 빠트린 채 염상섭이 자아의 각성을 통해 인생에 대한 환멸의 비애와 그것의 가차없는 폭로를 자신의 자연주의 표지로 내세우게 된 까닭은 도대체 어디서 연유하는 것일까? 크게 두 가지의 이유를 들 수가 있겠다. 첫 번째는 그 당시 식민지 조선사회가 처한 시대적 조건과 식민지 지식인으로서의 염상섭의 현실인식 태도를 들 수가 있겠다.

일제의 強占 이후 식민지 조선사회는 전통적인 봉건사회에서 식민지 근대사회로의 근본적인 변화를 경험하게 된다. 우편이나 철도, 학교 등과 같은 근대적인 제도나 문물로 무장한 새로운 질서가 전통적인 봉건사회의 구질서를 발빠르게 지워나가는 과정에서 절실하게 요청되었던 것은 자아의 각성을 통해 전근대적 미몽이나 봉건적인 인습과 규범으로부터 해방된 '근대적 주체의 확립'이었을 것이다. '자아의 각성을 통한 근대적 주체의 확립'은 그 당시의 식민지 조선사회에서 일종의 시대정신이자 시대적 에토스로 자리잡아 나갔을 것이다. 그러한 시대기운의 자장으로부터 벗어나거나 대세의 흐름으로부터 비켜설 수 있는 사람은 거의 없었을 것이다. 더욱이 어느 시대를 막론하고 항상 자신이 처한 시대의 첨단 안테나임을 자부하는 지식인들, 특히 근대적 콤플렉스에 거의 가위눌려 있을 지경에 놓여있었던 식민지 조선의 지식인들에게 그러한 사정은 더욱 심했으리라. 개인적으로 동경 유학 시절 당시 세상의 중심이라 생각했던 東京의 변방에 위치한 京城의 식민지 지식인일 수밖에 없었던 염상섭 또한 예외가 될 수 없었을 것이다. 염상섭이 자신의 자연주의 문학론에서 자아의 각성을 그렇게도 표나게 내세우게 된 것은 그러한 속내와 적지 않은 관련이 있으리라 판단된다.

한편 '인생의 진상은 이리하다는 것을 표현'하기만 하면 된다는 인용에서 알 수 있는 바와 같이, 자연주의에 대한 염상섭의 이해 수준은 그저 소박하게 자신이 처한 객관적 현실을 있는 그대로 여실하게 드러내 보여주기만 하면 된다는 정도였다. 그런데 염상섭은 자신이 처한 당대의 식민지 조선 현실을 아주 추악하다고 보았다. 20년대 초반에 쓰여진 그의 초기 소설들에 자주 등장하는 '구더기가 들끓는 묘지'와 같은 묘사는 당시의 식민지 조선 현실에 대한 염상섭의 생각이 어떠했나 하는가를 여실히 증명하고 있다. 20대 초반의 血氣方壯한 젊은 나이에 그 당시 동경이라고 하는 새로운 세계를 이미 보아버린 염상섭에게 당대의 식민지 조선현실은, 더도 덜도 말고 환멸의 비애만을 느끼게 할 뿐인 구더기가 들끓는 묘지에 다름 아니었을 것이다.

자연주의 문학은 자신의 눈앞에 놓인 현실을 있는 그대로 보여주기만 하면 된다는 생각을 지니고 있었던 염상섭이었기에 그에게 자연주의 문학이 식민지 조선의 추악한 현실을 가차없이 폭로하는 문학으로 비치게 된 것은 당연한 논리적 귀결이었을 것이다. 염상섭이 자신의 자연주의 문학론의 표지라고 해도 좋을 정도로 '자아의 각성'을 아주 표나게 내세웠던 것은 자아의 각성 바로 그것이야말로 환멸의 비애만을 느끼게 할 뿐인 추악한 식민지 조선현실의 추악한 모습을 냉철하게 바라볼 수 있게 하는 인식의 통로라고 보았기 때문이다. 각성된 자아의 창을 통해서 보면 당시의 식민지 조선의 현실은 환멸의 비애만을 느끼게 할 정도로 추악하고 어두울 뿐이며, 그러한 현실을 가차없이 냉정하게 폭로하는 것이야말로 자연주의 문학의 본질이라고 생각했던 것이 염상섭의 1920년대 역사적 자연주의의 실체였던 것이다. 한마디로 '자아의 각성을 통한 추악한 식민지 조선현실에 대한 환멸의 비애와 그것의 여실한 폭로'는 염상섭 자연주의 문학의 핵심적 요체였던 것이다.

염상섭의 이러한 자연주의 이해는 사실 어느 면에서 자연주의와 同根同族의 관계에 있는 리얼리즘의 모습에 더 가까워 보이고 실제로 그는 그 두 가지의 개념을 별다른 구분없이 사용하였다. 그 당시의 염상섭에게 실제로 중요했던 것은 리얼리즘이나 자연주의의 엄밀한 분류표를 작성하는 작업이 아니라 3·1 운동이 실패로 끝난 이후 제대로 돌아가는 일이 하나도 없이 무질서와 혼돈의 늪에서 허덕이던 당시의 식민지 조선현실을 냉엄하게 묘사하는 일이었을 것이다.

> 우리의 신문학의 출발점을 자연주의·사실주의에 두었던 것은 가장 온당한 일이었고…… 나를 가리켜 자연주의 작가 혹은 사실주의 작가라 한다. 하등의 이의도 불만도 없다
> 기미운동후 그 翌年에 생긴 문학단체 廢墟사의 한 동인으로 출발은 하였으나 동인지 창간호에 창간사를 썼을 뿐이요, 창작에 붓을 든 것은 그 이듬해부터 이었거니와 처녀작「標本室의 靑개고리」를 발표할제 의식적으로 자연주의를 표방하고 나선 것은 아니었었다. 거기에 나오는 인물이나 사건이 모두 실제의 인물이요 작자의 체험한 사실이었다는 점만으로도 수긍될 것이다.
> 이 말은 왜 하느냐 하면 우리의 자연주의 문학이나 사실주의 문학이 모방이라거나 수입이 아니요 제 바탕대로 자연생장한 것이라는 뜻이며 또 하나는 창작(소설)은 다른 예술보다도 시대상과 사회환경을 더욱 반영하는 것이기 때문에 그 시대와 생활환경이 자연주의적 경향을 가진 작가들과 작품을 낳게한 것이라는 뜻이다.5)

염상섭 자신의 이 발언을 통해서도 알 수 있는 바와 같이, 염상섭은 자연주의와 리얼리즘의 본질적 차이에 대해서는 잘 모르고 있었을 뿐만 아니라 애시당초 별다른 관심조차 가지고 있지 않았다. 자연주의의 본질을 '현실반영 정도의 소박한 차원에서의 리얼리즘'과 혼동해서 사용할 수밖에 없었던 것도 그 당시 염상섭 한 개인의 능력으로서는 어찌 할 수 없었을 것이다. 그것이 바로 1920년대 염상섭 자연주의의 역사적 실상이었던 것이다. 염상섭에게 중요했던 것은 식민지 조선현실 그 자체였지 자연주의나 리얼리즘이 아니었던 것이다. 그럼에도 불구하고 염상섭이 자연주의 문학에 관심을 가졌던 것은 자아의 각성을 통한 냉정한 시선을 통해 당대의 현실에 대한 환멸의 비애를 가차없이 폭로하는 것으로 이해하고 있었던 자연주의 문학이

---

5) 염상섭,「나와 자연주의」,『서울신문』, 1955. 9. 30.

야말로 3·1 운동의 실패 이후 집단적 허무주의에 감염되어 극도의 방향성 상실로 신음하는 식민지 조선의 추악한 현실과 그에 대한 자신의 환멸의 비애를 냉엄하게 드러내는 가장 효과적인 방법이라고 보았기 때문일 것이다. 다음과 같은 염상섭 본인의 회상은 그러한 사정을 잘 말해주고 있다.

> 따라서 그 후의 나의 문학적 경향이라든지, 변변치 못한 작품들이, 동호자끼리나 평자간에 자연주의적 색채를 띄웠다 하고 나 스스로도 그런 듯이 여겨왔던 터이기는 하지마는, 그럴 수밖에 없는 원인이나 이유를 따져본다면, 그것은 수동적인 외래의 영향보다도 내재하고 내발적인 여러 가지 요소, 요인에서 찾아봄이 옳을 것 같다. 또 그러자면 첫대에, 그 당시의 우리나라의 형편 즉 시대상이라든지 사회상과 환경의 공기를 제쳐놓고는 말할 수 없게 된다.
> 그때의 형편으로 말하자면, 무엇보다도 3·1 운동 직후라는 점을 들 것이니, 먼저 이것을 염두에 두고 고찰하여야 하겠다. 거족적으로 결사궐기하여 오직 만세일성의 구호로써만 몸부림을 치면서 독립을 절규하던 그 처절한 모습에는, 새로운 희망과 광명이 깃들고 비쳐 오는 듯이 여겨졌었지마는, 그 결과로 나타난 것은 다만 숨이 지려던 자의 통기뿐이였던 것이요…… 이를 문학적 표현에 빌자면, 현실폭로요 환멸의 비애라 하겠는데, 이것만으로도 자연주의적인 조후가 농후하였다고 볼 수 있다…….6)

염상섭이 자아의 각성을 통해 인생에 대한 환멸의 비애와 그것의 가차없는 폭로를 자신의 자연주의 표지로 내세우게 된 두 번째 이유로는 당시 유행사조로 군림하고 있었던 일본의 자연주의 문학의 영향을 들 수 있다.

일본문학에 대한 염상섭의 믿음이나 의존도를 엿볼 수 있게 하는 자료들을 살펴보면 가히 절대적7)이었음을 알 수 있다. 자연주의 문학론이라고 해서 결코 예외일 수가 없었을 것이다. 실제로 일본의 자연주의 문학론에 관련된 자료들과 「개성과 예술」에서 살핀 바 있는 염상섭의 자연주의 문학론을 비교·검토해 보면, 그 둘이 닮아도 너무나도 닮은꼴로 닮아있음에 깜짝

---

6) 염상섭, 「횡보문단회상기」, 앞의 책.
7) 그에 대한 연구는 강인숙, 『자연주의 문학론』II, 고려원, 1991, 77~136면 참조.

놀랄 정도이다. 실제로 명치41년(1908) 1월호 『태양』지에 실린 長谷川天溪의 「現實暴露の悲哀」라는 글을 보도록 하자.

> 진실로 종교도 철학도 그 권위를 상실한 오늘날, 우리들이 심각하게 느끼는 것은 환멸의 비애이다. 현실폭로의 고통이다. 그리하여 이런 통고를 가장 적절하게 대표하는 것은 소위 자연파의 문학이다. (「現實暴露の 悲哀」, 『長谷川天溪문학전집』, 93면)8)

長谷川天溪의 이 글은 당시 일본의 자연주의 문학운동의 선언서로 평가받고 있을 정도로 중요한 문학사적 의의를 지니고 있는 글이라고 한다. 그런데 그 제목을 포함하여 이 글의 핵심어휘나 내용들과 「개성과 예술」에 실린 염상섭의 글과는 일란성 쌍생아라 해도 좋을 정도이다. 정도의 차이야 있겠지만 "일본화된 서구문화와 서구문화 그 자체의 차이를 감별한 능력의 부재나 졸라이즘을 사실주의라고 부르는 일본 문단의 경향을 맹신"9)했던 것은 비단 염상섭이라고 하는 특정 개인에게만 국한되는 문제는 아니었을 것이다. 사정이 그러했으니 염상섭이 "그 원형이 되는 졸라의 자연주의와 상동성이 희박할 정도로 변질되어 버린 일본의 자연주의를 유일한 자연주의로 믿게"10)된 것은 어찌 보면 당연한 귀결이었을 것이다. 일제 시대 최고의 작가로 평가받고 있는 염상섭이 자아의 각성을 통해 인생에 대한 환멸의 비애와 그것의 가차없는 폭로를 자신의 자연주의 표지로 내세우게 된 데에는 그와 같은 역사주의적 맥락이 작용하고 있는 것이다. 과연 그러면 염상섭의 자연주의는 구체적으로 「표본실의 청개구리」에서 어떤 표정으로 그 모습을 드러내고 있는가 한번 살펴보도록 하자.

---

8) 강인숙, 앞의 책, 32면에서 재인용.
9) 앞의 책, 76~77면.
10) 앞의 책, 77면.

3. 식민지 조선현실에 대한 근대적 주체의 환멸의 비애 고백

「개성과 예술」과 관련하여 「표본실의 청개구리」가 의미를 지니게 되는 것은 이 작품이 3·1 운동 직후 집단적인 허무주의에 깊이 감염되어 있던 식민지 조선 현실에서 식민지 지식인 염상섭이 느낀 환멸의 비애로 인해 황폐해진 자신의 내면풍경을 가차없이 표현하고자 했다는 점이다. 그런 점에서 이 작품의 문학사적 의의는 식민지 조선현실에서 근대적 주체로 성장하는 과정에서 형성되는 근대적 주체의 내면풍경을 고스란히 보여준 점이라 할 것이다. 그러면 이 작품을 통해서 드러나는 근대적 주체들의 내면풍경은 구체적으로 어떤 내용이었으며, 그것들을 통해서 염상섭이 말하고자 했던 것들은 또한 어떤 내용들이었을까? 구체적인 작품분석을 통해서 알아보도록 하자.

이 작품은 서술자(narrator)와 초점인물(focal character)을 기준으로 크게 두 개의 서사단락(narrative sequence)으로 이루어져 있다. 분석의 편의를 위해 전반부의 서사는 '나의 서사'로 이름하고, 후반부의 서사는 '김창억의 서사'로 이름하도록 한다. 일인칭 주인공 시점으로 서술되는 '나의 서사'에서의 지배적인 서사대상은 크게 두 가지이다. 하나는 남포행을 감행하게 된 동기에 관한 나의 고백이다. 다른 하나는 남포에서 만난 광인 김창억의, 常軌를 벗어난 과대망상과 분열증적 욕망에 대한 자극과 충격에 관한 나의 고백이다.

먼저 나의 고백적 진술을 통해서 드러나는 남포행의 표면적인 동기는 황폐해진 심신으로 인한 극도의 우울증과 무기력증이다. 귀성 후 술로 소일하는 불규칙한 생활로 인해 피폐해진 심신과 극도의 신경과민으로 인한 불면, 그리고 신경 강박증적인 불안과 공포로 인한 발작적인 자살충동과 도피심리 등이 남포행의 표면적인 동기로 작용하는 극도의 우울증과 무기력증의 구체적인 내용들이다.

그러나, 그러한 표면적인 동기는 가짜 동기이자 개인적인 동기일 뿐이다. 그러한 표면적인 동기로 작용하는 극도의 우울증과 무기력증을 낳게 한 근본동인으로서의 사회·역사적 동기야말로 진짜 동기이다. 따라서 나의 남포행 동기를 밝혀내는 작업과 관련해서 진정으로 중요한 일은 그 당시의 사회·역사적 지평에서 작용한 진짜의 동기를 밝혀내는 일이다. 그 진짜의 동기를 밝혀내는 작업이야말로 이 작품의 본질에 육박하는 일이 될 것이다.

부랑자를 연상케 하는 예사롭지 않은 외모에, 그 외모에 상응하여 상궤를 벗어난 과대망상과 분열증적 욕망만을 늘어놓는 김창억은 한마디로 '광인' 또는 '정신 이상자'이다. 그러한 김창억을 어릿광대 대하듯 조소와 경멸의 대상으로만 상대하려 하는 세사람의 친구들과 달리 나는 8년이 지난 지금까지도 강박적으로 따라다니는 청개고리 해부를 실시했던 중학교 실험시간의 박물선생을 연상하면서 진지한 관심과 호기심을 보이게 된다. 바로 그 점이야말로 나의 남포행의 진짜 동기를 밝혀내는 작업과 관련해서 결정적인 단서가 되고 있다.

다른 친구들과는 달리, 왜 유독 나만이, 상궤를 벗어난 과대망상과 분열증적 욕망만을 늘어놓는 김창억에 대해, 본능이라고 할 수밖에 없을 정도로 강한 동일시(identification)와 투사(projection)심리를 경험하면서 충격과 혼란에 빠지게 되는가? 그 이유를 밝혀내는 작업이야말로 나의 남포행의 진정한 동기를 밝혀내는 작업과 등가이다. 따라서 김창억이 광인으로 전락하게 되는 과정을 서술하고 있는 후반부의 '김창억의 서사'[11]는 그다지 중요하지가 않다. 그리고 김창억이 바다가 내려다보이는 유곽 근처의 산기슭에 3원 50전의 비용으로 지은 3층 양옥, 실은 원두막 형태의 가건물에 불을 지르고 그 행적을 감추는 서사는 더더욱 중요하지가 않다.

---

11) 김창억이 광인으로 전락하게 되는 과정을 서술하고 있는 '김창억 서사'의 요약과 그 의미에 대해서는 박종홍, 「염상섭의 초기소설, 개성의 자각과 생활의 발견」, 문학사와 비평연구회 편, 앞의 책, 157~159면 참조.

김창억에 대한 나의 지배적인 관심은 광인이 된 이후에 그가 보여준, 상궤에서 벗어나는 과대망상과 분열증적 욕망으로 인한 나의 자극과 충격이지 광인으로의 전락과정은 아니기 때문이다. 소설 구성의 짜임새라는 차원에서 보더라도 '김창억의 서사'는 일종의 장식적 삽화의 수준으로 떨어지는 군더더기에 불과하다. 김창억의 개인사적 배경이나 김창억이 광인으로 전락하게 되는 중요한 원인 등의 서사정보에 대해서는 '나의 서사' 부분에서 이미 암시적인 형태로 제공되고 있기 때문이다. 전반부 '나의 서사'에 비해 시점이 전지적 시점으로 바뀌는 후반부 '김창억 서사'의 서사밀도가 현저히 떨어지는 것도 이 작품의 서사초점이 김창억에게서 받은 나의 자극과 충격을 고백하는 '나의 서사'에 있음을 말해주고 있다.

김창억의 과대망상이나 분열증적 욕망과 관련된 사업은 '동서 친목회' 사업구상이다. 자신을 그 단체의 회장으로 세계평화 유지를 도모하고자 하는 일이 그 사업의 구체적 내용이다. 그 사업은 그러나 현실적으로 실현가능성 제로라는 점에서, 한마디로 言語道斷이다. 그러나 이 작품이 나온 1921년 당대의 시대상황이나 시대적 조건에서 볼 때 그 사업이 현실 관련성마저 전혀 없는 것은 아니다. 그리고 더 중요한 사실은 그 사업의 포부와 취지를 밝히는 김창억에 대해 나는 '조금도 弄談이 없고, 의심할 여지도 없는 어떠한 신념을 가진' 것으로 해석하고 있다는 점이다. 사실, 이 작품이 발표된 1921년이 식민지 해방운동의 역사적 계기를 가져온 1차세계 대전이 끝난 직후라는 당시의 시대적 조건에서 볼 때 동서간의 세계평화를 유지하는 일이야말로 절실한 시대적 요청이었을 수도 있다는 점에서 김창억의 동서친목회 사업구상은 광인의 미친 짓으로 폄하할 수 없는 역사적 의의와 가치마저 지닌 사업이라고 할 수 있다.

한편, 김창억은 현실불가능한 과대망상이나 분열증적 욕망만을 드러내지는 않는다. 그 당시 식민지 현실에 대한 충분한 정합성이나 구속력을 지닌 비판적 발언에 대해서도 김창억은 적극적이다. '우리가 그놈들만 못할것이 무엇이요. 나도 교회에 좀 단여보앗지만, 그놈들처럼 無識하고, 아첨조하하는 더러운놈은 업겟습다······. 其中에도 牧師인지, 하는것들, 한참때에 大院君이나 뫼신 듯이, 西洋놈들이 입다 남은 洋服조각들을 떨쳐입고······', '글세 말이요, 世上놈들이야말로, 동으로 가라면 서으로만 다라나는, 빙퉁그러진놈뿐이외다······. 조선말이잇고 조선글이잇서도 한문이나 서양놈들의 혀꼽으러진 말을해야, 사람구슬을 하는, 이쌍놈의 세상이 아닙닛까' 등 그의 대화를 통해서 알 수 있는 바와 같이, 김창억은 서양의 기독교문명에 대한 생리적 거부와 우리말과 글에 대한 자부심 등 민족주의적 지향이 강했던 것으로 추정할 수가 있다. 이러한 발언에 덧붙여 '해박한 한문지식', '유창한 변론술', '전직 보통학교 훈도', '구체적인 이유는 밝혀지지 않은 서너달간의 감옥생활' 등 여러 가지의 서사정보로 미루어 볼 때 김창억은 당시 식민지 지식인에게 부여된 소명을 실천하다 일제의 탄압에 의해 그 실천의지마저도 거세된 상황에서 실의와 좌절을 반복하다 광기와 이상심리의 소유자로 전락한 것으로 보인다. 그러한 김창억에게 나가 본능적일 정도로 강한 동일시와 투사심리를 경험하게 되는 것은 현실 부적응에서 오는 극도의 허무와 신경과민으로 인한 나의 발작적인 자살충동과 도피욕구의 뿌리가 어디에서 연유하는지를 알 수 있다.

총독부를 정점으로 일제의 효율적인 식민통치 전략의 도구로 전락한 각종 국가 이데올로기적 장치와 억압적인 국가기구의 감시와 통제로 인해 식민지 지식인으로서의 역사의식이 요구하는 최소한의 실천의지마저도 거세된 무기력한 상태에서 극도의 허무와 상실감에 시달리며 나에게 상궤를 벗어난 김창억의 과대망상이나 분열증적 욕망은 '자아의 각성'을 자극하는 '반성적 타자'나 '반성적 거울'로 기능했을 것이다. '광증이냐 신념이냐, 이 두 가지밖에 아무 것도 없는 상태'로 받아들이는 임계적 상황에서 그 어느 것에도 마음을 두지 못하고 발작적인 자살충동만을 반복하는 황폐해진 심신의 나에게 신념12)을 실천하다 광증에 떨어진 김창억은 부끄러움이나 죄의식을 자극했을 것이다. 따라서 중요한 것은 상궤를 벗어난 김창억의 과대망상이나 분열증적 욕망의 현실 정합성이 아니라 동일시나 투사심리를 통해 그를 반성적 타자로 받아들이는 나의 태도나 심리내용이다. 따라서 김창억의 과대망상이나 분열증적 욕망을 현실 정합성의 차원에서 "광기의 형식으로 표현되는 그것들이 구체적 현실과의 정면대결이 아니라 현실의 실상을 외면함으로써 얻어진 것이기 때문에 실제 현실과 부딪치는 순간 무력해질 수밖에 없는 보편주의적 계몽주의"13)로 평가절하하는 것은 그다지 적절한 해석이라고 할 수 없다.

당시의 식민지 조선사회는 이민족의 식민통치를 강요당해야만 했다는 사실 하나만으로도 완전히 타락한 세계였다고 할 수 있을 것이다. 완전히 타락한 세계에서 살아남을 수 있는 가장 현실적인 전략은 지배질서나 현실

---

12) 광인으로 전락하기 이전의 김창억의 행동을 신념의 실천으로 해석할 수 있는가 하는 문제에 대해서는 생각이 다를 수도 있다. 그 해석과 관련하여 결정적인 중요성을 지닌 서사정보는 김창억이 감옥을 가게 된 이유이다. 그 이유에 대해 명시적인 형태로 제공된 서사정보는 없다. 다만, 전반부 '나의 서사'에서는 '하여간 금년봄에 한 서너달'로, 그리고 후반부 '김창억 서사'에서는 '불의의 사건으로'와 같이 압축적인 형태로 제시되고 있다. 일제의 식민통치라고 하는 그 당시의 시대상황(염상섭의 본인의 회고에 의하더라도 당시의 검열은 엄혹했던 것으로 보인다. 더욱이 기미의 3·1 운동을 계기로 하여 갱생·신생의 蔚然한 발흥 기세가, 심저로부터 터져나오고 치밀어 오르던 그 한 고비의 심각하고도 처절하였던 오뇌와 분노와 절규가, 거칠고 숨가쁜대로 토로될 창구멍은 오직 문화 방면이었었고, 그 중에서도 문학의 분야에서 그 배설구를 찾으려 할 수밖에 없었다……. 물론 여기(문학)에서도 검열의 눈은 날카로웠었고 원고의 삭제와 몰수가 항다반사이었으나……, 염상섭, 「횡보문단회상기」, 앞의 책)을 고려할 때 '금년봄의 한 서너달'과 같은 암시적인 정보는 3·1 운동과 관련된 사건으로 추정해도 큰 무리는 없을 것이다.
그리고 김윤식의 꼼꼼한 고증에 의하면, 염상섭은 1919년 3월 19일 거사 직전 사전에 발각되어 구속된 '재오사카 조선 노동자 독립선언 사건'으로 1919년 3월에서 6월까지 약 3개월간을 오사카 경찰 유치장에서 구류를 살다 기소면제 처분을 받고 석방된 경험을 가지고 있는데 염상섭의 감옥체험이 김창억의 감옥체험에 반영된 것으로도 볼 수 있다.
13) 하정일, 「보편주의 극복과 복수의 근대」, 문학과 사상연구회 편, 『염상섭 문학의 재인식』, 깊은샘, 1988, 50~51면.

논리에 편승하여 자신의 속물적 욕망만을 추구하는 부정적인 타자들을 자기 위안의 도구로 벗삼아 적당히 타락하면서 살아가는 방식이 될 것이다. 상황 논리에 편승하여 살아가는 그러한 방식이야말로 타락한 세상에서 거의 대부분의 俗衆들이 선택하게 되는 지배적인 삶의 모델이자 문법이다.

그런데, 그러한 속중들의 삶의 방식에서 벗어나 자신의 절대 순수의지를 지켜내고자 하는 주체가 있다면 그들이 경험하게 되는 심리의 실체는 어떤 것들일까? 그 주체들이 그러한 상황에서 경험하게 되는 심리는 환멸의 비애일 뿐이다. 그리고 또 타락한 질서에 편승하여 살아가는 대부분의 속중들이 죄의식을 가지기는 커녕 타락한 현실세계에서 환멸의 비애만을 거듭하는 극소수의 순수주체들이 살아가는 방식을 왜곡하고 거기다 배척까지 일삼는다고 한다면, 순수주체들이 이르게 될 곳은 광기 아니면 이상심리와 같은 막다른 골목 이외의 다른 길은 찾기 힘들 것이다.

김창억의 광기와 이상심리. 그리고 그에 대한 나의 본능적인 동일시와 투사심리. 그 심리들의 이면에는 그러한 메카니즘이 작용하고 있는 것이다. 또한 동일시적 투사심리를 통해 김창억의 광기를 반성적 타자로 받아들이는 나의 심리를 통해서 염상섭은 오히려 그 당시 일제 식민당국의 정치적 억압으로 인해 자신의 신념을 실천하지 못하는 데서 오는 좌절감과 상실감으로 거의 광기 직전의 무기력한 상태에 놓여 있던 자신의 황량한 내면풍경14)에

---

14) 그 당시 일제의 정치적 억압으로 인해 염상섭의 내면풍경이 그러했으리라는 추정은 실제 그 당시 염상섭의 행적과 관련된 전기적 기록들을 살펴보아도 어느 정도 근거가 있다. 김윤식의 꼼꼼한 고증에 의하면, 염상섭은 1919년 3월 19일 거사 직전 사전에 발각되어 구속된 '재오사카 조선 노동자 독립선언 사건'으로 1919년 3월에서 6월까지 약 3개월간을 오사카 경찰 유치장에서 구류를 살다 기소면제 처분을 받고 석방된 경험을 가지고 있다. 김윤식의 연구에 의하면, 석방 직후 그는 요코하마에 있는 복음 인쇄소에서 노동자로 근무한 적도 있으며, 귀국 후 진학문의 주선에 의해 동아일보 정경부 기자로 있으면서는 노동운동에 관심을 가지고서 노동운동에 관한 논문을 쓰기도 했다고 한다.
이에 대해서는 김윤식, 「염상섭 연구가 서 있는 자리」, 문학사와 비평연구회 편, 앞의 책, 13~20면 참조.

대한 환멸의 비애를 말하고자 했을지도 모른다. 실제로 자신의 회고담에서도 염상섭은 "「표본실의 청개구리」가 3·1 운동 직후에 잠시 한때라도 갈 바를 모르던—즉 趣向할 바 길이 막히어 방황(민족이 갈 길을 잃은 것은 아니로되)하던 심적 허탈상태와 정신적 혼미상태—현기증 같은 것을 단적으로 표현"15)한 작품이라고 하여 그러한 추정의 설득력을 높여주고 있다.

이러한 추정적 해석과 관련하여 이 작품의 제목이기도 한 '청개고리 해부' 모티프는 이 작품의 진정한 주제라고도 할 수 있는 '나'의 내면풍경과 관련하여 중요한 의미를 지니고 있다. 더욱이 청개고리를 해부하던 중학교 박물 시험실 장면과 수염덥석부리 선생의 모습이 8년이 지난 지금까지도 강박적으로 나를 따라다닌다는 점에서 더욱 그렇다. 황폐해진 심신으로 인한 극도의 우울증과 무기력증에 시달리는 나의 현재 처지와 관련해서 청개고리 해부 모티프는 두 가지의 상반된 의미를 지닌다.

'四肢에 핀을 박힌 채 七星板 위에 자빠진 상태에서 끌어내인 五臟이 酒精瓶에 채워지고 있는' 청개고리의 묘사는 거의 죽음 직전의 臨界의 상황을 암시한다고 할 수 있다. 이러한 암시는 최소한의 자유의지마저 거세당한 상태에서 극도의 무기력증과 상실감에 시달리는 나의 臨界의 상황이나 처지를 암시한다고 할 수 있다. 이러한 암시는 나에게 동일시적 투사의 심리를 통한 자기연민의 정서를 불러일으킨다.

다른 하나는, 사지에 못이 박힌 채 오장을 주정병에 채운 상태에서도 뾰족한 바늘 끝으로 여기저기를 콕콕 찌르는 대로 진저리를 치며 벌떡벌떡 고민하는 청개고리의 묘사는 최악의 임계적 상황에서도 포기하지 않는 생명에의 의지나 자유의지를 암시한다고 할 수 있다. 이러한 암시는 최소한의 자유의지마저 거세당한 상태에서 극도의 무기력증과 발작적인 자살충동에 시달리는 나에게 부끄러움과 죄의식을 자극하는 반성적 타자 또는 반성적 거울을

---

15) 염상섭, 「횡보문단회상기」, 앞의 책.

암시한다고 할 수 있다. 이러한 암시는 나에게 '세상에 청개고리만도 못한 놈'이라는 자기모멸이나 자기학대의 정서를 불러일으킨다. 청개고리 모티프에 대한 이러한 해석은 나에게 반성적 타자로 기능하는 김창억을 처음 보는 자리에서 덥석부리 수염의 박물선생을 반사적으로 연상하는 것을 보아서도 전혀 무리는 아니라고 본다.

한편, '청개고리 해부모티프'에 대한 해석과 관련하여 이 작품은 그 제목 또한 예사롭지가 않다. '표본실의 청개고리'라는 제목은 이상의 「날개」에 나오는 '박제가 되어버린 천재'와 마찬가지로 질곡과도 같았던 일제의 식민지 상황에 대한 메타포나 알레고리로 해석될 수 있기 때문이다. 일제의 미시적 통제와 감시 메카니즘으로 인해 최소한의 자유의지마저 거세당한 상태에서 극도의 무기력증과 상실감이 자아내는 황량한 내면풍경으로 시달리던 식민지 지식인 염상섭의 슬픈 초상이 바로 표본실의 청개고리라는 메타포로 표상된 것이 아니었을까?

그 어느 것 하나 자신의 신념대로 할 수 없는 질곡과도 같은 식민지 상황이라면 김창억과 같이 광증을 선택하는 것이 오히려 정상일수도 있으리라는 염상섭의 문제의식이 김창억과 나의 관계로 나타난 것이라고 할 수 있다. 그런 점에서 김창억의 과대망상이나 분열증적 욕망을 "정상인이 외면하거나 망각한 진실을 광인을 통해 추구"16)하고자 한 작가의 의도로 보는 해석은 설득력이 있어 보인다.

---

16) 박종홍, 앞의 글, 159면.

4. 나오는 말

지금까지 살펴본 바와 같이, 「개성과 예술」에서 '자아의 각성'을 그 표지로, 그리고 환멸의 비애와 현실폭로의 비애를 지배적인 정조로 내세웠던 자신의 자연주의 문학론을 소설의 논리와 문법으로 옮겨놓은 것이 바로 이 작품이라고 할 수 있다. 한마디로 「개성과 예술」에서 염상섭이 내세운 자연주의 문학론의 소설판 버전이 바로 이 작품인 것이다. 일제의 야만적인 식민통치가 지배하는 타락한 식민지 조선현실에 대한 자신의 환멸의 비애와 그것을 가차없이 폭로하고자 하는 작가 염상섭의 인식적 지향이 소설의 얼굴로 그 구체적인 모습을 드러낸 것이 바로 「표본실의 청개고리」이기 때문이다. 그런 점에서 "초기 염상섭의 내면의식을 가장 극명하게 보여주는 작품이 바로 「개성과 예술」에서의 문학관을 근거로 하고 있는 이 작품"[17]이라는 지적은 적절해 보인다. 이 작품을 통해서도 알 수 있는 바와 같이, 염상섭은 작가로서의 첫발을 디딜 때부터 식민지적 근대의 모순구조에 대해 일관된 지향을 보였음을 알 수 있다. 염상섭이 식민지 시대 최고의 리얼리스트로 자기세계의 지반을 굳혀나가는 과정에서 미숙한 형태로 자기세계의 초기적 징후를 선보인 것이 「표본실의 청개고리」라 할 수 있기 때문이다. "염상섭 문학의 전시기를 일관되게 관류하는 주제가 바로 민족문제이거니와 염상섭만큼 민족문제에 집요하게 천착하면서 그를 통해 한국적 근대의 본질에 육박해 들어간 근대작가도 발견하기 어렵다"[18]는 평가와 맞물려 염상섭의 작가적 표지를 "이데올로기면에서의 일관된 민족주의와 창작방법상의 리얼리즘"[19]으로 보는 규정 또한 그러한 관점에서 무리가 없어 보인다.

---

17) 하정일, 「보편주의의 극복과 '복수의 근대'」, 문학과 사상연구회 편, 앞의 책, 48면.
18) 앞의 글, 47면.
19) 문학과 사상연구회 편, 앞의 책, 4면.

이근영의 농민소설

1. 머리말

　1930년대 중·후반은 우리 소설사에서 결코 무시할 수 없고 또 무시해서도 안 되는 중요한 시기이다. 그것은 '轉形期'라는 비평사적 용어로 포괄되는 이 시기에 카프의 해산으로 인한 주조의 공백을 메꾸어 보고자 하는 다양한 방법론의 모색이 활발하게 이루어지기 때문이다. 그와 동시에 그러한 방법론을 뒷받침하는 다양한 작품군들이 선을 보이는 것도 바로 이 시기이다. 한마디로 "1930년대 중반 이후는 20년대 문학의 성과와 한계가 지양되면서 본격적인 창작이 개시되고, 작품의 질이나 양에서도 괄목할만한 성과가 이루어져 다양한 경향과 유파의 분화가 이루어진다는 점에서 문학사의 한 결절 지점"[1]이라고 할 수 있다. 더우기 객관적 정세의 暗轉으로 인해 문화적 불모상황으로 치닫던 당대의 시대상황에 대한 문학적 대응이라는 점에서 이 시기의 다양한 방법론이나 작품군들은 복잡한 의미망을 형성하고 있다고 하겠다.

　그런 점에서 이 글이 문제삼고자 하는 이근영은 주목을 요하는 작가이다. 카프가 해산되던 1935년에 「금송아지」를 통해 문단에 공식적으로 등장한 이후 월북 전까지 이근영은 신인으로 주목을 받으면서 의욕적인 창작활동을 보여주었기 때문이다. 또한 이근영 소설은 '당대 시대상황에 대한 비판적 형상화'를 그 미학적 본질로 하는 비판적 리얼리즘의 일정한 성취를 통해서

---

[1] 강진호, 「'구인회'의 문학적 성격과 의미 : 이태준과 박태원을 중심으로」, 『한국근대문학작가연구』, 깊은샘, 1996, 337면.

1930년대 중·후반 이후 소설사의 의미망 형성에 상당히 기여하고 있는 것도 사실이다.

그러한 소설사적 중요성에도 불구하고 지금까지 이근영 소설에 대한 본격적인 연구는 거의 이루어지지 않고 있다. 거의 이루어지지 않고 있는 정도가 아니라 아예 없다라고 하는 것이 사실에 더 가까운 진술이다. 「탁류 속을 가는 박교수」(1948. 6)를 마지막으로 남한의 공식적인 문단과는 이별하는 이근영에 대한 지금까지의 연구 편수는 다섯 손가락으로 헤아릴 수 있을 정도이다. 그 연구들의 수준 또한 본격적인 연구와는 상당한 거리가 있는 글들이 대부분이다.

이근영이 남한 문단에 남긴 작품은 대략 20여 편의 단편과 장편 「제3노예」 정도이다. 범박하게 비판적 리얼리즘의 계보로 볼 수 있는 이근영의 대부분 작품들은 크게 네 가지 유형으로 구분할 수 있다. 부박한 소시민들의 왜곡된 욕망구조나 지식인 사회(특히 교직사회)의 타락상과 병리현상을 비판적으로 형상화하고 있는 작품들이 첫번째 유형에 속한다. 이 유형에 속하는 작품들로는 「금송아지」, 「과자상자」, 「일요일」, 「적임자」를 들 수 있다. 대부분 초기작들에 속하는 이 유형의 작품들에는 이근영의 교직체험이나 기자생활이 상당히 반영된 것으로 보인다.

궁핍한 생존조건 속에서도 훼손되지 않은 농민들의 건강한 공동체적 정서와 순후한 심성에 대한 믿음을 형상화하고 있는 작품들이 두 번째 유형에 속한다. 이 유형에 속하는 해방 이전의 작품들로는 「농우」, 「당산제」, 「고향사람들」 등을 들 수 있다. 일제의 식민수탈로 인한 조선농민들의 비참한 생존조건에 대한 이근영의 작가적 관심은 해방 이후에도 계속되어 「고구마」와 「안노인」 등의 결실을 맺는다. 등단 이후 이근영의 지속적인 관심영역으로 볼 수 있는 이 유형의 작품들에는 어린 시절 옥구에서의 농촌 성장체험이 창작원천으로 작용했을 것으로 생각된다.

'생활과 사상간의 갈등'으로 인한 지식인의 고뇌와 비애를 형상화하고 있는 작품들이 세 번째 유형에 속한다. 이 유형에 속하는 작품들로는 「말하는 벙어리」와 「탁류 속을 가는 박교수」를 들 수 있다. 일제 강점기 상황과 해방공간에서의 바람직한 지식인상의 정체성 형성과정에서 경험했을 것으로 추정되는 작가 이근영의 내적인 고민이나 갈등이 이 유형의 작품들에 많이 반영된 것으로 보인다.

영락한 처지의 불행한 인간군상들의 비극적 삶을 형상화하고 있는 작품들이 네 번째 유형에 속한다. 이 유형에 속하는 작품들로는 「이발사」, 「최고집 선생」, 「고독의 변」, 「소년」, 「밤이 새거든」 등을 들 수 있다. 불행한 처지의 주변부적 인간군상들의 비극적 삶을 형상화하고 있는 네 번째 유형의 작품들은 대부분 지식인 서술자의 동정적인 서술시각의 중재를 통해서 서술되고 있다.

이와 같이 네 가지 유형의 범주화가 가능한 이근영의 소설들 중에서 이 글이 문제삼고자 하는 작품들은 두 번째 유형의 농민소설[2])들이다. 그것은 두 가지 이유에서이다. 하나는 농민소설이 등단 이후 이근영의 지속적인 관심영역이었다는 문학 외적인 요인에서이다. 그러한 문학 외적인 요인보다 중요한 다른 하나의 이유로는, 그 당시 시대상황에 대한 비판적 시각이나 그것의 문학적 형상화가 농민소설에서 가장 예리하게 빛나고 있다는 점을

---

2) 농민소설의 개념에 대해서는 논자들마다의 관점에 따라서 약간씩의 편차가 있다. 이 글에서는 김명인의 개념규정을 따르고자 한다. 김명인은 「민족문학과 농민문학」이라는 글에서 "구체적인 역사현실 속에서 토지라는 생산수단에 근거하여 노동하고 생산하며 그러한 노동과 생산의 과정을 포괄하는 생산관계, 나아가 전체 사회의 여러 관계의 틀 속에서 자기를 실현해 나가는 움직이는 인간으로서의 농민 혹은 농민계급이 작품구조의 중심에 주체로서 등장하는 문학"이 농민문학(소설)이라고 농민소설의 개념을 규정하고 있다.
김명인, 「민족문학과 농민문학」, 『희망의 문학』, 풀빛, 1990, 264면.
농민소설에 대한 김명인의 개념규정을 따를 때 해방 이전의 이근영 소설들 중에서 농민소설의 범주에 들 수 있는 작품은 「농우」, 「당산제」, 「고향 사람들」 세 편이다.

들 수 있다. 농민소설들 중에서도 이 글이 집중적으로 분석대상으로 삼고자 하는 작품들은 「농우」, 「당산제」, 그리고 「고향 사람들」 세 편이다. 박승극의 「사랑」과 더불어 "해방 후 남한 좌익 농민소설의 표본"[3]으로까지 평가받고 있는 「고구마」와 「안노인」에 대해서는 글을 달리하여 분석해 보고자 한다.

이근영 농민소설에 대한 본격적인 연구를 위해 이 글이 동원하고자 하는 방법론은 이야기 구조 분석이다. 이야기 구조 분석을 이 글의 체계적 방법론으로 동원하고자 하는 이유는 누가 뭐래도 소설은 이야기이기 때문이다. 이야기 구조 분석의 핵심은 한편의 이야기란 그 이야기를 구성하는 "단위들과 규칙들이 내재하고 있는 하나의 체계"[4]라는 것이다. 이야기 구조분석의 방법을 통해서 이 글이 밝혀보고자 하는 것은 크게 두 가지이다. 이근영 농민소설의 서사적 구성원리를 파악하고자 하는 것이 첫 번째 작업이다. 그 작업에서 중요한 일은 이야기를 구성하는 서사단위들이 어떻게 조직되어 있는가를 밝히는 일이다. 이근영 농민소설을 구성하는 서사단위들의 조직체계가 그 작품의 주제전달에 얼마만큼, 그리고 어떻게 기여하고 있는가를 밝혀내는 '형식과 내용의 유기적 상관관계'를 규명해보는 일 또한 첫 번째 작업을 진행하는 과정에서 자연스럽게 뒤따르게 될 것이다. 두 번째 작업은 이근영 농민소설의 역사적 의미를 따져보는 일이다. 두 번째 작업에서의 핵심은 이근영 농민소설의 리얼리즘 성취수준을 가늠해보는 일이다.

2. 농민들의 공동체적 정서에 대한 건강한 믿음 : 「농우」

「농우」는 공동체적 정서의 결속을 통해서 지주들의 부당한 횡포에 집단

---

[3] 이주형, 「해방 직후 소설에 나타난 민족현실의 인식」, 『한국근대소설연구』, 창작과 비평사, 1995, 333면.
[4] 롤랑 바르트, 「이야기의 구조적 분석 입문」, 김치수 편저, 『구조주의와 문학비평』, 홍성사, 1981, 93면.

적으로 맞서는 농민들의 건강한 의식에 대한 믿음을 보여주고 있는 작품이다. 그러한 믿음을 효과적으로 드러내기 위한 서사전략으로 이 작품은 대부분의 농민소설들처럼 이항대립 구조를 서사구조의 핵심틀로 이용하고 있다. 이항대립 구조의 한 쪽 극에는 서생원을 축으로 한 소작계층이 자리하고 있으며 다른 한 쪽 극에는 윤진사와 윤면장 부자를 축으로 한 지주계층이 자리하고 있다. 그 두 세력들간의 갈등과 갈등해소 과정이 이 작품의 이항대립 구조를 구축하는 기본 서사단위들로 기능하고 있다. 기본 서사단위들은 사건발생의 순차적 질서를 평면적으로 서술하는 선조적 구성으로 진행된다. 작품 말미에 두 세력들간의 물리적 충돌을 통한 해결을 통해서 서사적 종결을 매듭짓는 것이 이 작품의 서사양상이다. 두 세력들간의 물리적 충돌의 직접적 계기가 되는 중핵(kernel)5)사건은 '윤진사의 서생원 소 강탈과 서생원의 소 탈환 서사'이다.

이 작품의 주인공이자 초점인물로 기능하는 서생원에게 '소'는 단순히 쟁기나 보습처럼 농사도구로 대상화될 수 있는 물리적 차원을 넘어서서 정서적·심리적 차원으로까지 고양되는 존재이다. 서생원과 소 사이의 정서적 친화력과 심리적 일체감은 섬세한 감동의 미동까지도 공유할 수 있는 정도이다. 서생원에게 소가 인생의 반려자이자 자신의 분신 그 자체일 수가 있는 것도 두 존재 사이의 그러한 정서적 거리 때문이다. '소생원'이라는 별명은 '사람 먹을 양식은 떨어지더라도 소가 먹는 여물과 콩은 지금까지 떨어져 본 일이 없었다'(자료3, 33면)6)할 정도로 가까운 두 존재 사이의 존재

---

5) 중핵은 연관의 논리 뿐만 아니라 위계의 논리도 지니고 있는 서사적 사건들 중에서 사건들에 의해 취해진 방향에서 요점들을 야기시키는 서사적인 순간을 말한다. 한마디로 중핵은 서사의 진행과정에서 결정적인 방향전환이 이루어지는 계기적 사건이라고 할 수 있다. 따라서 중핵이 달라지면 전체 서사의 진행방향 또한 당연히 달라져야 한다.
시모어 채트먼, 김경수 옮김, 『영화와 소설의 서사구조』, 민음사, 1990, 62~65면 참조.
6) 이 글의 자료인용 방법은 인용문면의 끝에 인용 자료의 쪽수를 적는 것으로 한다.

론적 거리를 잘 반영하고 있다. 윤진사의 소 강탈과 서생원의 소 탈환 서사가 이 작품의 중핵사건으로 기능할 수 있는 것 또한 서생원과 소 사이의 그러한 존재론적 거리 때문이다.

이 글에서는 분석의 편의를 위해 「농우」의 중핵서사로 기능하는 '윤진사의 소 강탈과 서생원의 소 탈환 서사'를 S로 명명하기로 한다. 이 작품은 중핵서사 S를 축으로 크게 두 개의 서사단위로 양분할 수 있다. 하나는 중핵서사 S에 이르기 전까지의 과정에 관한 서사이다. 다른 하나는 중핵서사 S로 인한 윤진사 부자와 서생원 사이의 갈등을 해소하는 과정에 관한 서사이다. 중핵서사 S에 이르게 되기까지의 과정에 관한 서사를 S1이라고 하고 중핵서사 S로 인한 갈등을 해소하는 과정에 관한 서사를 S2라고 한다. S1 서사는 과정서사라 이름하고 S2 서사는 처리서사로 이름한다. S1 서사를 과정서사로 이름하는 것은 그것이 중핵서사 S의 형성과정에 관한 서사이기 때문이다. 반면, S2서사를 처리서사로 이름함은 그것이 중핵서사 S로 인한 갈등을 해소하는 과정에 관한 서사이기 때문이다.

서생원이 소를 강탈당하게 되기까지의 과정서사 S1이 형성되는 데는 두 가지의 소서사 단위가 작용한다. 하나는 경제 외적 동기이고 다른 하나는 경제적 동기이다. 경제 외적 동기와 관련된 서사는 S1-1이라고 하고 경제적 동기와 관련된 서사는 S1-2라고 한다. S1-1 서사는 윤진사의 아들 윤면장과 서생원 사이의 갈등이 그 축을 이루고 있으며 S1-2 서사는 윤진사와 서생원 사이의 갈등이 그 축을 이루고 있다. S1-1 서사의 핵심은 서생원의 아들 문경이와 윤면장 딸과의 사랑문제이다. '제가 먼점 걸었간디우? 보통학교 때부터 잘 지내다가 이런 책까지 사다가 주었는디우'(자료3, 37면)라는 문경의 진술을 통해서 알 수 있는 바와 같이 상대방에 대한 사랑의 밀도에 관한 한 윤면장 딸의 감정표현이 훨씬 더 적극적이며 공세적이다. 사정이 그러함에도 불구하고 서생원은 그 문제로 인해 윤면장에게 불려가 '제 신분이 어떤 놈인지도 모르고 아무데나 그런담? 수원 못 배운 녀석 같으니'(자료3, 35면)

하는 언어적 폭력을 경험한다. 윤면장으로부터의 언어적 폭력으로 인한 억압적인 감정과 공격적인 욕구를 서생원은 아들 문경이에게 물리적 폭력으로 발산한다.

> 서생원의 솥뚜껑 같은 손은 아들의 뺨을 벼락같이 때리었다……. 왜 남의 계집애들을 놀리다가 애비 얼굴에 똥칠을 허냐? 응…… 지금 당장 연애를 안 끊으면 다리몽둥이를 끊어 버릴 것이다…….
> 고양이 앞에 쥐 모양으로 서 있는 아들을 한참이나 노려보다가 서생원은 방으로 들어갔다. 화가 차차로 식어 감을 따라 아들이 한편으로 가긍스럽기도 하였다. 보통학교를 최우등으로 졸업하고도 남의 자식과 같이 공부를 더어 못 시키는 것이 아비의 죄가 아닌가? 사실 생각하면 한반에서 공부를 한 면장 딸이 자기 아들의 재주 있고 튼튼하고 얼굴 반반한 데서 마음이 쏠린지도 모를 일이다. 여기에 무슨 아들의 죄가 있단 말이냐? 죄가 있다면 부모를 잘못 만난 죄뿐일 것이다. 결국은 모든 것이 돈 없다는 한 가지 이유뿐으로 그런 망신을 당하는 것이라고 생각하매 도적놈같이 족을 친 아들이 한없이 안타까웠다.(자료3, 37~38면)

인용 문면을 통해서 알 수 있는 바와 같이 아들 문경에 대한 서생원의 물리적 폭력과 폭언은 사실 자기 자신을 향한 것이라고 볼 수 있다. 서생원의 물리적 폭력과 폭언에는 아들에 대한 분노의 감정보다는 재능있는 아들의 공부를 계속시키지 못하는 데서 오는 자탄과 자책의 감정이 보다 더 결정적인 동인으로 작용하기 때문이다.

S1-2 서사의 핵심은 고지 품을 둘러싼 윤진사의 부당한 횡포이다. 서생원에게 고지 품은 세 식구의 유일한 생계수단으로 생존의 차원과 직결되는 문제이다. 불안정한 생계수단에 의지하면서 하루하루를 생존의 차원에서 연명해나가는 서생원에게 고지 품 일정의 무단변경은 폭력에 가까운 무리한 요구일 수 밖에 없다. 그러나 윤진사는 고지 품 일정의 무단변경을 당연한 요구인 것처럼 서생원에게 강요한다. 그리고 그 이유 또한 서생원으로서는

수긍하기 힘든 이유이다. 자신에게는 생존의 문제가 걸린 고지 품 일정을 궁술대회 구경이라는 '유희 차원'의 이유를 내세워서 변경을 강요하기 때문이다.

더구나 윤진사 부자의 행악과 횡포를 더욱 견딜 수 없게 만드는 것은 윤진사 부자의 신분상승 및 경제적 치부 과정과 그에 대비되는 서생원 가계의 몰락과정이다. '서울 일본 사람에게 알랑거려서 사음깨나 하여서 재산나부랭이나 모였고 그 덕분에 면장까지 하게 되니 바로 제 세상인 줄 아는 감?'(자료3, 36면)이라는 서술자의 요약적 진술을 통해서 알 수 있는 바와 같이 윤진사 부자의 신분상승과 경제적 치부과정은 최소한의 정당성조차도 확보하지 못하고 있다. 더우기 경제적 치부를 통해 신분상승을 하기 전까지만 하더라도 윤진사는 말단 사령 노릇을 했었던 위인이다. 그에 비해 자신의 가계는 선친대까지만 하더라도 고창군수를 지낼 정도로 번성했던 집안이다. 정당한 통로를 통해서 확보했었던 자신의 번성했던 가계의 몰락과 부당한 통로를 통해서 확보한 윤진사 가계의 번성과의 극단적 대비가 윤진사 부자의 횡포로 인한 서생원의 수모를 더욱 견딜 수 없는 것으로 만들 뿐만 아니라 서생원의 비극적 처지를 훨씬 더 선명하게 드러내는 장치로 기능하고 있다.

S-1 서사와 S-2 서사로 인한 갈등과 대립은 복합적으로 상승작용을 하면서 서사의 진행과정에서 결정적인 방향전환이 이루어지는 계기적 사건인 '소의 강탈과 탈환서사' S를 형성하게 된다. S서사는 다시 '윤진사의 서생원 소 강탈 서사'와 '서생원의 소 탈환 서사'로 구획할 수 있다. 윤진사의 서생원 소 강탈서사는 소문자 S1이라 하고 서생원의 소 탈환서사는 소문자 S2라고 한다. S1서사에서 서생원은 비애와 분노의 감정을 경험한다. S1서사에서 서생원의 비애와 분노의 감정을 야기시키는 주체는 야박할 정도로 몰인정한 윤진사의 처사이다. 더우기 그 날이 바로 사별한 부인의 기일이라는 사실로 인해 서생원의 비애와 분노의 감정은 더욱 증폭된다. S1서사의 대응서사인 S2서사에서도 서생원은 비애와 분노의 감정을 경험하게 된다. S2서사에서

서생원의 비애와 분노의 감정을 야기시키는 주체는 소의 둔감함이다. 단 하루도 지나지 않았음에도 불구하고 소는 30년 이상의 인생역정을 같이 해 온 서생원을 전혀 몰라보기 때문이다. 30년 만에 처음으로 욕설과 함께 소에게 매질을 하는 행위 또한 소에 대한 서생원의 헌신적인 애정에 다름 아니다. 윤진사는 서생원이 강탈당한 자신의 소를 탈환하는 과정에서 약간의 신체적 손상을 당한다. 윤진사의 신체적 손상이 중핵서사 S로 인한 갈등을 해소하는 과정에 관한 서사 S2를 추동해가는 동인으로 작용한다.

S로 인한 서생원과 윤진사 부자 사이의 갈등을 해소하는 처리서사 S2는 크게 두 개의 소서사단위로 구획할 수 있다. 하나는 '노소에서의 서생원 볼기치기에 관한 서사'이고 다른 하나는 '볼기치기 현장에서의 소작 계층과 지주 계층의 물리적 충돌에 관한 서사'이다. 앞의 서사를 S2-1이라 하고 뒤의 서사를 S2-2라고 한다. S2-1 서사가 형성되는 데는 두 가지의 동인이 작용한다. 하나는 물리적 동인이고 다른 하나는 심리적 동인이다. 소 탈환서사 S2에서 윤진사가 입은 신체적 상해가 S2-1 서사를 형성하게 하는 물리적 동인이다. 심리적 동인으로 작용하는 것은 지주로서의 자신의 사이비 양반 의식을 행세하고 싶은 윤진사의 천박한 허영심이다. 윤진사의 볼기치기 욕망이 천박한 허영심에 그 심리적 뿌리고 두고 있다는 점은 노소에서의 볼기치기를 결정하는 과정에서 형성된 윤진사와 서생원 사이의 갈등 중재자로 나선 구장의 '우리끼리 있으닝께 허는 말이지만 그전의 상 사람이 돈 덕으로 양반 노릇을 허게 되니 그저 양반 대우만 잘 해주면 좋아하는구려. 선의 옛날 원님 정치가 없어진 후로는 누구 한 사람 볼기 친 일이 없는데 자기가 이것을 한번 처음으로 해보겠다는 호기심이란 말이여'(자료3, 51면)라는 진술에서 확인된다.

한편 중핵서사 S 이전의 과정서사인 S1 서사의 갈등과 중핵서사 S 이후의 처리서사인 S2 서사의 갈등에는 일정한 질적 차이가 존재한다. S1 서사의 갈등이 서생원과 윤진사 부자 사이에만 국한된 단선적 갈등이라면 S2 서사의 갈등은 그 두 사람을 정점으로 한 소작인 계층과 지주 계층간의 갈등으로 확산되는 중층적·집단적 갈등이기 때문이다. 두 세력의 집단적 힘겨루기 대응책을 숙의하는 장소 또한 두 세력의 계층적 정체성을 드러내는 장치로 기능하고 있다. 지주들이 서생원의 볼기치기를 결정하는 장소는 궁술대회관람 직후의 '김진사댁 연회석'이다. 반면 그 결정에 대한 대응책을 마련하기 위해 소작인들이 모인 장소는 '송참봉네 머슴 사랑방'이다. 앞의 장소가 양반으로서의 최소한의 권위나 존엄도 확보하지 못한 사이비 양반들의 속물근성이 지배하는 공간이라면, 뒤의 장소는 자신들의 공동체적 정서의 결속을 통해 지주들의 부당한 횡포에 결연히 맞서고자 하는 소작인들의 투쟁의지가 지배하는 공간이다.

  S2-1에서의 집단적 갈등은 S2-2에 이르러 두 세력 사이의 물리적 충돌을 통해서 해소된다. S2-2 서사가 형성되는 구체적 계기는 볼기맞기를 선택한 서생원의 결정이다. 그 반대의 선택을 하게 되었다면 이 작품의 종결서사는 S2-1이 되었을 것이다. 서생원이 굴욕적인 볼기맞기를 선택하게 된 동기는 재취를 포함한 네 식구의 생계문제이다. 더구나 볼기치기 현장인 노소에 가게 되는 날이 재취를 맞이하게 되는 날이라는 서사정보는 소가 강탈당하던 날 또한 사별한 본처의 기일이라는 서사정보와 맞물리면서 서생원의 비극적 처지를 더욱 고조시킨다.

    서생원은 모든 것을 각오한 이상 조금도 주저하지 않고 멍석 위에 꿇어앉았다.…… 서생원은 멍석 위에 앉은 채로 땅 속의 수만 길 속으로 떨어지는 것같이 정신이 아뜩하였다. 이때이다. 대문을 발로 차는 소리가 나자마자 와지끈 하는 소리와 함께 대문짝이 떨어져 나자빠진다. 그러자 맨 앞에 덕쇠 그 다음으로 열댓 명의 청년 장년 노인의 협수룩한 농군들이 살기가 등등해 가지고 몰려온다…….
    "서생원을 무엇 땜에 볼기 치는 거냐?"
  하고 외치자,

"어째 이놈!"
하더니 구장이 이 사람의 뺨을 잘곽 쳤다. 여기에 농군들은 더욱 살기가 등등하
여져 마당은 수라장이 되고 말았다. 이런 중에도 서생원은 덕쇠를 붙들고
"차라리 나를 죽여주게."
한마디 겨우 하고서는 다시 얼굴을 덕쇠 가슴에 파묻는다.(자료3, 53~54면)

이 문면은 서생원이 볼기를 맞는 노소에서 두 세력 사이의 집단적인 물리적 충돌이 벌어지는 현장에 관한 종결서사 S2-2이다. 볼기치기 현장인 노소는 지주들의 사이비 양반의식이나 속물적인 권위의식의 상징으로 기능하는 공간이다. 그런데 문면에서와 같이 노소에서의 지주들의 사이비 양반의식 행세는 소작인들의 집단적인 항의와 방해로 좌절된다. 만일, 지주들의 의도대로 관철되었더라면 서생원이 당면한 가족의 생계문제는 일시적으로 해결되었을 지도 모른다. 그러나 윤진사를 포함한 사이비 양반들의 부당한 횡포와 행악은 계속되었을 것이다. 그러한 판단을 가능하게 하는 서사징표가 바로 서생원의 눈물이다. 서생원의 눈물은 돌발적인 상황을 어떻게 받아들일지 분명하게 정리가 안 된 자신의 심리상태인 양가적 감정을 표상하고 있다. 서생원의 눈물에 잠재된 양가적 감정의 실체는 두 가지이다. 하나는 무위로 돌아가버린 자신의 생계문제 해결대책을 마련해야 되는 데서 오는 불안감이다. 다른 하나는 윤진사 부자를 정점으로 한 지주들의 부당한 횡포를 좌절시킨 농민들의 동지애적 감정에 대한 고마움이다. 물론 문면에서와 같은 공동체적 정서와 동지애적 감정의 공유를 통한 소작인들의 집단적 항의는 "구체적인 계급적 각성을 통한 문제해결"[7] 방식이라기보다는 일시적인 격정과 울분에 의한 충동적인 문제해결 방식에 더 가깝다고 할 수 있다. 그러한 문제해결 방식이 자신들이 처한 비참한 생존조건의 핵심고리인 지주·소작인의 모순구조를 바로잡는 데는 오히려 도움이 되지 않을 수도 있다.

---

7) 이연주, 「이근영 소설연구」, 연세대 석사학위 논문, 1993. 12, 11면.

사실, 「농우」를 포함한 해방 이전의 농민소설들에서 보여주고 있는 농민들의 건강한 공동체적 정서나 온후한 심성에 대한 작가 이근영의 믿음이 물론 시대의 어두움을 가르거나 잘못된 질서를 바로잡는 데 전혀 무력할 수도 있다. 그러나 농민들의 그러한 윤리적 미덕이나 자질이야말로 때에 따라서는 언제든지 시대의 어두움을 가르거나 잘못된 질서를 바로잡는 폭발적인 힘으로 전화될 수 있는 잠재적 가능태임을 알아야만 한다. 그것은 무엇보다도 새로운 질서나 유토피아에 대한 꿈과 열망으로 충만해 있던 해방공간에서의 이근영의 농민소설들이 생생하게 증명하고 있기 때문이다.

3. 경제적 소외로 인한 농민들의 비애 : 「당산제」

「당산제」는 자신들의 노력에도 불구하고 날로 궁핍해져가는 덕봉이 일가의 경제적 소외를 통해서 농민들의 비애와 상실감을 형상화하고 있는 작품이다. 이 작품 또한 다른 농민소설들과 마찬가지로 비참한 생존조건 속에서도 훼손되지 않은 농민들의 건강한 정서와 순후한 심성에 대한 작가적 신뢰를 드러내고 있다. 그러나 이 작품은 한편으로 자신들의 의지나 노력과는 반대로 갈수록 피폐해져가는 생존조건으로 인해 "공동체 의식과 도덕성 등이 해체되어 가는 농촌의 변화"[8]과정에 대해서도 포착하고 있다.

분량상으로 「당산제」는 중편에 해당된다. 이 작품은 그러나 자신의 전체 서사를 추동하는 핵심서사와 그것을 떠받치는 주변서사와의 위계나 층위가 유기적으로 긴밀하지 못해 서사의 초점이 분산되는 구성상의 문제를 지니고 있다.

먼저 이 작품에는 전체 서사의 인과적 계기에는 직접 참여하지 않으면서도 작품 자체와 관련해서는 중요한 함축적인 의미를 지니는 상징서사가

---

8) 이연주, 앞의 글, 12면.

있다. 그 상징서사는 작품의 도입부와 종결부에 수미상응의 형태로 기능한다. "서곡의 몇 소절이 오페라의 전체를 요약하고 있는 것처럼 소설의 첫 페이지는 작품 전체의 톤을 예고"[9]하는 복선적 기능을 지니고 있다. 또한 소설에서의 공간이나 배경에 대한 "세부적 묘사는 실제감과 입체감을 더해 주기도 하지만 상징적 기능을 수행"[10]할 수도 있다. 상징서사로 기능하는 도입서사 부분 또한 서사물의 그러한 일반적 관습을 충실하게 따르고 있다.

작품 말미의 종결서사와 대응을 이루면서 상징서사로 기능하는 도입서사의 핵심은 삼선봉의 내력과 당산제에 관한 내용이다. 삼선봉의 내력에 관한 내용은 서술자의 요약적 진술로 구성되어 있으며, 당산제에 관한 내용은 장면제시로 구성되어 있다. 먼저 요약적 진술로 구성된 삼선봉의 내력에서 중요한 상징 담지체로 기능하는 것은 대립항으로 기능하는 소나무와 바위이다. 소나무는 '마을의 번성'을 상징하며 바위는 '마을의 쇠락'을 상징한다는 사실은 마을 사람들에게 이미 상식처럼 되어 있다. 그런데 삼선봉의 형세는 마을 사람들의 염원과는 달리 '그 많던 소나무가 없어지고 바위가 커가고' 있다. 도입서사에서의 이러한 서술정보는 서사가 진행되는 과정에서 드러나는 마을 농민들의 비참한 생존조건을 암시하는 상징 담지체로 기능하게 된다.

장면제시로 구성된 당산제에 관한 내용 또한 작품 전체의 내용을 암시하는 상징적 기능을 지니고 있다. 삼선봉의 형세에 대한 집단적인 민간신앙을 굳게 간직하고 있는 마을 사람들에게 바위만 커가는 삼선봉의 형세 변화는 공포와 불안의 대상일 뿐이다. 그러한 공포와 불안은 '한때 중단되었던 당산제를 부활시켰을 뿐 아니라 규모도 전보다 훨씬 굉장히 차리게 되었다'(자료 3, 56면)라는 명시적 서술정보처럼 마을 사람들로 하여금 당산제에 대한 주술적인 믿음에 다시 의지하게 한다. "매년 해가 바뀌는 정초에 마을 사람

---

9) 김화영 편역, 『소설이란 무엇인가』, 문학사상사, 1986, 67면.
10) 메조리 볼튼, 김영민 역, 『소설의 분석』, 동천사, 1984, 169면.

들이 공동으로 동신당에 지내는 동신제(당산제)는 마을 사람들의 생존에 필수적인 풍요와 건강을 획득하려는 생존방법이다. 또한 그와 같은 생존의 기본조건들이 동신당으로부터 시작된다고 믿는 마을 사람들은 동신당이 생존에 필수적인 풍요와 건강의 근원"[11]이라고 믿었다. 풍년의 기원과 재해 방지에 대한 당산제의 주술적 기능에 대한 마을 사람들의 집단적 신뢰는 그러나 서사가 진행되는 과정에서 무위임이 드러난다. 그것을 암시적으로 드러내는 장면이 바로 도입서사의 당산제 뒷풀이 장면이다. 덕봉이를 상쇠 잡이로 한 농악으로 고조된 당산제 뒷풀이의 흥은 고기 뼈다귀를 둘러싼 덕봉이의 동생 수봉이와 마을 아이의 싸움으로 일순간에 무화상태로 돌변하게 된다. 동생문제로 농악대열에 참여할 수 없게 된 덕봉이가 뒷풀이 흥의 정점에 자리하기 때문이다. 당산제 뒷풀이 행사가 끝을 보지 못하게 되는 장면은 종결서사에서도 반복된다. "소설의 모두와 끝의 상응은 이야기의 구성에 일관성이 있다는 증거인 동시에 소설가에게 있어서는 자기의 생각, 나아가서는 자기의 세계관을 표현하기에 아주 적절한 수단이 된다. 소설의 모두에서 이미 문제가 제기되고 그에 뒤따르는 전개부와 결말은 그 문제에 하나의 해답을 제공한다"[12] 도입서사와 종결서사의 상응구조를 통해서 당산제 뒷풀이의 농악이 중단되는 일을 반복적으로 제시했던 것은 당산제와 같은 초월적인 대상에 대한 믿음보다는 자신들의 노력과 의지에 대한 믿음이 훨씬 더 생산적이라는 작가의 믿음을 강조하기 위한 서사전략으로 보인다. 그러한 해석에 대한 보강정보로 기능하는 것이 바로 종결서사에서 덕봉이가 동생 수봉이에게 가족적 온정주의로 호소하는 장면이다. 가족적 온정주의의 담론기능에 대해서는 종결서사를 해석하는 과정에서 설명하고자 한다.

이 작품의 중핵서사로 기능하는 것은 '순임이의 상술집 매매에 관한 서사'

---

11) 김태곤, 『동신당』, 대원사, 1992, 118면.
12) 김화영 편역, 앞의 책, 74면.

이다. 분석의 편의를 위해 이 서사를 S로 이름한다. 이 작품은 S서사를 축으로 크게 두 개의 소서사 단위로 구획할 수 있다. 하나는 S서사의 형성 과정에 관한 서사이고 다른 하나는 S서사의 처리과정에 관한 서사이다. 앞의 서사를 S1서사라 이름하고 뒤의 서사를 S2서사라 이름한다. S1 서사에서의 핵심은 덕봉이와 순임이와의 사랑문제이며 S2 서사에서의 핵심은 순임이를 구하려는 덕봉이의 노력이다.

S1 서사의 핵심인 순임에 대한 덕봉의 사랑은 이 작품의 모든 서사를 추동하는 핵심동인으로 작용한다. 순임에 대한 덕봉의 사랑을 방해하는 요인은 양가의 궁핍한 경제사정이다. 분석의 편의를 위해 덕봉이네 가족의 궁핍한 경제사정에 관한 서사를 S1-1 서사라 하고, 순임이네 가족의 궁핍한 경제사정에 관한 서사를 S1-2 서사라 한다. 이 두 개의 서사는 복합적으로 상승작용을 하면서 S 서사의 형성동인으로 작용한다. 두 집 안 중 어느 한 집안만의 경제사정이라도 여유가 있었더라면 S서사의 형성은 이루어질 수 없었기 때문이다.

S1-1 서사의 핵심인 덕봉이네의 궁핍한 경제사정은 자신들의 피나는 노력에도 불구하고 갈수록 악화되는 소외의 양상을 보인다는 점에서 더욱 문제이다. 자기 가족의 궁핍한 경제사정을 개선하기 위해 덕봉이 가족은 네 식구의 모든 노동력을 동원하여 소작과 고지품은 물론 가마니치기 등의 부업까지도 일삼는다. 가계지출을 절약하기 위해 그들은 극도의 내핍생활도 감내한다. 자식들의 간청에도 불구하고 송진사가 재취를 거부하거나 덕봉이가 막걸리 한 잔 값을 아끼는 것도 모두 자기 가족의 경제사정을 개선하기 위한 그들의 피나는 노력 때문이다. 그러한 노력에도 불구하고 갈수록 악화되기만 하는 자기네의 경제사정이 덕봉이에게는 알 수 없는 수수께끼일 뿐이다.

S1-1 서사에서 덕봉이네의 경제상황과 관련하여 대립항으로 기능하는 인

물은 윤참판과 우편소 소장이다. 덕봉이네와 윤참판네를 대립항으로 기능하게 하는 이항 대립쌍 표지는 신분과 생활방식 그리고 농사에 대한 태도와 경제사정이다. 그 네 가지 대립쌍 표지를 통한 두 집안의 대립항 양상을 도표로 보이면 다음과 같다.

도표 1

	덕 봉 이 네	윤 참 판 네
신 분	소 작	지 주
생 활 방 식	극도의 내핍생활	무절제한 낭비와 방탕
농 사	생존의 차원	유희의 차원
경 제 사 정	하 강 곡 선	상 승 곡 선

도표의 좌우축은 대립주체를 나타내며 도표의 상하축은 대립쌍 표지를 나타낸다. 도표1을 통해서 알 수 있는 바와 같이 덕봉이네와 윤참판네는 네 가지의 표지에서 모두 극명한 대비를 이루고 있다. 그러한 대비는 경제적 소외로 인한 덕봉이네의 비애와 상실감을 더욱 고조시키는 장치로 기능하고 있다. S1-1 서사에서 덕봉이네와 윤참판네의 갈등은 덕봉이의 이모작 제의 간청으로 단 한 번 형성된다. 그 제의는 그러나 윤참판의 박정한 거절로 무참히 거절당한다. 덕봉이네의 경제적 소외로 인한 비애와 상실감이 그 정점에 도달하여 발생한 사건이 우편소 소장의 고양이 학대이다.

우편소 소장의 고양이 학대 서사의 행위주체는 덕봉이의 동생 수동이다. 그 서사의 형성동인은 '아랫목에 따수라고 파묻어둔 점심밥 한 그릇'이다. 극도로 궁핍한 경제적 조건으로 인해 초근목피로 연명하는 수동이에게 밥 한 그릇의 교환가치는 생명과 등가에 놓일 정도이다. 밥 한 그릇을 훔쳐먹은 고양이에게 잔인할 정도의 가학적인 공격욕구를 폭발시키는 것도 밥 한 그릇의 그러한 교환가치 때문이다. 한편 우편소 소장의 고양이 학대 서사의 표면상 갈등주체는 수봉이와 고양이이나 실질상의 갈등주체는 덕봉이와 우편소 소장이다. 그것은 고양이에게 가학적인 공격욕구를 분출하는 과정에서 '우리 밥 한 사발이 느 쥔의 밥 한 사발처럼 그렇게 쉽게 생기는 줄 아냐? 이 육시랄놈의 자식. 우리는 밥 한 사발 버는 데, 울 아버지 우리 성님 우리 누님 모두가 얼마나 고생을 하는 줄 알어? 좀 죽어봐라'(자료3, 84면)라는 수봉이의 진술에서 유츄할 수 있다. 그런 점에서 고양이 학대는 우편소 소장으로 표상되는 가진 자들에 대한 공격적 욕구가 고양이에게로 전이된 것으로 볼 수 있다.

S1-2 서사의 핵심인 순님이네의 궁핍한 경제사정은 덕봉이네의 그것보다 훨씬 더 나쁘다. 절박한 처지에 몰린 순님이네의 비참한 생존조건을 압축적으로 드러내는 사건이 석만이의 강도사건과 순님이네의 화곡집행이다. 가족의 생계를 책임지고 있는 순님이의 오빠 석만이는 성실하기는 하나 상습도벽이라는 윤리적 결함을 지닌 인물이다. 도박 밑천을 마련하기 위해 우편소장 집에 복면강도로 침입하다 발각되어 도망하는 과정에서 그는 붙잡히게 된다. 그 과정에서 결정적인 역할을 하게 되는 사람이 덕봉이다. 더우기 두 사람의 행동동기를 지배하는 요인은 경제적인 동기이다. 석만이가 상습도벽을 버리지 못하고서 강도로 전락하게 되는 것도 집안의 절박한 경제상황 때문이며 덕봉이가 위험을 무릅쓰고 강도추적에 나서게 되는 것도 강도나 큰 절도를 잡는 사람에게 포상금으로 주는 나락 한 섬이기 때문이다. 순전한 경제적 동기 때문에 잠재적 처남을 감옥에 보내게 되는 상황은 비참한 생존조건으로 인한 비극적 처지를 극적으로 고조시킨다.

석만이의 강도사건은 집행유예로 해결되나 그 이후 생존의 차원에서 순님이네를 위협하는 화곡집행 사건이 발생하게 된다. "고율의 소작료 외의 각종 부담금과 불안한 소작권, 그리고 사음의 횡포 등의 농비외적 비용 압박으로 인한 농민들의 악성채무 때문에 벌어진 절망적 상황"13)이 바로 화곡집행 사건이다. "식민성 지주와 결탁한 은행, 금융조합 또는 개인 지주 등은 화곡집행에 광분했으며 1년 농사를 지어도 양식은 커녕 씨값 · 비료값 · 품값도 건지지 못한 형편에 농민이 가야할 길은 목숨을 건 소작쟁의가 아니면 죽음의 길이었다. 그 길이 아니라면 또 아내도 바쳐가며 지주의 문전에 엎드려 고리채를 빌려야만 했던 것"14)이 일제의 식민지적 농업정책으로 인해 생존의 문제가 벼랑 끝에 걸린 그 당시 조선 농민들의 일반적인 참상이었다고 한다. 순님이네가 악덕지주 강주사에게 당하는 화곡집행 과정은 그 당시 조선 농민들이 처한 일반적인 참상을 전형적으로 보여주고 있다. S서사 형성 동인의 직접적인 인과관계로 볼 때 S1-1 서사가 S서사의 간접적 형성동인이라면 S1-2 서사는 직접적 형성동인이라고 할 수 있다.

  이 작품의 중핵서사로 기능하는 S서사에서의 서사적 진전은 거의 정지상태이다. 그 상태에서 두드러지게 부각되는 서사정보는 순님이가 군산 상술집으로 팔려가게 된 사실을 알게 된 덕봉이의 심리적 단편에 관한 내용들이다. 순님이의 매매로 인한 덕봉이의 괴로움과 자책감은 이틀간이나 수면과 식음을 방해할 정도이다. 더우기 S서사의 형성공간이 술집이라는 사실은 순님이 문제로 인한 덕봉이의 괴로움과 불안을 한층 고조시키는 장치로 기능한다. 그것은 두 가지의 이유 때문이다. 하나는 평소 가족의 생계를 위해 막걸리 한 잔 값도 아끼던 덕봉이가 만취된 상태에서도 계속 술을 마시려 한다는 사실이다. 그 사실은 순님이 문제로 인한 덕봉이의 괴로움과 갈등의 강도가 어느 정도인가를 말해준다. 다른 하나는 술집으로 매매되어 가기만 하면 순님이 또한 평소 모멸의 대상으로만 천대해 온 술집 작부 춘심이와 같은 신분으로 전락하게 될 것이라고 믿는 데서 오는 덕봉이의 불안이다. 자기를 위로하기 위해 술집에 동석한 절친한 친구 칠룡이가 춘심

---

13) 조동걸, 『일제하 한국농민 운동사』, 한길사, 1980, 258~259면.
14) 앞의 책, 260면.

을 희롱하는 일에 대해서도 덕봉이가 불쾌하고 공격적인 반응을 보이게 되는 것 또한 덕봉이의 그러한 심리적 불안 때문이다. 순님이 문제로 인해 사물에 대한 객관적 거리를 확보하지 못한 불안한 심리상태의 덕봉이에게 춘심이는 순님이와 등가의 관계에 있기 때문이다.

S서사가 형성동인으로 작용하는 S2 서사에서의 핵심은 순임이를 구하려는 덕봉이의 노력이다. 덕봉이의 노력은 그 성격에 따라 두 개의 서사단위로 구분할 수 있다. 하나는 '청탁서사'이고 다른 하나는 '도박서사'이다. 앞의 서사를 S2-1 서사라 하고 뒤의 서사를 S2-2 서사라 한다.

S2-1 서사에서 대립항으로 기능하는 두 인물은 덕봉이와 윤참판이다. 두 사람 사이의 갈등은 덕봉이의 돈 삼백원 청탁과 윤참판의 박정한 거절에 의해서 형성된다. 순님이의 상술집 매매계약의 효력을 정지시키는 데 필요한 돈 삼백원으로 인한 두 사람 사이의 대립항을 도표로 보이면 다음과 같다.

도표 2

	덕봉이네	윤참판네
청탁관계	청탁주체	청탁객체
돈에 대한 태도	인본주의	물신주의
삼백원	삼백원	

도표의 좌우축은 대립주체를 나타내며 도표의 상하축은 대립쌍 표지를 나타낸다. 도표2의 대비를 통해서 알 수 있는 바와 같이 덕봉이의 청탁이 무참하게 거절되는 근본적인 원인은 돈에 대한 윤참판의 물신주의적 태도이다. 윤참판의 물신주의적 태도의 정도는 '사람이 그까짓 돈에 팔린다서야

말이나 되야지라우'라는 덕봉이의 항변에 '그까짓 돈이라구? 이 세상에 돈 보다 귀한 것이 또 어디 있다든가? 사람도 일생을 돈 모으자고 죽을 고생을 허잖는가. 그러니 사람보다도 귀한 것은 돈이란 말일세. 허허허'(자료3, 106 쪽)라는 응변에 극명하게 드러난다.

S2-1 서사의 좌절은 인과적 계기에 의해 S2-2 서사의 형성동인으로 작용한다. 덕봉이의 삼백원 청탁을 윤참판이 받아주었더라면 그 삼백원을 마련하기 위해 덕봉이가 도박이라는 일탈행위로 인해 범법자가 되는 극한상황까지는 이르지 않았기 때문이다. 도박을 통해서 삼백원을 마련하고자 한 덕봉이의 시도 또한 전문 도박꾼인 판산의 부정행위로 좌절당한다. 그 과정에서 판산에게 폭력을 행사한 덕봉은 도박과 상해혐의로 주재소에 갇히게 된다. S2-1 서사의 좌절과는 달리 S2-2 서사의 좌절은 그 좌절의 양상이 훨씬 더 심각한 양상을 띠게 된다. S2-1 서사가 그래도 농촌 공동체의 소중한 윤리적 덕목인 공동체적 정서에 호소하는 인간적 청탁에 의존하고 있는 반면, S2-2 서사는 그러한 덕목을 파괴하는 도박과 폭력에 의존하고 있기 때문이다. 더우기 S2-2 서사에서의 덕봉의 도박과 폭력은 S1-2 서사에서의 잠재적 처남인 석만의 도박과 강도서사와 맞물리면서 경제적 소외로 인한 덕봉이의 비애와 상실감을 더욱 고조시키고 있다. 순님이를 구하기 위한 덕봉의 노력은 아무런 결실을 보지 못한 채 과태료를 물고 석방되어 나오는 덕봉이를 기다리는 것은 '순님이는 그저께 군산으로 갔네'(자료3, 110면)라는 칠룡이의 소식이다.

서사물의 해석에서 종결서사의 해석은 아주 중요한 의미를 지닌다. 대부분의 서사물에서 서술자의 중재를 통해 사회・역사적 존재로서의 작가의 인식론적 표지가 명료하게 드러나는 부분이 종결서사이기 때문이다.

　　수봉아, 그런 걸 빌어야 소용 없다. 비는 대로 되면 우리가 왜 이렇게만 되었겄나. 아무 소용 없어. 당산님도 소용 없는 것이구. 그저 우리는 남을 믿지 말자. 아버지 나 너 그리구 옥분이 이렇게 우리들끼리만 단단히 믿자. 그리고 하늘이 두 조각이 나더라두 우리도 기어이 살고 보자. 우리도 남같이 살어 보자. 응 알었냐. 그저 남을 믿지 말고 죽자고 일을 히여 보자.(자료3, 115면)

이 문면은 종결서사 부분이다. 이 문면의 핵심은 석방 이후 마지 못해 상쇠잡이로 당산제 뒷풀이 농악에 동참했던 덕봉이가 중도에 빠져나와 수봉이에게 자기 가족의 생계대책에 관해 논의하는 내용이다. 문면에서와 같이 덕봉이가 가족의 생계를 위해 내세우는 대책은 네 식구의 믿음과 결속에 호소하는 '가족적 온정주의'이다. 네 식구의 믿음과 결속에 호소하는 덕봉이의 가족적 온정주의는 그러나 가족생계의 해결대책으로 그 힘을 발휘하기에는 너무나도 무기력하다고 할 수 있다. 가족적 온정주의의 담론자장은 家族權域의 질서 내에서만 그 힘을 발휘하는 자족적 담론체계이기 때문이다. 가족권역의 담론자장을 벗어나 속악한 폭력적인 질서가 지배하는 가족권역 외부의 담론자장으로 들어가기에는 가족적 온정주의 담론체계의 폭은 너무 협소하다. 또한 가족권역 외부의 담론자장은 가족적 온정주의와 같은 담론질서가 틈입하기에는 그 경계의 벽이 너무 완고·완강하다. 따라서 가족적 온정주의의 담론체계는 불평등한 사회현실의 구조적 모순에 비판적으로 맞서는 대항담론으로서는 무기력할 수 밖에 없다. 그럼에도 불구하고 「당산제」에서 자신들의 비참한 생존조건을 규정하고 있는 당대의 모순된 사회구조에 대해 가족적 온정주의로 맞서고 있는 것은 공동체적 정서의 결속을 통한 농민들의 집단적인 대결의지를 보여주었던 「농우」와 비교해 볼 때 부정적 상황에 비판적으로 맞서고자 하는 작가의식의 일정한 후퇴라고 할 수 있다.

한편 이 작품에서도 「농우」에서와 마찬가지로 비참한 생존조건 속에서도 여유와 활력을 잃지 않는 농민들의 순후한 심성과 건강한 공동체적 정서에 대한 작가의 튼실한 믿음을 보여주고 있다. 그러한 작가적 믿음과 관련하여 이 작품에서는 농담이 중요한 장치로 기능하고 있다. 농담을 통한 농민들의 여유와 활력은 이 작품의 처음에서 끝까지, 어떠한 상황에서도 나타난다. 특히 이 작품의 초점인물로 기능하는 덕봉이와 칠룡이와의 우정은 최악의 상황에서도 자기의 어려운 처지보다는 그보다 더 어려운 다른 사람의 처지를 더 생각하는 농민들의 공동체적 정서의 정점을 이루고 있다.

그러나 이 작품에서는 또한 일제의 식민지적 농업정책으로 인해 생존 자체를 위협할 정도의 비참한 생존조건과 절박한 궁핍때문에 농민들의 중요한 윤리적 미덕과 덕목인 순후한 심성과 도덕성이 훼손되어 가는 농촌사회의 변모과정도 보여주고 있다. 전통적인 농촌사회의 부정적 변모과정을 보여주는 서사정보로는 석만이나 덕봉이의 도박, 자경단을 조직해야 될 정도로 빈번해진 마을의 강도나 절도사건, 노름판에서의 판산이의 부정행위 등을 들 수 있다. 농민들의 소중한 덕목인 공동체적 정서와 순후한 심성이 훼손되어 가는 것은 「농우」(1936)와 「당산제」(1939)사이에 가로 놓인 농촌사회의 비참함의 정도 차이라고 생각한다. 적어도 「농우」에서는 화곡집행과 같은 극한상황으로 인한 갈등은 드러나지 않았을 뿐만 아니라 지주와 소작 간의 갈등원인이나 갈등의 해결과정이 「당산제」에 비해 보다 인간적이었기 때문이다.

4. 일본 노동시장으로의 이동과정에서의 농민들의 애환과 인정 : 「고향 사람들」

「고향 사람들」은 일제의 식민지적 농업정책과 노동 수급정책으로 인한 전통적인 농촌사회의 붕괴과정에서 생존의 문제를 해결하기 위해 북해도 탄광 노무자로 지원하기까지의 농민들의 애환과 인정을 형상화하고 있는 작품이다. 이 작품에는 「농우」에서와 같은 지주·소작인 간의 계급대립이나 「당산제」에서와 같은 농민들의 궁핍한 생존조건 등의 문제들이 중요한 서사비중을 차지하지는 않고 있다. 대신 이 작품에서는 북해도 탄광 노무자로 지원하기까지의 농민들의 애환과 인정이 중요한 서사비중을 차지하고 있다. 이 작품에서도 또한 「농우」나 「당산제」에서처럼 농민들의 공동체적 정서나 인정에 대한 작가의 믿음이 드러나고 있다. 특히 이 작품에서는 머슴 사랑방이나 농악이 농민들의 공동체적 정서나 인정에 대한 작가적 믿음을 드러내는 데 중요한 상징적 소도구로 기능하고 있다.

이 작품은 북해도 탄광 노무자로 지원하게 되는 과정을 축으로 크게 두 개의 서사단위로 구획할 수 있다. 하나는 탄광 노무자로 지원하게 되는 과정에 관한 서사이고, 다른 하나는 지원을 결정한 후 북해도 탄광으로 떠나기 전의 송별연회에 관한 서사이다. 분석의 편의를 위해 앞의 서사를 S1 서사라 하고 뒤의 서사를 S2 서사라고 한다. S1과 S2 두 서사에서 모두 중요한 서사비중을 차지하고 있는 것이 농민들의 공동체적 정서나 인정이다. S1 서사에서는 머슴 사랑방이 농민들의 공동체적 정서나 인정을 효과적으로 드러내는 상징적 공간으로 기능하고 있다. S2 서사에서는 농악이 그러한 상징적 소도구의 기능을 맡고 있다.

S1 서사는 서사의 구체적 내용을 축으로 다시 두 개의 소서사 단위로 구획할 수 있다. 하나는 머슴 사랑방에서의 정담 나누는 정경에 관한 서사이고, 다른 하나는 탄광 노무자로 지원하게 되는 구체적 과정에 관한 서사이다. 앞의 서사를 S1-1 서사로 이름하고 뒤의 서사를 S1-2 서사라고 이름한다. 두 서사에서 초점인물로 기능하는 인물이 점쇠이다.

머슴 사랑방에 모인 농민들이 정담을 나누는 정경에 대한 구체적 묘사를 통해서 전달되는 S1-1 서사에서의 핵심은 흉년에 대한 농민들의 불안과 점쇠의 일본 밀항 실패담이다. S1-1 서사가 이루어지는 공간인 머슴 사랑방은 바흐친의 카니발적 공간의 범주적 특성을 지니고 있다.

바흐친에 따르면 카니발은 그 특유의 세계관을 지니고 있다. 카니발의 세계관은 무엇보다도 자유와 평등이 지배하는 세계이다. 여기에서는 일상생활에 서라면 엄격히 적용되는 계급 질서나 불평등의 벽이 모두 허물어지게 마련이다. 더욱이 카니발의 세계관은 본질적으로 집단적이며 민중적인 특성을 지니고 있다. 구체적이고 감각적 형식을 중시하는 카니발은 개인보다는 집단에 의해, 특권층보다는 민중에 의해 이루어지게 마련이다. 웃음과 패러디를 무기로 삼아 민중들은 집단적으로 지배계층의 권위와 전통을 파괴하고자 시도한다. 그 뿐만 아니라 카니발의 세계관은 변화와 다양성을 중시한다는 데 그 특징이 있다. 지배계층은 지배 이데올로기를 통해 어떻게 해서든지 사회질서를 고정불변하고 절대적인 것으로 만들고자 하는 반면, 피지배 계층인 민중은 이와는 달리 어떻게 해서든지 역동성과 변화와 생성을 강조함으로써 사회질서를 붕괴시키고자 한다. 이런 관점에서 볼 때 카니발은 행복한 미래, 좀더 정의로운 사회·경제적 질서, 그리고 새로운 진리에 대한 희망을 표현하고 있다. 한마디로 말해서 카니발은 바흐친이 말하는 '유쾌한 상대성'이 지배하는 세계이다. 여기에서 유쾌한 상대성이란 카니발을 지배하는 카니발 특유의 논리를 말한다. 카니발에서는 이 논리에 따라 현자가 바보가 되고 왕이 노예가 되는 등 모든 위계질서가 뒤바뀐다. 그런가 하면 사실과 공상, 성스러운 것과 불경스러운 것, 천국과 지옥 등과 같이 대립되는 것들이 서로 뒤섞인다. 아울러 이렇게 대립되는 모든 것들이 조롱받고 더럽혀지기 일쑤이다. 그런데 여기서 한 가지 명심해야 할 점은, 이렇게 모든 것을 부정하고 파괴하는 카니발의 논리는 다른 한편으로는 창조적 생명력을 지니고 있다는 점이다. 다시 말해서 부정 뒤에는 생성, 파괴 뒤에는 건설, 그리고 대립 뒤에는 언제나 조화가 뒤따르는 것이다. 유쾌한 상대성의 논리에서 가장 핵심적인 요소는 다름 아닌 카니발의 웃음이다.15)

인용 문면을 통해서 알 수 있는 바와 같이 민중들 특유의 건강한 활력과 의지를 통한 새로운 질서에의 열망이 잠복되어 있을 뿐만 아니라 그러한 열망의 실현 가능성으로 꿈틀대는 공간이 바로 카니발적 공간이라고 할 수 있다. 모든 위계서열이 아무런 힘도 발휘할 수 없게 되는 머슴 사랑방은 지배계급의 논리가 감히 틈입할 수 없는 공간이다. 그 공간에서는 따라서

---

15) 김욱동, 「미하일 바흐친 : 대화주의와 포스트 모더니즘」, 김욱동 엮음, 『포스트모더니즘과 포스트구조주의』, 현암사, 1992, 294~298면.

지배계급 특유의 위선이나 허위의식, 거드름이나 체면 등의 감정들은 비천한 속물적 영역으로 경멸당할 뿐이다. 자기 주인의 엽색행각에 대한 점쇠의 야유나 조롱이 아무 거리낌이 없이 가능할 수 있는 것도 바로 머슴 사랑방의 카니발적 공간의 특성 때문이다. 그리고 이진사댁 큰 제사 단자(單子)제의시 '유생원이 유식한 한문으로 쓴다는 것을 참 유생원두 고리타분하게 한문으로 쓸 건 뭐 있어유? 제가 술병 하나 큼직하게 그려서 보냅시다. 그럼 술은 많이 보내겠지라우'(자료3, 119면)라는 점쇠의 제의는 웃음과 패러디를 통해서 한문으로 표상되는 지배계급의 규범적 질서를 전복하고자 하는 농민들의 열망이 잠복된 것으로 볼 수 있다. 한편 석만이가 머슴 사랑방에서 동료 농민들로부터 집단적인 따돌림과 멸시를 받는 이유 또한 공의의 인력거를 매개로 지배계급의 논리에 편승하여 카니발적 공간논리가 지배하는 머슴 사랑방 출입을 한때 중단했었기 때문이다.

　머슴 사랑방에서 이루어지는 농민들간의 모든 방담이나 정담은 유쾌한 상대성이 지배하는 카니발적 공간의 활력을 더해준다. 그러나 흉년에 관한 방담만은 그러한 카니발적 공간의 활력을 일순에 무화시키는 기능을 하게 된다. '야 흉헙다. 말이라두 흉년 소린 말아. 유생원의 여덟 마지기 소작논이 작년에 말짱하게 타죽은 것을 모두 아는지라 그의 이런 말소리가 이상히도 여러 사람의 뱃속을 울리었다⋯⋯. 봉갑의 이 말소리가 그대로 가라앉는 것같이 방 속은 갑자기 침통해졌다. 그들은 작년 흉년에 놀란 가슴이 아직도 안정되지 않았다. 다시 흉년을 만날까 보아 전율을 느끼고 있는 형편인 것이다.'(자료3, 121면)라는 서술정보에서 알 수 있는 바와 같이 흉년에 대한 농민들의 불안의 정도는 강박관념에 가까울 정도이다. 흉년이 생존의 문제를 좌우할 정도로 절박한 농민들의 궁핍한 경제적 조건은 S1-2 서사와 S2 서사의 형성요인으로 작용한다. 농민들의 경제적 조건이 조금이라도 여유가 있었더라면 생존의 문제를 해결하기 위한 경제적 동기만으로 북해도 탄광 노무자로 지원하지는 않았을 것이기 때문이다. 농민들의 그러한 경제적 조건은 또한 점쇠의 밀항 실패담에도 활력과 긴장을 더해주게 된다. 농민들은 대부분 점쇠의 밀항 실패담을 단순히 방담 차원에서의 심심파적으로 듣는 것이 아니라 자신들의 잠재적 밀항시 타산지석의 교훈으로 삼고자 하기 때문이다.

점쇠의 일본 밀항 동기는 대판 조선 술집으로 팔려간 후 소식이 없는 화선이에 대한 순정이다. 화선이에 대한 순정은 점쇠가 초점인물로 기능하는 모든 서사를 추동하는 핵심동인으로 작용할 정도로 지순강렬하다. 더우기 점쇠의 일본 밀항 실패는 일본 밀항에 대한 점쇠의 욕망을 더 자극함은 물론 비참한 생존조건으로 인해 경제적 동기에만 지배되는 다른 농민들의 밀항 욕망까지도 자극하는 매개역할을 하게 된다.

S1-2 서사를 추동하는 중심인물로 기능하는 인물은 김주사와 점쇠이다. S1-2 서사에서 김주사는 북해도 탄광 노무자 모집 동원책으로 기능하며 점쇠는 김주사와 동료 농민들 사이의 적극적인 중재자로 기능한다. 김주사가 점쇠를 설득하고, 점쇠가 동료 농민들을 적극적으로 중재하는 과정에서 내세우는 유인책은 경제적 동기이다. 그 과정에서 동료 농민들은 주로 경제적 동기에 의해서 탄광 노무자 지원을 결정하게 된다. '여기서 뼈빠지게 일하구, 하루 잘 벌어야 일 원 이십전이 안되는'(자료3, 131면) 농민들의 비참한 생존조건은 '이년 기한에 하루 품삯이 이 원부터 오 원까지'(자료3, 125면)라는 김주사 유인책의 진위 여부를 가릴만한 여유를 없게 한다. 그에 비해 점쇠가 그 결정을 내리게 되는 데는 경제적 동기 이외에 화선이에 대한 열렬한 순정이 복합적으로 작용하게 된다. 점쇠가 초점인물로 기능하는 모든 서사를 추동하는 핵심동인으로 작용할 정도로 지순강렬한 화선이에 대한 점쇠의 사랑은 화선이의 사진 한 장을 화선이의 등가적 상징으로 받아들일 정도이다. 완전히 해동이 덜 된 봄날 연못에 빠진 화선이의 사진을 건져내기 위해 '단번 숨이 딱 막히며 입이 벌어질'정도로 차가운 물 속으로 들어가는 일을 감행하는 것은 사진을 님에 대한 등가적 상징으로 받아들였기 때문에

가능한 일이다. 그런데 점쇠에 대한 화선이의 태도나 감정이 화선이에 대한 점쇠의 그것과는 너무나 다르다는 데 점쇠의 비애가 있다. 점쇠에게 화선이가 '영원히 잊을 수 없는 님'이라면 화선이에게 점쇠는 '이미 잊어버린 님'일 뿐이다. 그러한 정보를 직접 당사자인 점쇠는 전혀 모르고 있다. 대신 점쇠의 북해도 탄광 노무자 지원을 설득하는 김주사만이 그 사실을 알고 있다. 그 사실이 "독자와 작가는 알고 있으나 등장인물은 모르고 있는 어떤 상황을 포함하는 극적 아이러니의 상황"16)을 형성하면서 화선이 문제로 인한 점쇠의 비애와 상실감을 더욱 고조시키는 기능을 하고 있다.

김주사와 점쇠의 적극적인 공세와 설득에 의해 형성되는 송별연회에 관한 서사 S2는 서사의 형성공간을 축으로 두 개의 소서사 단위로 구획할 수 있다. 하나는 '송별연회 서사'이고 다른 하나는 '성황당 기원 서사'이다. 앞의 서사를 S2-1 서사라 하고 뒤의 서사를 S2-2 서사라 한다. S2-1 서사는 학교 교실에서 이루어지고 S2-2 서사는 성황당에서 이루어진다.

S1 서사의 S1-1 서사가 이루어지는 머슴 사랑방이 중요한 상징 담지체로 기능하는데 비해 S2 서사의 S2-1 서사가 이루어지는 학교교실은 송별연회가 벌어지는 장소로서의 물리적 의미 외의 다른 의미는 없다. 대신 S2-1 서사에서는 농악이 중요한 상징 담지체로 기능하고 있다. S2 서사가 이루어지기 전 점쇠가 농민들을 탄광 노무자로 설득하는 과정에서도 가장 심각하게 고려하는 요소가 농악대의 구성원일 정도로 이 작품에서 농악이 차지하는 서사비중은 대단하다. S2-1 서사에서 농악은 송별연회의 공식적인 행사가 끝난 후의 현장 분위기와 정서적 충동에 의해서 자연스럽게 이루어진다.

석만이, 그 동안 섭섭히 지낸 것을 아주 잊어버리세. 만리타향으로 고생하러 가는 우리가 서로 불쌍히 여겨야 할 게 아닌가…… 석만이에게 이 말을 내기는 봉갑이가 처음이었으나 평시 그와 거칠게 지낸 사람은 모두 말하고 풀었다

---

16) 권택영·최동호 편역, 『문학비평용어사전』, 새문사, 1985, 105면.

······ 누구 할 것 없이 취기가 돌았을 때 봉갑이가 꽹과리를 뚜드리며 나서자, 점쇠 천복이 판암이가 제각기 한 가지씩 들고 나섰다······. 농악소리는 자지러지게 울렸다. 어떤 사람들은 궁둥이를 그대로 붙이고 술을 권커니 잣커니 하기도 하고 서로 붙들고 사설을 늘어놓는 사람도 있다. 대개는 일어서서 입에 담뱃대 문 채 혹은 든 채로 춤을 너울너울 추었다. 농악 소리 웃음 소리 말소리 어느 것이나 척척 어울렸다. 탄광회사에서 온 사람은 처음은 어리둥절하고 보고만 있더니 차차 홍이 나는지 자기도 모르게 고개를 끄덕이어 궁장을 맞추고 있다. 그들은 동리에 대한 인사나 하는 듯이 농악을 따라 동리 골목을 한번 돌았다.(자료3, 135~136면)

농악은 크게 춤의 요소와 음악의 요소 두 가지로 이루어져 있다. 농악의 두 가지 지배적 구성요소인 춤과 음악은 모두 사회적 통합기능을 지니고 있다고 한다. 독일의 민속학자 그로세(Ernst Grosse)에 의하면 "동물계의 원시본능에 뿌리박은 리듬감에 의한 사지와 체구의 운동에 의해서 이루어지는 전반적인 인간의 표현인 춤은 사회적 통합과 사회적 연대책임에 공헌"[17]해 왔다고 한다. 음악의 기능을 아홉 가지로 명쾌하게 정리하고 있는 메리암 또한 음악의 중요한 기능으로 사회적 통합기능[18]을 들고 있다. 문면에서와 같이 농악은 농민들 사이의 분열과 갈등을 치유하여 공동체적 정서를 복원시켜주는 심리적 기제로 작용하고 있다. 지금까지 다른 농민들로부터 집단적인 따돌림과 멸시를 당하던 석만이와의 집단적인 화해를 통한 공동체적 유대를 다시 확인하게 되는 것도 농악이 지닌 사회 통합력 때문이라고 할 수 있다. 또한 농악의 사회 통합력은 문면에서와 같이 북해도 탄광회사에서 온 이국 사람의 문화적 이질감마저도 극복하여 농악대열에 끌어들일 정도로

---

17) 로데릭 랑게, 최동현 옮김, 『춤의 본질』, 신아, 1988, 39~40면.
18) Alanp Merriam, *The Anthropology of Music* (Northwestern : Northwestern University Press, 1964), 223~227면.
메리암이 명쾌하게 정리하고 있는 음악의 아홉가지 기능은 다음과 같다.심미적 즐거움의 기능, 오락의 기능, 의사소통의 기능, 상징적 재현 기능, 신체적 반응의 기능, 사회적 규범의 시행 기능, 사회제도와 종교적 제의의 정당화 기능, 문화의 연속성과 안정성 기여 기능, 사회통합 기여 기능이 그 아홉가지 기능이다.

강렬한 정서적 흡인력을 지니고도 있다.

종결서사 S2-2는 '우리 성황당에 가서 한번 치고 갈리세. 자들 나만 따러 오소들'(자료3, 136면)이라는 석만이의 발의와 주도로 형성된다. S2-1 서사의 형성공간인 학교교실이 물리적 공간 이외의 별다른 의미를 지니지 못한 데 비해 S2-2 서사의 형성공간인 성황당[19]은 중요한 기능을 지니게 된다. 일반적으로 서낭당 신앙은 "돌이나 천, 비단조각 등의 공헌물을 통해서 개인적으로 바라는 바의 성취를 기대했던 민중들의 소박한 신앙심리가 그 전승기반이 되었다고 한다. 여행시의 안전이나 질병과 재액의 방지, 그리고 바라는 바의 성취를 위해 민중들은 고갯마루나 산록, 마을입구 등을 통과하며 정성껏 돌을 쌓아 올리거나 나뭇가지에 천조각 등을 걸며 기원함으로써 불안을 해소할 수 있었다"[20]고 한다. 종결서사 S2-2에서 성황당은 기원은 석만이를 비롯한 모든 지원자들의 북해도 탄광 노무자 생활에 대한 막연한 불안을 진정시켜 주는 심리적 기제로 작용하고 있다. 그러나 이미 자신을 잊어버린 화선이가 있는 대판으로 꼭 가게 해달라는 점쇠의 개인적 희구는 앞에서와 같이 극적 아이러니의 장치로 기능하면서 점쇠의 비극적 처지를 더욱 고조시키고 있다.

지금까지의 분석을 통해서 알 수 있는 바와 같이 「고향 사람들」은 생존의 문제를 해결하기 위해 북해도 탄광 노무자로 지원해 나가는 농민들의 애환

---

19) 성황당(서낭당)은 크게 두 가지의 양식이 있다고 한다. 하나는 돌무더기와 수목의 복합형태로 형성된 자연물 서낭당이고 다른 하나는 신당 형태의 인공물 서낭당이다. 그 두 가지 서낭당 양식은 위치나 신앙형태에서도 일정한 차별성을 지닌다고 한다. 마을 입구나 산록, 길가 등 사람이 통행하는 곳에 위치한 자연물 서낭당은 주로 개인적 목적의 신앙대상인 반면 비교적 인적이 드문 산중에 위치한 인공물 서낭당은 주로 마을 공동체의 신앙대상이라고 한다. 그리고 자연물 서낭당에 대한 신앙은 수시로 표출되는 반면에 인공물 서낭당에 대한 신앙은 정기적인 제사의 형태로 표출되었다고 한다. 이 작품의 서낭당은 자연물 서낭당이라고 할 수 있다.
이종철·박호원, 『서낭당』, 대원사, 1994, 107~112면.
20) 앞의 책, 119면.

을 밀도있게 형상화하고 있는 작품이다. 그런데 이 작품의 중요한 역사적 배경으로 작용하고 있는 탄광 노무자 지원에 관한 형상화 과정이 당대의 역사적 사실에 얼마만큼 부합하는가에 관한 한 이 작품은 많은 문제와 한계를 지니고 있다. 탄광 노무자 지원에 관한 형상화 과정에서 이 작품은 역사적 실상과는 상당한 편차를 보이고 있기 때문이다. 당시의 북해도 탄광 노무자 지원 문제는 일제의 조선인 노동력 동원정책을 통한 조선 노동력 수탈과정의 맥락에서 접근해야 그 본질을 제대로 파악할 수 있는 사안이다. 이 작품은 그러나 역사적 실상에서 상당히 벗어나는 문제와 한계로 인해 그 문제의 본질에는 육박하지 못하고 있다.

일제의 조선인 노동력 동원정책의 단계구분에 의하면 1930년대 후반 이후는 '전시 노무 동원기'에 해당되는 시기이다. 정확히 1939년에서부터 1945년에 이르는 전시 노무 동원기는 노무동원의 구체적인 방식에 의해 모집방식(1939~1941)기, 관 알선 방식기(1942~1943), 징용방식기(1944~1945)로 구분된다. 그 시기에 따라서 약간씩의 차이는 있으나 일제의 조선인 노동력 동원정책은 무너져가는 일본 자본주의의 저임금 구조 유지기반과 전쟁동원으로 인한 물적 기초를 마련하려는 의도에 그 본질이 있다고 할 수 있다. 전시 노무동원 된 조선인 노동자가 장시간 저임금 노동, 불결한 과격노동, 자의적·일방적인 근로계약, 실업불안 등의 가혹한 노동조건과 폭력적인 노무관리에 시달리는 노동수탈을 강요[21]받을 수 밖에 없었던 것도 일제의 조선인 노동력 동원정책의 그러한 본질과 밀접한 관련이 있다.

이 연구의 구분에 따르면 「고향 사람들」에 반영되고 있는 북해도 탄광 노무자 지원은 전시 노무 동원기의 제 1기인 모집방식기의 실상을 다루고 있다. 그런데 '폐일언하구 꼭 가세, 김주사 어른이 우릴 생각허구 권하는

---

[21] 김민영, 『일제의 조선인 노동력 수탈 연구』, 한울, 1995, 11~70면.

게지 괜시리 가라겠는가, 이 사람들아. 우리들을 좋은 곳으로 인도해 주신 것도 한없이 고마운데 이렇게 잔치까지 하여 주시니 정말로 고맙습니다.'(자료3, 131~135면)라는 농민들의 대화에서 알 수 있는 바와 같이 이 작품에서는 모집 동원책인 김주사 같은 인물이 긍정적인 인물로 묘사되고 있을 뿐만 아니라 북해도 탄광의 노동강도나 임금조건 또한 아주 좋은 것으로 묘사되고 있다.

이러한 논의를 토대로 해서 볼 때 이근영의 소설 또한 소설을 포함한 모든 문화적 생산물이 일제 전시 동원체제의 이데올로기적 장치로 기능할 수 밖에 없었던 그 당시의 시대적 조건으로부터 결코 자유로울 수 없었음을 알 수 있다. 이 작품은 노골적으로 드러나지는 않고 있지만 "시국적인 문제를 제시하여 적극적인 국책수행 기능을 실현한다"[22]는 국민문학의 목표에 상당히 동조한 혐의로부터 결코 자유로울 수 없기 때문이다. 그러나 이 작품의 그러한 한계나 문제는 단선적으로 재단할 수 만은 없는 문제라고 생각한다. 그 작품은 국민문학론이 당대 문학론의 유일한 지배담론으로 군림하던 시기[23](1940년 12월)에 발표되었기 때문이다. 그 무렵은 카프 진영의 이기영마저도 진보적 신념이 무장해제된 상태에서 「동천홍」이나 「광산촌」 같은 작품을 쓸 수 밖에 없었던 상황이었다.

5. 맺음말

이 글은 한 가지의 중요한 문제의식을 가지고서 출발했다. 이근영의 소설이 1930년대 중반 이후의 소설사적 의미망 형성에 충분한 기여를 하고 있음에도 불구하고 그에 합당한 평가를 받지 못해왔다는 점이 바로 그 문제의식

---

22) 이주형, 「일제 강점시대 말기 소설의 현실대응 양상」, 앞의 책, 290면.
23) 윤병로나 강진호는 모두 이 작품의 발표시기를 1941년 2월로 기록하고 있으나 1940년 12월로 고쳐야 할 것으로 생각한다.

이었다. 그러한 문제의식에서 출발한 이 글은 범박하게 비판적 리얼리즘의 계보에 속하는 이근영의 전체소설을 크게 네 가지 유형의 범주로 구분하였다. 부박한 소시민들의 왜곡된 욕망구조나 지식인 사회(특히 교직사회)의 타락상과 병리현상을 비판적으로 형상화하고 있는 작품들. 궁핍한 생존조건 속에서도 훼손되지 않은 농민들의 건강한 공동체적 정서와 순후한 심성을 형상화하고 있는 작품들. 생활과 사상간의 갈등으로 인한 지식인의 고뇌와 비애를 형상화하고 있는 작품들. 영락한 처지의 불행한 인간군상들의 비극적 삶을 형상화하고 있는 작품들이 그 네 가지 유형범주들이다. 네 가지 유형 중에서 이 글은 두 번째 유형에 속하는 농민소설들을 집중적인 분석대상으로 선택하였다.

이야기 구조분석 방법을 통한 분석 결과 이근영의 농민소설은 "지식인 주인공을 통한 계몽의 의지를 강하게 드러내는 계몽적 농민소설과 당대의 농촌현실을 사실적으로 형상화한 사실적 농민소설의 두 가지 농민소설 유형"[24] 중 후자의 계보에 속한다고 할 수 있다. 그것은 두 가지의 이유 때문이다. 하나는 이근영의 농민소설에서는 농민들이 계몽이나 시혜의 대상이 아니라 서사의 추동주체로 등장하고 있다는 점이다. 물론 서사의 추동주체로 기능하는 농민들이 자신들의 비참한 생존조건의 구조적 규정력으로 작용했던 당대의 모순구조에 대해 감정적 차원에서의 즉자적 대응이나 가족적 온정주의에의 호소, 아니면 북해도 탄광 노무자 지원 등과 같은 문제해결 방식을 통해서 맞서고자 했던 것은 한계로도 읽힐 수 있다. 그러나 그 비참한 생존조건 속에서도 훼손되지 않은 농민들의 순후한 심성과 공동체적 정서에 대한 작가적 믿음이야말로 이근영 농민소설의 미덕이 아닌가 한다. 이근영 농민소설의 기저에 자리하고 있는 그러한 작가적 믿음은 주로 농악장면이나 머슴 사랑방에서의 농민들의 건강한 정담이나 대화 등을 통해서 드러나고

---

[24] 조남철, 「30년대 농민소설의 전개양상」, 이선영 편, 『1930년대 민족문학의 인식』, 한길사, 1990, 456~457면.

있었다. 해방 이전의 농민소설들에서 보여주고 있는 농민들의 건강한 공동체적 정서나 온후한 심성에 대한 작가 이근영의 믿음이 물론 시대의 어두움을 가르거나 잘못된 질서를 바로잡는 데 전혀 무력할 수도 있다. 그러나 농민들의 그러한 윤리적 미덕이나 자질이야말로 때에 따라서는 언제든지 시대의 어두움을 가르거나 잘못된 질서를 바로잡는 폭발적인 힘으로 전화될 수 있는 잠재적 가능태임을 알아야만 한다. 그것은 무엇보다도 새로운 질서나 유토피아에 대한 꿈과 열망으로 충만해있던 해방공간에서의 이근영의 농민소설들이 증명하고 있기 때문이다. 그것도 아주 생생하게.

다른 하나는 이근영의 농민소설들에서 농민들은 구체적인 생산현장에서의 일제의 식민지적 농업정책으로 인한 농민들의 궁핍화와 그에 다른 전통적인 농촌사회의 붕괴 등 당대 농민과 농촌의 구체적인 실상을 생생하게 형상화하고 있다라는 점이다.

한편 부정적 상황에 대해 비판적으로 맞서고자 하는 작가의식이라는 측면에서 이근영의 농민소설은 「농우」(1936)에서 「당산제」(1939), 「당산제」에서 「고향 사람들」(1940)로 올수록 일정하게 후퇴함을 알 수 있었다. 이는 그 작품들이 발표되었던 시기의 시대상황에 일정하게 대응한다. 이러한 사실을 미루어 볼 때 이근영의 농민소설 또한 자신의 글쓰기 행위에 구조적 규정력으로 작용했던 그때 그때의 시대상황으로부터 결코 자유로울 수 없었음을 확인하여 준다.

이태준 초기 소설의 서사지평

1. 머리말

　자연과학과 인문과학에 있어서 그 연구대상의 차이는 부차적이고 주변적이다. 그 대상에 접근해 들어가는 과정이나 방식이 양자의 본질적 차이가 아닌가 한다. 논의의 결과를 이끌어내는 과정에서 대체로 자연과학은 '수렴적 사고'를 지향하며, 인문과학은 '확산적 사고'를 지향하게 된다. 이와 같은 방법론적 특성으로 인해 자연과학은 실험과도 같은 구체적인 검증과정을 거쳐 연구대상에 대한 가설의 명확한 진위여부를 가려내려 한다. 반면 인문과학에서는 연구대상에 대한 '가설의 진위 차원'이 아니라 '가설의 적절성 차원'을 문제삼는다. 따라서 인문과학에서는 연구대상에 대한 가설의 관점이 논리적인 일관성과 객관적 타당성을 담보하고 있기만 하면 하나의 가설로서 시민권을 부여받게 된다. 동일한 인식대상을 두고서도 상호대립적인 관점까지도 공존하게 되는 것도 확산적 사고를 지향하는 인문과학의 방법론적 특성 때문이다.

　'문학작품은 문학이론보다 입체적이며 풍부하다.' 이 명제의 의미는 문학이론은 그것이 해명하고자 하는 문학작품을 완전하게 설명할 수는 없다는 것이다. 그것은 양자의 본질적 특성과 그것들이 맺고 있는 관계 때문에 그러하다. 문학작품은 어느 한 관점에서만 설명이 가능한 일면적·평면적 대상은 아니다. 보는 관점에 따라서는 얼마든지 서로 다른 해석이나 설명이 가능한 다면적·입체적 대상이 바로 문학작품이다. 이와 같이 문학작품이 입체적이고 다면적인 특성을 그 본질로 하는 데 반해 문학이론은 평면적이고 일면적인 특성을 그 본질로 한다. 문학작품을 해석하고 설명할 수 있는 다양한 관점들 중 어느 한 가지 관점을 선택하여 설명한 것을 논리적으로 체계화한 것이 바로 문학이론들이기 때문이다. 경쟁적으로 추파를 보내는 여러가지의 문학이론들에 대해 문학작품이 끝내 그 속마음을 완전히 열어보이지 않는 것도 양자가 맺고 있는 숙명적 관계 때문이다.

복잡다기한 현상들을 개념을 통해 분류하고 설명하는 것이 학문 일반의 근본적 속성이다. 따라서 개념에 의존하지 않고서는 학문일반에서 행하는 여러 가지 작업들이 불가능하게 된다. 다종다기한 문학적 현상들을 그것들이 지니는 공통소를 근거로 일반화・추상화의 형태로 언어화시킨 것이 문학적 개념이다. 크게는, 리얼리즘이니 모더니즘이니 하는 거시적이고도 중층적인 개념들. 작게는, 시점이니 거리니 하는 미시적이고도 단층적인 개념들. 하는 것들이 바로 그러한 문학적 개념들이다. 그러한 문학적 개념들의 도움을 빌어 문학작품을 객관적인 근거하에 논리적으로 접근하는 다양한 방법들이 문학이론이며, 그러한 문학이론들을 실제 작품에 적용하여 구체적으로 분석・평가하는 일련의 인식행위들을 문학비평이라 이름 한다. 이와 같이 문학이론이나 문학비평을 근본적으로 가능하게 만드는 요소가 문학적 개념들이기 때문에 그것들 없이는 문학작품에 대한 논리적 접근이 불가능할 수 밖에 없다. 그렇다고 해서 문학적 개념이 그것을 가지고서 설명하고자 하는 문학작품의 속성을 완전하게 말해주는 것도 아니다. 어떤 대상에 대한 일반적 추상화의 결과라는 속성으로 인해 개념은 그 대상을 포섭하는 부분이 많지만 배제하는 부분도 있기 때문이다.

인문과학과 자연과학의 방법론적 차이. 문학이론과 문학작품과의 본질적 관계. 그리고 문학적 개념과 문학작품과의 본질적 관계 등과 관련하여 본고가 문제 제기적인 인물로 다루고자 하는 작가가 尙虛 李泰俊이다.

1925년 결성되어 10여년 동안 일제 강점기 조선의 문학적 판도를 주도해

나가던 카프계열의 문인들은 30년대 접어들면서 내·외적 요인들로 인해 상대적 부진과 침체를 보이게 된다. 일제 식민당국의 집요한 사상탄압과 구성원들 사이의 이념적 차이에 의한 내부 분열 등. 복합적 요인으로 인해 카프조직은 이념적 선명성이나 조직적 결속력 등이 급속하게 무너져내리게 된다. 더우기 일본을 전신자로 한 사회주의 리얼리즘의 도입·소개는 일부 우경적 카프문인들에게 전향의 명분을 제공하면서 식민지 조선 문단의 지형도는 새로운 국면을 맞게 된다. 카프조직의 상대적 침체로 인한 문단질서 재편 과정에서 이태준은 '多讀多作'을 표면적인 기치로 내세운 九人會의 좌장격 구성원으로 참여하게 된다.

李泰俊을 축으로 한 구인회 구성원들은 나름대로의 활발한 창작활동을 전개해나간다. 구인회 구성원들의 의욕적인 시도는 당시 객관적 정세의 악화 속에서 주조의 공백과 혼미를 거듭하던 문단의 침체 국면 타개에 기여하면서 1930년대 역사적 모더니즘 운동의 구심점으로 자리잡아 나간다.

1930년대 역사적 모더니즘 운동의 기수인 '구인회의 삼인방'으로 李箱과 朴泰遠, 그리고 李泰俊을 손꼽는 데 망설이는 사람은 거의 없을 것이다. 이들 세 사람은 그 누구보다도 전통적인 문학적 관습의 의도적 파괴와 새로운 형식실험, 언어예술로서의 문학의 본질적 깊이에 대한 의식적 자각 등. '미학적 자의식'을 본질적 표지로 하는 모더니즘의 근저에 다가 서 있기 때문이다. 이 세 사람 중에서도 특히 후한 점수를 받아야 할 작가가 이태준이다. 朴泰遠이나 李箱이 파격적인 형식실험에만 매몰된 채 당대의 일제 강점기 상황에 대한 '현재의식'을 드러내지 못한 것과는 달리 이태준은 서사적 긴장의 고리를 놓지 않고 있다는 점에서 그들과는 상대적 차별성을 보여주고 있기 때문이다. 더우기 본고가 분석대상으로 삼고자 하는 초기소설들은 그러한 상대적 차별성을 선명하게 보여주는 작품군이 지배적이다. 악덕 일본인 지주와 일제의 식민지 농업화 정책으로 인한 농민층의 몰락과 해체과정을 형상화한 「꽃나무는 심어놓고」(1933. 3). 유곽촌 탐방기사 취재에 나선 기자를 초점인물로 해서 제시되는 일제 강점기 조선 민중들의 비참한 생존조건을 형상화한 「아무일도 없소」(1931. 7). 이상과 현실의 괴리로 갈등하는 지식인 청년을 초점인물로 하여 일제 강점기의 참담한 조선현실을 형상화하고 있는 「고향」(1931)을 비롯하여 「어떤 날 새벽」(1930. 9), 「봄」(1932. 4), 「실락원 이야기」(1932. 7), 「촌떡이」(1934. 3) 등이 그런 유형의 작품군에 속하는 작품들이다. 이 작품들은 "일제 강점기 작가로서의 李泰俊의 사회현실 파악과 민중고통에의 동참지향"[1]을 분명하게 보여주고 있다.

李泰俊은 이제까지의 통시적 문학사류에서 '문장가', '의고주의자', '역사부재·사상빈곤의 문학', '순수문학'[2] 등 범박한 의미에서의 형식주의자[3]로 규정되어 왔다. 범박한 의미에서의 형식주의자로 李泰俊의 작가적 표지를 규정하고 있는 기존의 일반적 규정들은 상당한 근거와 설득력을 지니고 있다. 그러나 그러한 일반적 규정들이 李泰俊의 전체 소설체계를 포섭하고 있다고는 할 수 없다. 특히, 초기소설에 관한 한 그러한 일반적 규정들은 '타당성의 시민권'이 위협받을 정도로 그 근거가 흔들리게 된다. 더우기 그러한 일반적인 규정들은 정치한 작품분석을 통한 결과라기보다는 李泰俊이 핵심구성원으로 활약했던 구인회의 이념적 지향이 선입되어 내려진 성급한

---

1) 유종호, 「인간사전을 보는 재미 : 이태준의 단편」, 이선영 편, 『1930년대 민족문학의 인식』, 한길사, 1990, 296면.
2) '순수'니 '사상성이 배제된 문학'이니 하는 용어는 그 용어 자체부터 개념적 정합성을 상실한 용어이다. 작가의 이념적·사상적 산물의 이데올로기적 상부구조로서의 문학작품은 존재와 세계에 대한 작가의 태도를 드러낼 수 밖에 없는 실존적 기투행위이기 때문이다. 그러나 본고는 논의의 목적을 위해 그 용어들이 관습적 차원에서 이해되고 있는 의미를 수용하고자 한다.
3) 이태준의 작가적 표지를 형식주의자로 규정하는 논의들은 주로 당대의 인상비평류의 글이나 통시적 문학사류의 글들에서 제기된 입장이다. 이태준의 작가적 표지를 형식주의자로 규정하는 입장에 반대하는 논의들이 최근의 개별 작품론이나 학위논문의 글들에서 제기되고 있다. 글의 성격상 후자의 규정들이 논의의 심도나 구체성에서 앞서 있다. 그렇다고 해서 그 입장만이 배타적인 정당성을 고집할 수는 없는 문제이다. 양자의 입장이 모두 그 대상이나 관점에 따라서 나름대로의 정당성과 설득력을 지니고 있기 때문이다.

결론들이 아닌가 하는 의문으로부터 자유로울 수 없다라는 생각도 든다.

상호 유기적 관련을 맺고 있는 이 두 가지 사실이 본고의 논리적 동기를 제공한다. 따라서 본고는 기존의 일반적 규정들이 드러내고 있는 부분적 오류들을 구체적인 작품분석을 통해 논증하고자 하는 것을 그 목적으로 한다. 분석대상 작품을 초기소설에 한정하는 것도 본고의 그러한 목적을 위해서이다. 이러한 목적을 효과적으로 수행하기 위한 분석적 틀로 본고는 '서사지평'(narrative horizon)이라는 개념을 동원하고자 한다. 초기소설들 중에서도 지식인의 소외를 통해서 당대의 식민현실에 대한 인식통로를 개방하고 있는 「어떤 날 새벽」과 「고향」을 집중적으로 분석하고자 한다.

'소외된 인간군상들의 전시장'이라고 할 수 있을 정도로 李泰俊 초기소설에 등장하는 인물들은 대부분 불행한 처지의 인물들이 초점인물(focal character)로 부각된다. 의지처 하나 없이 자신의 생계마저도 스스로 해결해야만 하는 고적한 처지의 노인네들. 성마저도 상품화의 대상으로 도구화할 수 밖에 없는 궁핍한 생존조건으로 인해 기생으로 전락하게 되는 여인네들. 현실과 이상의 괴리로 인해 전공지식의 적절한 배출구를 찾지 못한 채 실의와 좌절 속에서 방황하는 지식인들. 일제의 식민지 농업정책으로 인한 농민층의 해체와 몰락으로 인해 도시빈민이나 유랑민의 처지로 전락하게 되는 농민들. 자신의 천성으로 인해 사회의 변화에 적응하지 못한 채 악화일로의 불행한 삶만을 살아가는 순박한 서민들. 이 다섯 유형의 인물들이 李泰俊 초기소설의 지배적인 초점인물들이다. 불행한 처지에 놓인 초점인물들의 인간관계에서 파생되는 일상사들이 李泰俊 초기소설의 초점대상으로 부각된다.

李泰俊 초기소설의 서술자는 이야기 층위에서의 초점인물과 초점대상에 대해 적극적인 서술적 개입을 삼가한다. 불행한 처지의 인물들에 대해 기본적으로 동정적인 시각을 유지하고는 있으나 정서적 몰입에 대해서는 지극히

절제하는 편이다. 초점인물들을 객관화해서 볼 수 있는 일정한 서술적 거리를 확보한 상태에서 항상 서두르지 않고 차분하게 서술한다. 담론차원에서의 그러한 서술전략은 초점인물들의 불행한 처지를 선명하게 드러내는 장치로 기능한다.

2. 서사지평의 개념

문학연구에 있어서 항상 논의의 초점으로 부각되는 문제가 형식과 내용의 문제일 것이다. 형식과 내용은 실체적 존재(substantial object)인가? 실체적 존재라면 그 둘은 어떠한 관계에 있는 것인가? 어느 쪽에다 상대적 초점을 맞추어서 문학 텍스트를 규정하고 평가할 것인가? 하는 등등의 문제들은 상식적인 질문 같으면서도 만만치 않은 무게를 지닌 문제들이다. 그것은 문학 텍스트의 형식과 내용이 감각적으로 지각가능(perceptible)한 구체적 대상이 아니라 정신적으로 인지가능(recognizable)한 추상적 실체이기 때문이다. 이제까지의 문학 비평사는 형식과 내용이라는 양진자를 축으로 한 왕복운동이라고 할 수 있을 정도로 문학연구에서 형식과 내용은 본질적인 문제이다.

형식과 내용을 준거틀로 하여 문학연구는 두 층위로 구분할 수 있다. 하나는 분석적 층위(analytical level)이고 다른 하나는 평가적 층위(evaluative level)이다. 문학 텍스트 자체의 자기 완결성이나 자기 목적성을 중시하는 전자에서는 대상작품의 내적인 구조원리나 다양한 기법적 장치의 분석에 초점을 맞춘다. 반면 문학 텍스트 자체의 내적 논리보다는 원심성의 확산에 초점을 맞추는 후자에서는 대상작품의 사회・역사적 측면이 더 중시된다. 상반된 초점을 지니고 있는 양자의 관계는 상호 배타적인 관계가 아니라 상호 보완적 관계이다. 따라서 올바른 문학연구가 되기 위해서는 문학연구를 구성하는 두 층위가 유기적 통일성을 이루어야 한다. 어느 한 쪽에 배타적 강조를 두어 분석할 경우 문학 텍스트의 진정한 실체를 파악하기가 어려워지기 때문이다. 분석적 층위 그 자체에만 그쳐 버리는 미시적 연구나 분석적 층위에 대한 고려없이 평가적 층위만 거칠게 드러내는 소박한 반영론적 연구태도는 지양되어야 한다. 문학 텍스트는 양항 대립적이 아니라 상호존재 규정적인 형식과 내용의 변증법적 통일체이기 때문이다. '형식적 여과과정을 거친 이데올로기적 담지체'인 문학 텍스트의 본질적 속성에 유기적으로 접근하는 유효한 분석개념으로 본고에서는 서사지평이라는 개념을 사용하고자 한다.

다양한 기능단위들로 조직된 서사물은 이야기 층위(story level)와 담론층위(discourse level)라는 이원조직을 구조적 특성으로 지닌다.

이야기 층위의 지배소(dominant)는 인물(character)이다. 인물들의 행동들이 구축하는 사건들이 이야기의 핵심단위이기 때문이다.

담론층위의 지배소는 작가의 세계관이나 이미지가 투영된 서술자(narrator)이다. 서술자를 담론층위의 지배소로 설정하는 근본적인 이유는 소설의 장르적 속성때문이다. 존재와 세계에 대한 해석행위를 이야기 양식을 통해서 전달한다는 점에서 극양식과 서사양식은 동일하다. 그러나 이야기를 전달하는 구체적인 방식에 있어서 두 장르는 근본적인 차이를 지닌다. 극 장르는 등장인물들의 행동과 대화를 통해서 관객들에게 이야기를 직접적으로 보여준다. 반면, 서사장르는 직접적으로 보여주지 않는다. 인물들의 행동들이 조직하는 이야기를 서술자가 개입하여 독자들에게 간접적으로 전달하는 것이 서사장르이다. '서술자의 중개'(the mediacy of narrator)를 통한 전달의 간접성이야말로 전달의 직접성이나 단일성을 장르적 표지로 하는 서정장르나 극장르와 서사장르를 가름케 하는 변별적 표지라 할 수 있다. 이야기에 대한 서술자의 서술태도나 서술방식 등이 서사물의 분석에 중요한 의미를 지니는 것도 서사물의 그러한 장르적 속성 때문이다.

이야기 층위의 지배소인 인물과 담론층위의 지배소인 서술자를 규정하는 궁극적 요인은 작가의 세계관이다. 존재와 세계의 해석과정과 그것들의 문학적 반영과정에 중심원리로 작용하는 것이 작가의 세계관이라고 보기 때문이다. 이제까지의 논의에 기초하여 본고에서는 서사지평의 개념을 두 가지 차원으로 규정하고자 한다. 이야기 층위에서 인물들을 통해서 드러나는 세계관이 그 하나이다. 소설 속에서 작가가 제시하고자 하는 역사적 전망이나 세계관이 드러나게 되는 것은 결국 인물들을 통해서이기 때문이다. 다른 하나는 담론 층위에서 서술자의 서술태도나 서술방식을 통해서 드러나는 작가의 세계관이다. 존재와 세계에 대한 작가의 태도나 세계관은 서술자의 서술태도나 서술방식에 반영되기 때문이다. 시점이나 서술방식 등이 단순히 소설의 기교적·형식적 차원의 문제만이 아니라 인식론적 차원의 문제인 것도 그러한 이유에서이다.

3. 이상과 현실의 괴리로 인한 지식인의 소외양상

1) 민족교육의 의지 좌절 :「어떤날 새벽」

「어떤 날 새벽」(『新小說』, 1930. 9)의 초점인물로는 민족교육에 대한 자신의 헌신적인 교육의지를 실현시키려다 좌절된 후 도둑으로 전락하게 된 영락한 처지의 윤선생이 등장한다. 윤선생의 영락한 처지를 형상화하고 있는 이 작품은 세 개의 독립적인 서사단위(sequence)로 구분할 수 있다. 세 개의 독립적인 서사단위는 초점인물 윤선생의 처지를 축으로 다음과 같이 명명할 수 있다.

S1:도둑으로 침입, S2:교육에 대한 헌신적 의지 좌절, S3:동네 사람들에게 체포.

이 작품의 이야기 층위 골격은 S1에서의 추정적 정보가 S3가 제공하는 서사정보에 의해서 명백한 사실로 확인되는 과정이다. 이야기 층위에서의 S1은 두 가지의 서사정보를 제공하고 있다. 하나는, 새벽에 도둑이 침입하여 달아나는 과정에서 서술자인 '나'와 나의 아내가 느끼는 심리적 불안과 공포이다. 추정의 차원에서 제기되는 다른 하나의 정보는 그 도둑이 아내의 보통학교 시절 자신의 헌신적인 교육의지가 좌절당한 후 고향을 떠난 윤선생일지도 모른다는 정보이다.

두 가지의 서사정보 중 양적인 측면에서는 전자의 정보가 압도적인 비중을 차지한다. 그러나 S2와 S3와의 유기적 관련 속에서 볼 때 핵심적인 기능단위로 작용하는 서사정보는 후자이다. 이 작품의 서사를 이끌어나가는 근본 동력이 바로 추정의 차원에서 제기된 아내의 추측이기 때문이다.

S2는 초인간적인 노력에도 불구하고 자신의 헌신적인 교육의지가 좌절된 후 고향을 떠나는 과정의 서사정보를 제공하고 있다.

사건의 발생순서에서 볼 때, S1과 직접적인 선후관계에 놓인 S3는 S1과 마찬가지로 두 가지의 서사정보를 제공하고 있다. 하나는, S1에서 추정의 차원으로 제기되었던 아내의 의문이 구체적인 사실로 확인되는 정보이다. 다른 하나는, 자신들의 집에 침입했던 도둑(윤선생)이 동네 사람들에게 붙잡히어 몰매를 맞는 참혹한 정경과 그 정경을 동정과 연민의 정을 가지고서 지켜보는 나와 아내의 심리적 단편들이다.

이야기 층위의 분석을 통해서 알 수 있는 바와 같이 「어떤 날 새벽」은 불행한 처지의 윤선생을 초점인물로 하여 자신들이 습득한 전공지식의 적절한 배출구를 찾지 못한 채 좌절과 실의만을 경험하던 일제 강점기 지식인들의 울분을 간접적으로 형상화하고 있는 작품이다. 이와 같은 이야기 층위에서의 내용을 효과적으로 전달하기 위해 이 작품이 담론층위에서 동원하고 있는 지배적인 서술전략은 '순서'(order)이다.

이 작품의 이야기 층위를 구성하고 있는 세 개의 독립적인 서사단위는 '정상순서'(normal order)로 배열되어 있지 않고 '시간착오적 순서'(anachronous order)로 배열되어 있다. 사건들의 연대기적 시간순서를 변형시켜 서술하고 있는 순서의 서술전략은 윤선생의 불행한 처지를 효과적으로 드러내는 기능적 장치로 작용한다. 구체적인 분석을 통해서 알아보기로 한다.

S1을 서사의 기준시점으로 볼 때 이 작품의 이야기 순서는 S2-S1-S3이다. 그러나 서술은 S1-S2-S3의 순서로 변형되어 나타난다. 사건발생의 선조적 연계상으로 볼 때 S1과 S3사이에 과거회상으로서의 S2가 삽입된 서술구조를 취하고 있는 것이 이 작품이다.

S1과 S3사이에 삽입된 S2는 이 작품의 주제와 관련하여 볼 때 종속적이고 부차적인 서사단위가 아니라 핵심적인 서사단위로 작용하고 있다. 자신의 헌신적인 교육의지가 좌절되지 않았더라면 S1과 S3로 이어지는 이 작품의 전체 이야기 구조가 달라지기 때문이다.

S2가 핵심적인 서사단위로 기능하고 있다는 사실은 서술의 '빈도'(frequence)와 수준으로 로 볼 때도 확인된다. S2에서 윤선생의 헌신적인 교육의지가 좌절되는 과정의 소서사단위는 세 개이며, 그것들은 각각 한 번씩 상세하게 서술되고 있다. S2를 구성하는 세 개의 소서사단위를 S2-1, S2-2, S2-3로 명명한다.

  학교는 지은 지가 오래고 거두는 사람이 없어서 눈 녹는 물이 교실마다 새었다. 그 중에도 어떤 반은 비가 오는 날이면 방안에서 우산을 받을 지경이었으므로 날만 흐리는 것을 보아도 쉬는 시간도 없이 공부를 몰아치는 형편이었다.
  그러나 이것을 본 졸업생들이나 학부형들이나 모두 자기 집 아랫목만 비가 새지 않는 것을 다행으로 알 뿐이었다.
  윤선생이 와서 일학기가 지났다. 여름 방학이 된 이튿날부터 윤선생은 새벽 조반을 지어먹고 점심을 싸가지고 어디론지 나갔다가 어두워야 돌아오곤 하였다……
 과연 윤선생은 골을 동지고 수리조합 보뚝을 쌓는 데 가서 모군 일을 하였다. 불덩어리 같은 돌멩이도 겨나르고 물이 흐르는 진흙 짐도 졌다.
 윤선생은 이 일을 만 한 달 동안 하였다. 두 번 간조에 삼십여 원을 타가지고 그는 읍으로 들어갔다.
 그러나 그것은 소문과 같이 자기의 늙은 어머니에게 돈을 부치려 우편국을 찾아간 것은 아니었었다. 그는 철물점에 가서 함석을 사고 못을 샀다. 그것을 자기 등에 지고 십리를 꾸벅꾸벅 나왔다.
 물론 그 후부터 신흥학교는 비가 새어 공부를 못하게 되지는 않았다.(S2-1,자료편4, 90~91면)
 그해 겨울이 왔다. 산골이므로 학부형들이 장작은 대었으나 난로가 모자랐다. 삼사학년을 한 데 모으고 오륙학년을 한테 모아도 난로가 모자랐다.
 동짓머리 제일 추운 때가 왔다. 윤선생은 자기가 담임하여 가르치던 오륙학년에 일주일 동안 재가복습을 주었다. 그리고 그날부터 윤선생은 자기 아내에게도 자세히 이르지 않고 어디로인지 없어지고 말았다.
 일주일째 되는 날 오후였다. 집으로 돌아가던 학생들은 읍길에서 윤선생을 발견하였다. 윤선생은 짐꾼에게 난로 하나를 지워 가지고 타박타박 따라오고 있었다. 참말 그때 윤선생은 오륙십된 노인처럼 다리에 힘이 없이 타박거리었다. 학생들은 그때와 같이 피곤한 윤선생을 본 적이 없었다. 그러나 무심한 어린 학생들은 그 윤선생이 푹 눌러쓴 방한모 속에 피문은 붕대가 감겨있는 것은 발견하지 못하였다.
 윤선생은 짐꾼에게 학교를 가리키고 자기는 바로 집으로 와서 그 추운 날 냉수부터 찾으며 쓰러지고 말았다.
 이마에는 끌에 찍힌 것처럼 가죽이 뚫어졌다. 두 손바닥에는 밤톨만큼씩한 못이 박히고 손등이 성한 데가 없이 터져 있었다. 그리고 몸이 불덩어리처럼 뜨거웠다……
 그러나 동리 사람들은 며칠이 안 돼서 소문을 들었다. 읍에서 멀지 않은 곳에서 금강산 가는 전차길을 닦느라고 산 허무는 일터가 있는데, 윤선생이 거기 와 일을 하다가 엿새째 되는 날엔 남포에 터져 나가는 돌조각에 맞아 이마가 뚫어졌다는 것과 삯전 육 원과 치료비 삼원을 탔다는 것까지.(S2-2, 자료4, 91~92쪽)

그러나 신흥학교의 운명은 윤선생의 노력 여하에 달린 것은 아니었다. 이미 결정된 때가 있었고 결정한 곳이 있었다. 신흥학교는 자격있는 교원 세 사람 이상을 쓰지 못한 지가 오래다. 해마다 새로 나는 교비품을 장만하지 못하는 지가 오래다. 윤선생은 졸업생들을 찾아다니고 청년회원들을 찾아다니고 경찰서와 군청을 드나들며 '신흥학교 후원회'를 조직하였다. 그리고 기부금 허가원을 제출하였다. 그러나 이 신흥학교에는 기부금 허가 대신에 「학교를 유지할 재원이 없는 것을 인정한다」는 이유로 학교 허가 철회와 해산 처분이 내리고 말았다.

윤선생은 눈이 뒤집히어 군청으로 달려들어갔다. 그러나 윤선생의 열성을 알은 곳이 있으랴. 그날 밤 학교 가까이 있는 사람들은 모두 첫잠을 울음소리에 놀라 깨었다. 그것은 윤선생이 술이 취해서 학교 마루창을 두드리며 우는 소리였었다.

그 이튿날 아침엔 윤선생이 미쳤다는 소문이 퍼졌다.

그것은 윤선생이 학교 마당에 서서 십리, 이십리 밖에서 멋모르고 모여드는 학생들에게, 마치 채마밭에 들어간 닭이나 개를 쫓듯이 조약돌을 집어 가지고 팔매질을 하여 쫓아보낸 것이다.

윤선생은 자기도 그날로 아내와 젖먹이 딸을 데리고 그 동리를 떠나가고 말았다는 것이다.(S2-3, 자료4, 92면.)

교육에 대한 윤선생의 헌신적인 의지와 그것이 외적인 장애에 의해 좌절되는 과정을 보여주는 세 개의 소서사단위는 각각 이항대립적 구조로 되어 있다. 윤선생의 교육의지 실현을 방해하는 외적인 장애 : **외적인 장애를 극복하여 자신의 교육의지를 실현하고자 하는 윤선생의 초인적 노력.**

S2-1과 S2-2에서의 장애는 '장마'와 '추위'라는 자연적 장애이며, S2-3에서의 장애는 '교육관계법령'이라는 사회·제도적 장애이다. 이항대립적 구조에서 양자의 대립 강도는 S2-1에서 S2-3로 진행될수록 강화되며 전자의 힘이 후자의 노력을 압도하게 된다. 이항대립적 구조에서의 서술적 배려는 외적인 장애보다는 외적인 장애를 극복하고자 하는 윤선생의 초인적 노력에

주어져 있다.

문면에서와 같이 윤선생은 막노동을 통한 자신의 헌신적인 노력에 의해 자연적인 장애를 극복하면서 자신의 교육의지를 실현해나간다. 그러나 조직적인 힘을 지닌 사회・제도적 장애는 윤선생 개인의 헌신적 노력만으로는 극복할 수 없는 문제이다. '그러나 신흥학교의 운명은 윤선생의 노력 여하에 달린 것은 아니었다. 이미 결정된 때가 있었고 결정한 곳이 있었다'라는 서술정보에서 알 수 있는 바와 같이 결국 학교는 폐쇄되고 윤선생은 학교를 떠나게 된다. 이와 같은 서술빈도와 서술수준으로 볼 때 이 작품의 서술초점은 윤선생의 헌신적인 교육의지가 좌절되는 과정에 놓여있음이 그냥 드러난다.

이 작품의 서술초점이 윤선생의 헌신적인 교육의지가 좌절되는 과정에 놓여있음은 S1과 S3가 제공하는 서술정보들에 의해서도 확인된다. '나'의 집에 침입한 도둑(윤선생이라는 신분이 밝혀지기 이전의 상태)에 대한 S1에서의 묘사와 도둑(윤선생이라는 신분이 밝혀진 상태)이 동네사람들에게 붙잡히어 몰매를 맞는 장면에 대한 S3에서의 묘사가 그러한 서술정보들이다.

'그는 칼을 들었으나 어딘지 성경책이나 들어야 어울릴 사람처럼 보면 볼수록 인후란 인상밖에 주지 못하는 위인이었기 때문이었기 때문이다.'라는 S1의 서술정보에서 알 수 있는 바와 같이 '나'의 집에 침입한 도둑에 대해 '나'는 공포와 불안의 대상으로 서술하는 것이 아니라 연민과 동정의 시각에서 서술하고 있다. 그러한 서술전략은 S3에서 그 도둑이 윤선생으로 확인되면서 윤선생의 불행한 처지를 선명하게 부각시키는 기능적 장치로 작용한다. 또한 윤선생이 동네 사람들에게 붙잡히어 몰매를 맞는 장면의 S3도 동일한 기능을 하게 된다. S3에서 윤선생을 붙잡는 동네 사람들은 윤선생이 도둑으로 전락하기 전까지의 구체적인 내력에 대해 전혀 알지 못한 상태이다. 때문에 동네 사람들은 윤선생을 단순한 도둑으로 생각할 수 밖에 없다. 따라서 동네 사람들은 윤선생을 붙잡기까지의 과정을 '나'에게 무용담을 들려주듯 하는 것이다. 도둑으로 전락하기 전까지 윤선생의 인생유전에 대해서 어느 정도 알고 있는 '나'는 관찰자적 입장에서 그러한 과정들을 동정적인 입장에서 서술하고 있다. 그러나 정서적 몰입은 지극히 절제하는 편이다. 그러한 서술전략 또한 윤선생이 처한 비극적 상황을 고조시키는 기능적 장치로 작용한다.

이제까지의 분석으로 미루어 볼 때 S1과 S3 사이에 삽입되는 S2는 S1과 S3를 능가하는 서사적 비중과 무게를 지니고 있다는 점에서 삽화가 아니라 액자소설에서의 '안 이야기'(Binnenerzählung)로 볼 수 있다. 액자소설이라는 관점에서 볼 때 이 작품은 "바깥 이야기 하나(S1-S3)에 안 이야기 하나(S2)를 담고 있는 '액자가 끼워진 단일소설'(gerahmte Einzelerzählung)이며, 바깥 이야기들 사이에 안 이야기가 끼어 있는 닫힌 액자소설"4)이라고 할 수 있다.

안 이야기로서의 S2는 독특한 서술전략을 구사하고 있다. S2에서의 독특한 서술전략 또한 이 작품의 주제와 유기적 관련을 맺고 있다.

S2는 서사가 시작되는 S1에서의 기준서사에서 볼 때 7년의 거리(reach)와 1년의 시간(extent)을 지니고서 S1과 S3 사이에 삽입된다. 이러한 S2의 서사 단위는 '아내가 강원도 C군에 있던 신흥학교 육학년에 재학 중이던' 7년 전 1년의 기간에 해당하는 시기이다. 그 시기에 아내가 직접 목격했던 윤선생에 대한 기억을 바깥 이야기의 서술자인 '나'가 대리 서술하고 있는 것이 S2의 서술상황이다.

하면서 아래와 같이 '그이'를 이야기하였다.
　이 '그이'라는 윤모(尹某)는 황해도 어느 산읍 사람이었다. 그가 나의 아내가 다닌 소학교(강원도 C군에 있는) 신흥학교에 오기는 지금으로부터 육 칠 년 전, 나의 아내가 육학년이 되던 첫학기**였다고 한다.**(자료4, 90쪽)

---

4) 김천혜, 『소설구조의 이론』, 문학과 지성사, 1992, 167~169면.

이 문면은 S2가 시작되는 문면이다. 문면의 '……였다고 한다'라는 종결어미에서 알 수 있는 바와 같이, S2에서의 서술상황은 아내의 체험적 진술을 대명사와 시제만 서술자 '나'의 입장으로 바꾸는 간접화법으로 일관하고 있다. 윤선생의 초인적인 노력을 직접 목격했던 아내의 경험담이 '나'의 대리서술을 직접 매개하고 있기 때문에 서술자로서로의 '나'의 신뢰가치는 높아진다. S2에서의 이러한 서술전략은 S1·S3와 유기적 관련을 맺으면서 자신의 헌신적인 교육의지가 좌절되어 도둑의 신분으로 영락하게 된 윤선생의 불우한 처지를 선명하게 드러내는 데 기능하고 있다. 이런 점에서 S2는 "기본서술과 틈새없이 연결되어 작품전체가 되돌아보는 과정을 이루고 있는 완전회고"5)라고 할 수 있다.

한편, 이 작품으로 하여금 일제 강점기의 열악한 교육환경과 통제정책에 관한 비판적 인식통로를 열어주는 것이 신흥학교의 성격과 민족교육에 대한 윤선생의 적극적 의지이다.

> 그때 신흥학교에는 교원이래야 그 동리에서 일없이 노는 졸업생 몇 사람과, 신경쇠약으로 정양삼아 교장집에 와 묵고 있던 일본 어느 여자전문에 학적을 두었다는 서울여자 한 분과 이 윤선생뿐이었다. 그중에서도 졸업생들이래야 교편을 잡기에는 원체 상식으로 부족할 뿐 아니라, 어느 면소에 서기 한 자리만 비었다는 소문이 와도 제각기 이력서를 써가지고 달아나는 무열성이었고, 여선생이래야 그야말로 시간을 하다 말고라도 획 떠나가면 고만인 교장집 손님에 불과하였다. <u>더구나 교장이 없었다. 설립자요 교주인 교장은 기미년 이후부터 감옥에 가 있었다. 윤선생은 신흥학교가 이와 같은 비운에 빠져 있는 것을 아주 모르고 온 것은 아닌 것 같았다고 한다.</u>(자료4, 90면)

"시간과 공간의 좁은 한계 내에서의 특수한 한 순간에 포착되며, 단편소설의 목적이 되는 하나의 결정된 사건 속에서 기능을 하는"6)인물을 통해서

---

5) 권택영, 『소설을 어떻게 볼 것인가』, 동서문화사, 1991, 221면.
6) Alberto Moravia, 「단편소설과 장편소설」, 찰즈 E. 메이 엮음, 최상규 옮김, 『단편소

주제를 전달하는 단편의 장르적 특성으로 인해 이 문면은 신흥학교의 이념적 지향이나 윤선생이 신흥학교에 들어가게 된 구체적인 동기에 대해서 명시적인 서술정보를 제공하지는 못하고 있다. 그러나 암시적이고 우회적인 형태로나마 신흥학교의 교육이념과 목적을 추측해 볼 수 있는 부분이 밑줄 친 문면의 서술정보이다. '설립자요 교주인 교장은 기미년 이후부터 감옥에 가 있었다'라는 문면에서 유추할 수 있는 서술정보는 두 가지이다. 신흥학교는 사립학교라는 정보와 그 사립학교의 교주이기도 한 교장은 민족의식이 투철한 지사형의 인물이라는 정보이다.

이와 같은 서술정보들 외에 일제 강점기의 열악한 교육환경이나 일제의 폭력적인 교육통제 정책에 관한 기록이나 자료 등 당대의 사회사적 정보들은 신흥학교의 교육이념이나 기본성격을 이해하는 데 상당한 도움을 준다.

> 우리나라 근대사에 있어서 근대학교의 설립과 의무교육의 실시는 80년 전 한국개화 운동가들이 온 정력을 쏟아 실행하였던 과업이며 이것을 무력으로 저지한 것이 바로 일본 제국주의자들이었다.…… 일제 통감부는 한국 민중의 애국적 교육열에 경악하였다. 일본 제국주의자들은 사립학교 설립에 의한 민중의 의무교육 실행운동을 독립운동의 일환으로 보고 이에 대한 탄압을 시작하였다. <u>일제 통감부는 1908년 8월 <사립학교령>을 제정·공포하여 1. 사립학교의 설립은 학부대신의 인가를 받도록 하여 인가제로 만들고 인가기준을 당시 한국 민중의 사립학교가 갖지 못한 높은 시설기준을 만들어 이것을 다시 심사하도록 하였으며, 2. 정부와 통감부의 명령에 위배되거나 유해하다고 인정하는 실업학교에 대해서는 이를 폐쇄할 수 있도록 하여 한국 민중들의 자강독립을 위한 산업교육과 물산장려운동을 저지하도록 하고, 3. 이미 인가를 받은 학교도 다시 학부대신의 재인가를 받도록 하여 높은 시설 기준과 심사를 요구하였다.</u> 이것은 교육의 본질과는 하등 관계없는 까다로운 조건을 내세워 민중의 사립학교를 폐쇄하려고 획책한 것이었다.……

> 일본 제국주의자들은 우리나라를 병탄하자 안심하고 <u>1911년 9월 소위 <조

설의 이론』, 정음사, 1984, 232면.

선교육령>이라는 것을 제정・공포하였다. 이것은 보통학교(소학교)는 사립학교를 원칙적으로 인정하지 않고 모두 4년제 관공립보통학교로 하며, 2년제 고등보통학교와 2-3년제의 실업학교는 사립학교를 인정하되 일제의 충량한 신민을 양성하고 일본 국민이 될 성격을 함양하여야 하며,……7)

일반적으로 지배국에 의한 식민지 민족에 대한 교육이 토착민의 민족적 문화적 독자성을 멸시 내지 말살하자는 것이 그 공통점이 되고 있음은 위에 소개한 바 있거니와, 일제의 우리 민족에 대한 식민지 교육정책은 그 어느 식민주의 국가보다도 철저했고 무자비했다는 것이 특징이다……

합방 다음해인 1911년에는 사립학교 규칙을 마련하고 교사・교과서 교과과정을 규정, 조선인 교육자가 만든 교과서는 일절 몰수하고 법령의 규정에 위반하는 학교 또는 안녕질서를 문란하고 또는 풍속을 해칠 염려가 있는 학교에 대해서는 폐쇄령을 내렸다. 사립학교는 교시를 지켜 폐교를 하든가 일제에 굴복하여 존속의 길을 택하든가의 기로에 서게 되었다. **이리하여 합방 전 1천4백 여개에 달하던 민족계 사립학교가 10년 후인 1919년에는 약 3분의 일로 줄었다.**8)

앞서의 두 가지 서술정보들과 인용한 자료들을 통해서 볼 때 신흥학교는 민족의 독립과 자주적 근대화 운동을 위한 인재양성을 위해 각종 사회・종교단체나 독지가들이 의욕적으로 추진했던 의무교육 운동과 그 운동을 실천하기 위한 근대적 제도로서 설립했던 사립학교들 중의 하나로 판단된다. 당시 교육을 식민통치와 정치적 지배를 합리화하기 위한 지배 이데올로기의 전파도구로 이용하고자 했던 일제 식민당국에게 기본적으로 민족적 이념을 지향하고자 했던 신흥소학교류의 사립학교들은 탄압의 대상이 될 수 밖에 없었다. 일제가 제도나 관계법령 등 합법을 가장한 갖은 제도적 폭력을 통해 어떻게 교묘한 통제와 탄압을 자행했는가는 인용자료들이 극명하게 보여주고 있다.

---

7) 신용하, 『한국근대사와 사회변동』, 문학과 지성사, 1986, 213~219면.
8) 송건호, 「민족교육의 사적 고찰」, 『창작과 비평』, 1976년 봄호, 334~336면.

그리고 윤선생이 신흥학교에 가게 된 것도 주체적인 민족교육적 동기에서 이루어진 것으로 판단된다. 그러한 판단을 가능하게 해 주는 근거로는 우선 '윤선생은 신흥학교가 이와 같은 비운에 빠져 있는 것을 아주 모르고 온 것은 아닌 것 같았다고 한다.'라는 서술정보를 들 수 있다. 그러한 서술정보에 의한 판단의 객관성을 담보해주는 주변자료로는 사회사적 정보를 들 수 있다. 그 당시 자료들에 의하면 일제의 폭력적인 교육탄압에 대해 조선의 민중들은 여러 가지 차원에서의 자발적인 투쟁을 전개했다고 한다.

이것은 전대미문의 문화적 대탄압이었다. 그러나 한국 민중들은 여기에 굴복치 않았다. 그들은 촌촌에 세워진 학교들을 통합하였으며, 부녀자들은 금비녀를 헌납하고 어떤 농민들은 토지를 내놓았으며 계몽된 지주들은 징수한 소작료로 시설을 공급하였다. **전국의 많은 애국 청년들이 자진하여 무보수 교사가 되어서 부족한 교사수를 채워 시설기준에 맞추었다.**[9]

인용 정보와 앞서의 서술정보를 토대로 해서 볼 때 윤선생은 일제의 교묘한 교육통제 정책에 맞서 부족한 교사 수를 채워 시설기준에 맞추기 위해 무보수 교사를 자처했었던 전국의 많은 애국 청년들 중의 한 사람으로 판단된다.[10]

---

9) 신용하, 앞의 글, 217~218면.
10) 평소 상허의 집필 태도를 일고해 볼 때 상허는 자신의 체험 사실을 크게 윤색하지 않고 비교적 진솔하게 표현하는 경향을 보이고 있다라는 전제하에 민충환은 치밀한 고증을 통해 신흥학교는 상허의 오촌되는 독립운동가 이봉하씨와 그가 설립한 사립 봉명학교를 모델로 한 것이라고 밝히고 있다.
이봉하는 정삼품 통정대부 함흥중군 이홍식의 맏아들로 1866년에 강원도 철원군 철원읍 용담에서 출생하여……
그 후 31세가 되던 해에 거국적인 기미년 3·1 운동이 일어나자 이에 적극 호응하여 강원도 애국단을 조직하고 강원도 애국단 단장으로 취임하여 일제폭압에 항거투쟁하다가 체포되어 삼개성상의 옥고를 치루었으며……
민충환, 『이태준 소설의 이해』, 백산출판사, 1992, 102~105면.
또한 민충환은 현지 주민 조병준(1906년생, 봉명학교 출신)씨의 증언을 빌어서 윤선생의 모델이 되는 인물이 일본 靑山學阮 출신으로 봉명학교 교사로 재직한 바 있는 오상근이라고 밝히고 있다.

2) 이상적 공간의 탐색좌절 : 「고향」

「고향」(동아일보, 1931. 4. 21~4. 28)은 李泰俊의 자전적 요소들이 일정하게 투사된 작품이다. 그런 점에서 이 작품의 초점인물로 등장하는 김윤건은 李泰俊의 대용인물(surrogate)이라고 추정할 수 있다. 그러한 추정은 이 작품이 제공하는 서사정보들에 의해서 가능해진다. 창작동인으로써 많은 논자들에 의해 거론되는 고아의식의 형성과정. 고등보통학교 재학시 동맹휴교의 주동적 역할. 동경에서의 신산스러웠던 유학생활. 귀국 후 경제적 안정을 확보하는 과정에서의 좌절과 방황. 등이 바로 그러한 추정을 가능하게 하는 서사정보들이다.

이 작품에 관한 기존의 대부분 논의들은 이러한 서사정보들을 토대로 이 작품의 현실인식 수준에 초점을 맞추는 반영론적 관점에서 그 작업이 이루어져왔다. 그러한 방향에서의 기존 논의들은 반영론적 관점의 방법론적 특성으로 인해 대상작품의 정치한 구조분석에는 아무래도 소홀할 수밖에 없게 된다. 그런데 어떠한 관점에서의 작품분석이건 '섬세한 작품읽기'를 대신할만한 덕목은 없다. 그러한 전제에서 섬세한 작품읽기를 통한 정치한 구조분석을 통해 이 작품에 관한 대부분의 기존논의들에서 드러나는 공백을 메꾸어 보고자 하는 것이 이 글의 의도이다.

대부분의 작품들에서 제목은 그 작품이 드러내고자 하는 핵심 메시지를 압축적으로 드러내는 기능을 하게 되는 경우가 많다. 「고향」에서의 '고향'이라는 제목 또한 그러한 일반적 경우에서 크게 벗어나지 않고 있다. 따라서 이 작품에서 '고향'이라는 제목이 그 작품의 핵심 메시지와 관련하여 내장하고 있는 의미가 무엇인가를 밝히는 일은 그 작품의 의미해명에 핵심열쇠가 된다.

「고향」에서의 '고향'이라는 제목은 이 작품의 핵심 메시지와 관련하여 두 가지 차원에서의 의미를 지니고 있다. 하나는 '자신이 태어나 성장한 공간'이라는 물리적 차원에서의 의미이며, 다른 하나는 '자신이 추구하고자 하는 이상을 실현시킬 수 있는 공간'이라는 정신적 차원에서의 의미이다. 물리적 차원에서의 고향이 과거 회귀적 공간이라면 정신적 차원에서의 고향은 미래 지향적 공간이라고 할 수 있다.

두 가지 차원의 의미를 지니고 있는 고향 가운데서 이 작품의 무게중심은 물리적 차원에서의 고향보다는 정신적 차원에서의 고향 쪽에 놓여 있다. 이 점이 바로 이 작품의 문제성이기도 하다. 왜냐하면, 물리적 차원에서의 고향은 단순히 개인적·정서적 차원에 국한되는 개념인 반면 정신적 차원에서의 고향은 사회·역사적 차원으로 그 인식지평이 확장되는 개념이기 때문이다. 사회·역사적 차원으로 그 인식지평이 확장되는 과정에서 정신적인 차원에서의 고향은 일제의 강점기 현실에 대한 비판적인 인식통로를 개방하고 있다. 그 인식통로의 넓이와 깊이는 그러나 단편이라는 이 작품의 장르적 특성과 초점인물 김윤건의 감정적 대응방식으로 인해 총체성의 수준에서 본질적 깊이에까지는 이르지 못하고 있다. 구체적인 작품분석을 통해서 그 과정을 알아보도록 한다.

작가 李泰俊의 자전적 요소가 짙게 투영된 것으로 보이는 초점인물 김윤건은 두 가지 차원에서의 고향을 상실한 인물로 제시된다. 김윤건이 두 가지 차원에서의 고향을 상실하게 되는 데는 두 가지의 가치박탈 체험이 핵심동인으로 작용하고 있다. 하나는 어린 시절의 고아체험이며 다른 하나는 6년 동안 의 신산스러웠던 동경유학생활과 귀국 후 동경유학체험에서 얻은 전공지식을 통해 자신의 이상을 실현시킬 수 있는 적절한 대상을 찾지 못하는 욕구불만에서 오는 좌절체험이다. 전자의 고아체험이 물리적 차원에서의 고향상실을 가져온 핵심동인이라면 후자의 좌절체험은 정신적 차원에서의 고향상실을 가져온 핵심동인이라고 할 수 있다.

누가 「고향이 어데시요?」하고 물으면 그는 서슴치 않고 「강원도 철원이오」 하고 대답하지만 강원도 철원에는 김윤건의 집은 커녕 김윤건의 이름조차 알 만한 사람이 몇 사람 없었다. 그는 나기는 강원도 철원이었으나 개화당의 한 사람이었던 그의 아버지가 밤을 타서 집에 들어와 처자를 이끌고 망명의 길을 떠나던 때는 윤건이 겨우 네 살되던 이른 봄이었었다.

그 후 윤건은 아라사 땅인 '해수애'에 가서 이 년 동안 그곳에서 아버지를 잃고 다시 홀어머니를 따라 조선땅인 함경북도 '배기미(梨津)'라는 곳에 와서 사 년 동안 어머니를 마저 잃고 혈혈단신으로 원산을 나와서 삼 년 동안, 평양으로 가서 일 년 동안, 서울서 오 년 동안, 동경서 육 년 동안, 이것이 김윤건이가 오늘까지 한 때씩 정들이고 살아온 인연있는 고장들이었었다. 그러고 보니 윤건에게는 일정하게 그리운 고향이랄 것이 없었다. (자료4, 7~8면)

상기 인용문면은 고아체험으로 인한 물리적 차원에서의 고향상실에 관한 서사정보들을 제공하고 있는 서두부분이다. 고아체험으로 인한 물리적 차원에서의 고향상실은 문면에서와 같이 서술자의 요약적 진술의 형태로 압축처리되고 있다. 물리적 차원에서의 고향상실에 관한 서사정보들이 요약의 형태로 압축처리된 것과는 달리 정신적 차원에서의 고향상실은 초점인물 김윤건이 마주치는 구체적인 상황을 통해서 장면처리된다. 이와 같은 서술양상을 보더라도 물리적 차원에서의 고향상실은 정신적 차원에서의 고향상실을 부각시키기 위한 장식적 요소 이상의 서사비중은 차지하지 못하고 있다. 따라서 실질적인 작품분석 또한 정신적인 차원에서의 고향상실을 중심으로 이루어질 수 밖에 없다.

이와 같이 「고향」은 초점인물 김윤건이 귀국 후 6년 동안의 신산스런 유학생활을 통해서 습득한 자신의 전공지식을 활용할 수 있는 이상적 공간을 찾지 못하는 데서 오는 욕구불만과 그로 인한 충동적인 공격욕구를 반사적으로 폭발시켜가는 과정을 형상화하고 있으며 그 과정이 이 작품의 이야기 층위를 추동해나가는 근본동력이라고 할 수 있다. 그러한 구조로 이루어진 이 작품의 이야기 층위는 크게 두 가지의 독립적인 서사단위로 구성되어 있다. 이 작품의 이야기 층위를 구성하는 두 가지의 독립적인 서사단위는 초점인물 김윤건이 좌절을 체험하는 공간이동을 축으로 다음과 같이 이름붙일 수 있다. **귀국과정에서의 좌절체험(S1)과 귀국 후 일제 강점기 식민지 조선에서의 좌절체험(S2).** 두 가지의 좌절체험 중 좌절체험의 비극성 강도는 S1에서 S2로 올수록 강해진다. S2에서의 좌절체험이 S1의 그것에 비해 보다 광범위하며 구체적이기 때문이다.

이야기 층위의 분석을 통해서 알 수 있는 바와 같이 「고향」은 자신의 전공지식을 활용할 수 있는 이상적 공간(정신적 차원에서의 고향)을 찾는 과정에서 참담한 분노와 비애만을 경험하는 초점인물 김윤건의 좌절체험을 형상화하고 있는 작품이다. 김윤건의 좌절체험을 형상화하는 과정에서 이 작품은 일제 강점기의 부정적 현실에 대한 비판적인 인식통로를 확보하고 있다.

김윤건의 좌절체험을 효과적으로 전달하기 위해서 이 작품이 동원하고 있는 특별한 담론장치나 기법은 두드러져 보이지는 않는다. 다만, 귀국과정과 귀국 후 정신적인 고향을 찾는 과정에서 김윤건이 경험하는 여러가지의 좌절체험들을 이항대립구조의 틀을 통해서 제시하고 있을 뿐이다. 그러한 이항대립구조의 틀은 김윤건의 좌절체험을 비판적으로 형상화하는 데 일정한 담론효과를 얻고 있다.

김윤건의 좌절체험을 제시하는 이항대립구조의 대립쌍은 **김윤건의 기대: 기대의 좌절로 인한 분노와 비애**이다. 김윤건의 기대와 그 기대의 좌절로 인한 분노와 비애의 대립쌍은 이 작품에서 선조적·점강적 구조로 제시된다. 따라서, 기대의 좌절에서 오는 김윤건의 분노와 상실감의 감정은 작품 후반부로 올수록 강렬해진다. 선조적·점강적 배열을 이루는 이항대립 구조의 틀 속에서 제시되는 김윤건의 좌절체험을 통해서 이 작품의 담론층위를 분석해보기로 한다.

이야기 층위의 분석에서 제시한 바와 같이 김윤건의 좌절체험은 공간이동을 축으로 S1과 S2라는 두 개의 서사단위로 나눌 수 있다. 두 개의 서사단위 중 담론층위에서 서술자의 서술초점이나 서술배려가 집중되는 서사단위는 S2이다. S1은 이야기 층위를 구성하는 서사단위로서 기능하고 있을 뿐 담론층위에서는 기능단위로서 별다른 작용을 하지 못하고 있다.

이 작품의 주제와 관련된 기능적 중요성에서 S1이 S2에 비해 떨어진다는 사실은 사건의 발생횟수와 그것의 서술횟수와의 차이를 이용하여 주제를 효과적으로 전달하고자 하는 작가(서술자)의 의도나 전략인 빈도(frequency)의 측면에서도 증명이 된다. "서사물에서 반복(repetition)은 의미의 거푸집들(patterns of meaning)을 엮어내는 가장 흔하면서도 가장 효과적인 방법들 중의 하나"[11]이다. 대체로 사건발생 횟수와 그것의 서술횟수가 많을수록, 그리고 사건발생 횟수보다는 그것의 서술횟수 빈도가 더 많은 사건일수록 그 사건들은 그 작품의 주제와 관련하여 더 중요하다고 할 수 있다.

S1에서 김윤건의 좌절체험을 드러내는 이항대립쌍의 발생횟수와 서술횟수보다는 S2에서의 그것들이 더 많다. 이와 같이 김윤건의 좌절체험을 드러내는 사건의 발생과 그것의 서술횟수와의 관계인 서술빈도라는 측면에서 보더라도 S1에서의 좌절체험은 S2에서의 그것에 비해 기능적으로 부차적인 서사단위임을 알 수 있다.

S1의 서사비중이 S2에 비해 기능적으로 부차적이라는 사실은 그 좌절체험의 성격이라는 점에서도 마찬가지이다. 그리고 이 좌절체험의 성격은 S1과 S2 두 서사단위의 기능적 중요성을 판단하는 데 있어서 서술빈도의 기준보다 더 중요한 기준이 된다. 서술빈도의 기준이 좌절체험을 판단하는 양적

---

11) Jeremy Hawthorn, *A Glossary of Contemporary Literary Theory* (London : Edward Arnold, 1992), 95~96면.

인 개념이라면 좌절체험의 성격은 질적인 개념이기 때문이다.

S1과 S2 두 서사단위가 제공하는 좌절체험의 성격은 초점인물 김윤건이 좌절을 구체적으로 경험하는 공간의 성격에 대응한다. "정치한 구조를 지닌 대부분의 소설들에서 공간은 다른 구성요소들과 마찬가지로 엄격하게 조직되어 있다. 공간은 다른 요소들에 영향력을 미치고 소설의 효과를 강화하며 마침내는 작가(서술자)의 여러가지 의도들을 드러내 보여준다. 어떤 소설 속에서 공간의 출현, 빈도수, 순서, 그리고 공간이동의 이유를 점검해보면 이야기에 통일성과 운동을 보장해주기 위하여 그런 것들이 얼마나 중요한 것인가를, 또 공간이 소설의 다른 구성요소들과 얼마나 유기적인 관계를 맺고 있는가를 알 수 있다. 그런 점에서 공간은 소설 속에 불필요하거나 부차적인 요소이기는 커녕 여러가지 형태로 표현되고 다양한 의미를 지니는 것이며 심지어는 작품의 존재이유가 되는 경우[12]도 있다. 한마디로 소설에서의 공간이란 "인물의 내적 세계를 반영하는 상징이자 행위의 기점으로서 그 구조나 이동 자체가 서사진행의 원동력이자 의미생산의 출발점"[13]이라고 할 수 있다.

S1이 제공하는 좌절체험은 귀국 도중의 운송수단인 차와 배안이라는 지극히 한정된 공간 속에서 이루어지고 있다. 더우기 S1에서의 좌절체험을 드러내는 이항대립 구조의 대립쌍 또한 분명한 대응구조를 이루고 있지도 않다. 김윤건의 좌절체험을 드러내는 이항대립 구조의 대립쌍인 김윤건의 기대:기대의 좌절 인한 분노와 비애 중 김윤건의 기대는 생략된 채 귀국 도중의 차안에서 우연히 마주치는 상황에서 김윤건이 느끼는 막연한 실망과 분노의 감정만 드러나는 것이 S1에서의 서술양상이다.

---

12) 김화영 편역, 『소설이란 무엇인가』, 문학사상사, 1986, 147~158면.
13) 류인순, 「소설의 시간과 공간」, 한국현대소설연구회, 『현대소설론』, 평민사, 1994, 185~186면.

그 이튿날 아침 차가 신호(神戶) 플랫포옴에서 쉬게 되었음에 윤건은 **벤또를 사러 나왔다가** 어떤 낯익은 조선청년을 만나게 되었다. 그 청년도 윤건을 얼른 알아보고 마주와서 손을 잡았다……
 윤건은 얼른 대답이 나오지 않았다. 그 청년의 말이 몇 마디 내려가지 않아서 윤건의 비위를 건드려 놓았다. 돈만 모으면 또 동경길을 다닐 수 있다느니, 놀지들을 말아야 한다느니, 어떤 방면을 희망하느냐는 등 몹시 윤건의 귀에 거슬리는 말들이었기 때문이다. 꽤 달랑거리는 친구로구나 하고 대뜸 멸시를 느끼었으나 윤건은 곧 그것을 후회하였다. 「길동무다! 단순하게 한차를 타고 한 조선으로 간다는 것보다도 더 큰 운명에 있어서 길동무가 아니냐?」
 윤건은 곧 안색을 고치고 그에게 대답하였다.(자료4, 10~11면)

 인용문면들은 귀국하는 과정에서의 김윤건의 좌절체험에 관한 서사정보들을 제공하고 있다. 인용문면이 제공하는 서사정보를 통해서 알 수 있는 바와 같이 S1에서의 좌절체험을 지배하는 동인은 우연성이다. 그러한 판단을 가능하게 하는 것이 밑줄친 '××하러 나왔다가'라는 등의 서술어미들이다. 그러한 서술어미에서 알 수 있는 바와 같이 S1에서의 좌절체험에는 김윤건의 의지가 개입되어 있지를 않고 있다. 이와 같이 귀국 도중의 차와 배안이라는 지극히 한정된 공간 속에서 이루어질 뿐만 아니라 김윤건의 의지와는 상관없이 우연성이 개입하고 있다는 점에서 S1에서의 좌절체험은 개인적이고 폐쇄적인 성격을 띨 수밖에 없다.

 그는 윤건에게 악수를 청하고 까불까불 산양호텔 앞으로 사라졌다.
 윤건은 화관역에서부터는 많은 조선사람을 보았다. 조선 솜바지저고리를 입은 사람도 까마귀떼에 비둘기처럼 끼어 있었다. 오래간만에 보는 조선옷은 더구나 석탄연기에 끄을은 노동자의 바지저고리는 아무리 보아도 울리는 구석이 없이 어색스러웠다.
 저 옷이 찬란한 문화를 가진 역사 있는 민족의 의복이라 할 수 있을까? 그러나 내일부터 조선땅에서 보는 저 옷은 여기서 보는 것처럼 저렇게 보기

싫지는 않겠지…….(자료4, 12면)

더우기 S1에서의 좌절체험으로 인한 실망과 분노의 감정은 문면에서와 같이 귀국 후 자신의 포부를 실현할 수 있으리라는 막연한 기대로 인해 사물에 대한 균형감각과 감정 통제력이 유지된 상태에서 발산되고 있다. 따라서 좌절체험으로 인한 실망과 분노감정의 강도와 절실함에 있어서도 S1에서의 좌절체험은 S2에서의 그것에 비해 미약할 수밖에 없다. 귀국 후 자신의 기대가 완전히 좌절되는 데서 오는 S2좌절체험의 실망과 분노의 감정은 사물에 대한 균형감각과 자신의 감정 통제력을 완전히 상실한 상태에서 발산되기 때문이다.

좌절체험이 이루어지는 공간과 김윤건의 의지 개입유무, 그리고 좌절체험에서 오는 실망과 분노의 감정을 발산하는 양상 등. 여러가지 점에서 S2에서 제시되는 좌절체험의 성격은 S1에서의 그것과는 근본적으로 달라지게 된다. 거기에는 두 가지의 요인이 작용한다. 하나는 S2에서의 좌절체험이 이루어지는 공간의 성격이 S1과는 다르다는 점이며, 다른 하나는 S2에서의 좌절체험에는 초점인물 김윤건의 의지가 개입된다는 점이다.

먼저 S2에서의 좌절체험은 그것이 비록 서울이라는 일정한 범위를 벗어나고 있지는 못하지만 빈번한 공간이동 속에서 이루어지고 있다. 공간이동의 장소들 또한 학교나 신문사 신간회 등 그 당시의 사회·문화적 맥락에서 볼 때도 상당히 중요한 제도나 기관들이다. 그리고 그러한 공간이동에는 철저히 초점인물 김윤건의 의지가 작용하고 있다. 6년 동안의 어려웠던 동경 유학생활을 통해서 습득한 전공지식의 이상적 배출공간일 것이라는 나름대로의 기대를 가지고서 찾아나선 공간들이 바로 그러한 제도와 기관들이다. 그러나 그러한 기대는 철저히 좌절당하면서 김윤건은 참담한 비애와 상실감으로 인한 분노와 좌절만을 체험할 뿐이다.

그는 안국동 큰 한길로 올라섰다. 윤건으로서 서울을 찾을 곳이 있다면 W고등보통학교에 모교라는 인연이 있을 뿐이었다……
　교장실로 가 본즉 대우라는 관념에서 교장다운 관대를 보이며 반가워하는 듯하였다. 그러나 윤건은 수학 성적이 제일 떨어졌던 점과 동맹휴학 때에 그 선생과 정면충돌까지 있었던 것을 잊지 않고 깨달을 수 있었다. 윤건은 그 방에서도 얼른 나와버렸다……
　윤건은 다시 모교 W고보로 찾아갔다. 그것은 리창식이라는 동창생 중에 한 사람을 생각해 냈고, 그 사람의 현주소를 알아볼 수 있을까 함이었다……. 오학년이 되던 해 봄 아랫 반들에 맹휴사건이 일어났을 때 오학년 두 반은 맹휴에 참가여부 문제로 한 반에 모여 토의해 본 일이 있었다. 그 때 리창식은 참가하자는 주장으로 그의 존재가 처음 크게 드러났었다. 윤건은 그 후부터 리창식과 만날때마다 악수하고 지냈던 것이다……
　「그 사람 감옥에 간 지가 언제라고……」
　윤건은 조금도 놀라지 않았다. 그리고 그 선생과 손을 놓고 학교엔 들어가지도 않고 바로 나와버렸다.
　「그럴 것이다. 오죽한 것들이 남어 있으랴!」
　<u>그는 얼마전 동경서 「올 같은 불경기에 조선서는 감옥 증축에 삼십여만원을 예산한다」는 기사를 읽은 생각이 났다.</u>(자료16-18면)

　윤건은 A신문사를 방문하였다. 사장을 찾으니 수부에서 명함을 달랜다. 명함이 없다 하니까 어데서 온 누구냐고 묻는다. 윤건은 동경서 왔는데 만나볼 일이 있다고 뻗대었다. 사장을 만나 인사한즉 사장을 찾아온 요건을 물었다. 윤건은 사무적 요건이 아니라 싱거운 꼴만 보이고 나왔다. B신문사를 찾아갔다……. 윤건은 두번째이니까 좀 나을 줄 알았던 말문이 아까보다도 막혀버렸다. 좌우전후에 둘러앉아 붓만 놀리던 사람들이 힐끗힐끗 쳐다보았다. 윤건은 또 쑥쓰러운 꼴만 보이고 나오고 말았다.
　그 다음날 아침에는 신간회를 찾아갔다. 그러나 그 곳에는 명함 달라는 수부도 없이 문이 잠겨 있었다. 다시 모모 잡지사를 찾아다녔으나 '김윤건'이란 꼬십거리 성명도 못되기 때문에 한 군데서도 탐탁하게 응접해 주는 데가 없었다…….

이튿날 아침 윤건은 어디서 잤는지 더부룩한 머리를 손으로 쓸면서 A신문사 수부에 다시 나타났다. 그것은 사회운동 이론가로 조선서는 제일 오랬고 제일 쟁쟁하다는 박철이라는 사람의 주소를 물으러 왔던 것이다. 혹시 감옥에나 가지 않았을까 하였으나 최근에도 신문과 잡지에서 그의 이름을 본 기억이 있기도 하거니와 A신문사 수부에서는 의외에도 친절하게 편집실에 전화를 걸어서 손쉽게 박철의 주소를 알아주었다……

윤건은 해가 저물녘에 세 번 찾아가서야 겨우 박철을 만나볼 수 있었다……. 그리고 박철과 이야기를 시작하였다. 두 사람의 말소리는 얼마 안 가서 어세가 높아 갔다. 결국은 양편의 이론이 통일되지 않는 듯하였다. 나중에 김윤건은 그 소당 뚜껑 같은 손으로 박철의 귀쌈을 올려 붙이게까지 되었다.

「이놈아, 입만 가지고 네 이놈, 네 후진들은 모조리 감옥으로 갔는데 너는 떠들기는 온통 떠드는 놈이 어케 오늘까지 남아 있니?」 박철은 답변 대신에 「아이쿠!」 소리를 지르고 나가 넘어졌다.

윤건은 박철의 집을 표연히 나왔다.(자료4, 17~20면)

인용문면들은 귀국 후 김윤건이 경험하는 좌절체험에 관한 서사정보들을 제공하고 있다. 문면에서와 같이 귀국 후 상경하여 자신의 이상을 실현할 수 있을 것이라는 기대를 가지고서 김윤건이 찾아나서는 구체적인 공간은 모교와 신문사 그리고 신간회와 잡지사 등이다. 그 당시의 사회·정치적 맥락에서 볼 때 그 공간들은 문화적 민족주의[14] 운동의 구심체 역할을 담당했던 기관들이다. 엘리트주의와 점진적인 접근방법이라는 방법론적 한계에도 불구하고 식민지 조선의 근대적인 민족운동 과정에서 일정한 역할을 담당했던 그 기관들에 김윤건은 상당한 기대를 갖는다. 그러나 자신의 기대나 예상과는 달리 김윤건은 그 기관들에서 극심한 좌절과 분노의 감정만을 경험하게 된다. 그 기관들의 책임자들로부터 자신의 전공지식을 인정받기는 커녕 무시를 당할 뿐만 아니라 그 기관들에서 김윤건이 직접 목도하는 것은

---

[14] 문화적 민족주의의 개념이나 그것의 구체적 방법론에 대해서는 M 로빈슨, 김민환 역, 『일제하 문화적 민족주의』, 나남, 1990 참조

현실적인 상황논리에 매몰된 속물적인 인간군상들만이 득세하는 상황들 뿐이기 때문이다. 김윤건이 보기에 그 기관들의 책임자들은 문화적 민족주의 운동을 하는 사람으로서 요구되는 최소한도의 민족적 자긍심이나 민족의식도 보여주지 못한다. 대신, 일제의 식민지배 체제에 순응하면서 자신의 사회·경제적 지위만을 유지하고자 하는 상황논리에만 충실할 뿐이다.

이상의 분석을 통해서 알 수 있는 바와 같이 S2에서의 좌절체험은 S1과는 달리 그 당시 사회·문화적인 맥락에서 중요한 기관이나 제도들에 대한 김윤건의 기대가 배반되는 과정을 통해서 이루어진다는 점에서 사회적인 성격을 띠고 있다. 더우기 S2에서의 좌절체험은 S1좌절체험에서 유지되었던 사물에 대한 균형감각과 감정 통제력마저 완전히 상실한 상태에서 이루어지고 있다. S2좌절체험은 S1좌절체험에서의 상당한 기대가 좌절되는 데서 오는 분노와 비애의 감정을 바탕으로 하고 있기 때문이다. 따라서 S2에서의 분노와 비애감정의 강도와 절실함은 S1의 그것에 비해 강렬할 수밖에 없다. 거듭되는 기대의 좌절로 인해 상황판단에 대한 균형감각과 감정의 통제력을 상실하는 과정에서 폭력에의 충동을 억압시켜 오던 김윤건이 결말부분에서 한 전문대학의 사은회장에 들어가 무차별적인 폭력을 행사하다 감옥에 가게 되는 비극적 상황을 맞게 되는 것도 그러한 이유에서이다. 이러한 비극적 상황에 대해서 서술자는 '이리하야, 육 년만에 돌아온 고향이나 의탁할 곳이 없던 김윤건의 몸은 그날 저녁부터 관청의 신세를 지게 되었다.'라는, 정서적 개입이나 가치판단이 배제된 가치중립적인 서술태도로 서술한다. 그러한 서술태도는 오히려 김윤건이 처한 비극적 상황을 고조시키는 담론장치로 기능하고 있다.

또한 S2에서는 김윤건의 좌절체험을 형상화하는 과정에서 당시 일제의 식민지배체제와 그 체제에 기생하여 일신상의 안위만을 누리고자 하는 식민지 지식인들에 대한 비판적 인식도 보여주고 있다. 단편이라는 장르적 특성으로 인해 일제 식민체제와 식민지 지식인들에 대한 이 작품의 비판적 인식은 밑줄친 문면에서와 같이 단편적이고 암시적인 형태로 제시된다. 단편적이고 암시적인 형태로 제시되는 서사정보들을 통해서 두 가지의 사실을 유추해낼 수 있다. 하나는 자신들의 부당한 식민지배체제를 유지하기 위해서 일제는 감옥과 같은 제도에 주로 의존했다는 사실이다. 다른 하나는 투철한 민족의식이나 식민지배체제에 대한 저항의지를 지녔던 사람들은 거의 감옥에 갈 수밖에 없었으며 그 당시 사회운동 이론가나 지도자로 행세하던 사람들은 모두 박철과 같은 사이비들이라는 사실이다.

담론층위의 분석에서 알 수 있는 바와 같이 이 작품은 이항대립구조로 제시되는 김윤건의 좌절체험을 통해서 일제의 식민지배체제와 그 체제에 기생하여 상황논리만을 추구하는 식민지 지식인들을 비판적으로 형상화하고 있다. 김윤건의 좌절체험을 비판적으로 형상화하는 이항대립구조의 틀은 일정한 담론효과를 거두고 있다. 역사논리를 추구하고자 하는 김윤건과 상황논리에 매몰된 주변인물들을 선명한 대립항으로 설정한 후 상황논리에 매몰된 인물들이 득세하는 상황을 제시하고 있는 이항대립구조의 틀은 당대의 속악한 현실을 선명하게 부각시키는 데 기여를 하고 있기 때문이다. 그와 같은 담론효과에도 불구하고 김윤건의 좌절체험을 드러내는 이항대립구조의 틀은 일제의 식민지배체제와 식민지 지식인들에 대한 비판적 인식을 총체적으로 형상화하는 데는 걸림돌로 작용하고 있다.

이 작품에서 김윤건의 좌절체험은 자신의 이상과 현실의 괴리라는 정신적인 측면과도 관련이 있지만 그 당시 심각한 사회문제로 대두되었던 지식인의 구직이나 실직문제와 같은 경제적인 측면과도 밀접한 관련이 있는 문제라고 할 수 있다. 그 당시 지식인의 실직이나 구직문제는 일제 식민당국의 차별적인 경제정책으로 인해 악화된 식민지 조선의 전반적인 경제상황과 식민통치 전략의 일환으로 시행된 차별적인 인사고용 정책과의 구조적인 관련 속에서 발생한 현상이다. 따라서 김윤건의 좌절체험과 같은 일제 강점기 지식인들의 실직으로 인한 경제적 소외는 일제 식민당국의 차별적인 경제정책과 인사고용 정책이라는 거시적 틀과의 관련 속에서 구조적으로 접근해야만 되는 문제이다.

그러나 「고향」에서의 접근은 그러한 모습을 보여주지 못하고 있다. 이항 대립구조의 틀 속에서 제시되는 김윤건의 좌절체험을 통해서 그 문제에 접근하고 있는 「고향」에서는 그 문제를 개인의 윤리적 차원에서 접근하고 있다. 개인의 윤리적 차원에서 그 문제에 관련된 모든 가치의 범주들은 김윤건=이상적 가치체계, 자신 이외의 모든 사람들=속물적인 가치체계라는 도식적인 대립항 속에 갇히게 된다. 그러한 도식적인 대립항은 배타적일 정도로 폐쇄적이다. 배타적일 정도의 폐쇄적인 대립항 속에서 김윤건은 자신만이 절대선이고 자신 이외의 다른 사람들은 모두 절대악으로 판단한다. 절대선과 절대악 사이에 다른 중간항들이 개입할 수 없는 여지란 철저히 차단당한다. 따라서 김윤건에게 자신 이외의 다른 사람들이 모두 부정의 대상으로 여겨질 것은 당연한 일이다. 결말 부분에서 김윤건이 사은회장에 들어가 무차별정도의 충동적인 폭력을 행사했던 것 또한 다른 사람들에 대한 배타적일 정도의 폐쇄적인 우월감 때문이라고도 할 수 있다. 그러한 배타적일 정도의 폐쇄적인 이분법적 사고를 통해서는 현실과의 구체적 교섭을 통한 총체적 접근이 불가능할 수 밖에 없다.

4. 맺음말

본고는 한 가지의 중요한 문제의식을 가지고 출발했다. 그것은 이제까지 범박한 의미에서 형식주의자로 규정되어 온 李泰俊에 관한 기존의 주류적 규정들이 일반화의 오류로부터 자유롭지 못하다는 점이었다. 특히, 李泰俊에 관한 기존의 규정들은 본고가 분석대상으로 취택한 초기소설들에 관한 한 입론의 근거조차 흔들리고 있다는 점이었다.

구체적인 작품분석을 통하여 그러한 문제의식을 검증하고자 한 것이 본고의 목적이었다. 그러한 문제의식과 목적을 효과적으로 수행하기 위한 효과적인 분석틀로 본고는 서사지평이라는 개념을 동원하였다.

이야기 층위에서의 인물과 담론층위에서의 서술자를 매개로 드러나는 작가의 세계관이라는 범주규정을 지닌 서사지평 분석을 통해서 드러난 논의 과정을 정리하면 다음과 같다.

이야기 층위와 담론 층위의 분석을 통해서 알 수 있는 바와 같이 「어떤 날 새벽」과 「고향」을 비롯한 李泰俊의 초기소설들에는 최소한의 인간적인 삶의 조건으로부터도 소외당한 불우한 처지의 인간군상들이 초점인물로 부각됨을 알 수 있었다. 초점인물로 부각된 불행한 처지의 인물들이 현실의 폭력적인 힘에 패배당하는 과정들이 李泰俊 초기소설들의 지배적인 서사대상 양상들이었다. 그러한 서사대상들에 대해 서술자는 동정과 연민을 서술의 기저 톤(tone)으로 유지하고는 있으나 정서적 몰입에 대해서는 지극히 절제하는 서술태도를 보이고 있었다. 그러한 서술태도는 초점인물들의 불행한 존재상황을 선명하게 드러내는 서술전략으로 기능하고 있었다.

대부분의 李泰俊 소설들처럼 본고의 분석대상 작품인 「어떤날 새벽」이나 「고향」 그리는 "삶의 마당은 마당 그 자체가 지닌 일제의 폭력성이나 패덕성이 돌출하여 드러나지 않고 있다. 소박하게 읽을 경우 그의 소설들이 일제의 잔혹한 착취나 억압을 거의 담고 있지 않다고 읽을 수 있다. 표면적으로 그의 소설세계 속에는 약육강식의 논리로 억압된 한민족의 설움이나 고통이 없어보인다."[15] 더우기 이 작품은 "필연적으로 선택된 하나의 사건에 관한 하나의 일화로서 집중적인 감정의 스펙트럼을 갖는 특수하고 예민한 형식"[16]인 단편이라는 장르적 속성으로 인해 당대 사회현실의 객관적

---

15) 정현기, 「작가적 증오심의 형상화」, 권영민 편저, 『월북문인 연구』, 문학과 사상사, 1989, 106면.
16) E 제인웨이, 「단편소설은 필요한가」, 찰즈 E 메이 엮음, 최상규 옮김, 앞의 책,

실상을 총체적으로 형상화시켜 주지는 않는다.

하지만 현실반영 수준을 통한 리얼리즘적 성취와 관련된 총체성의 개념은 모든 장르에 적용할 수 있는 개념은 아니다. 따라서 장르에 대한 섬세한 구분 없이 총체성의 개념을 기계적으로 대입하여 대상작품을 재단하는 태도는 온당하지 않다. 물론 "단편소설이 비록 인생의 한 단면을 집중적으로 그린다고 하더라도 그것은 궁극적으로 인생의 전체적인 모습과 따로 떨어져 있는 것이 아니라 한 단면에 대한 집중적인 천착을 통해 인간이 살아가는 모습의 전체적인 틀을 미루어 짐작할 수 있게 해 준다".17) 이러한 장르의 본질적 속성과 관련하여 단편에서 중요한 것은 반영대상에 대한 총체적 형상화의 여부가 아니다. 단편에서 본질적으로 따져물어야 할 점은 그것이 묘사하고 있는 단면들이 그 당대 시대적 상황의 본질적 국면과 연결고리를 맺고 있는가? 그렇지 않은가? 하는 것이라고 생각한다.

이러한 논의와 관련하여 이 작품은 민족교육에 대한 자신의 헌신적인 의지가 좌절된 후 도둑으로 전락하게 되는 윤선생을 통해 일제의 식민통치에 대한 간접적인 인식통로를 개방하고 있다는 점에서 일정한 리얼리즘적 성취를 보여주고 있다고 생각한다. 윤선생 개인의 초인간적인 노력이라고 하는 윤리적 차원에서의 대응이라는 한계는 있으나 이 작품은 암시적이고 간접적인 차원에서나마 민족교육에 대한 윤선생의 헌신적인 의지가 좌절되는 원인을 일제의 폭력적인 교육통제 정책이라고 하는 당대의 열악한 교육 상황과의 본질적 연관 속에서 파악하고 있기 때문이었다.

30년대 중반 이후 객관적 정세의 악화와 민족해방에 대한 전망의 상실. 등의 주·객관적 요인이 복합적으로 작용하면서 李泰俊의 소설들은 서사적 긴장을 상실한 사소설적 경향으로의 일정한 후퇴를 보인다. 더우기 1930년대 후반 이후 집중적으로 쓰여진 장편소설들은 통속적인 애정소설의 범주를

156~163면.
17) 우리소설모임 지음,『소설창작의 길잡이』, 풀빛, 1990, 191~192면.

벗어나지 못하고 있는 작품들이 대부분이다. 그러나 「어떤 날 새벽」을 비롯하여 『달밤』(1934. 7)에 수록된 일련의 초기소설들에는 당대 일제의 식민상황에 대한 인식통로가 개방된 작품들이 일정한 자리를 잡고 있는 것도 사실이다. 이 작품들은 "내면적으로 치열한 사회의식을 담지함으로써 생존의 위기에 처한 민족의 현실을 예리하게 묘파"[18]하고 있다.

악덕 일본인 지주와 일제의 식민지 농업화 정책으로 인한 농민층의 몰락과 해체과정을 형상화한 「꽃나무는 심어놓고」(1933. 3). 유곽촌 탐방기사 취재에 나선 기자를 초점인물로 해서 제시되는 일제 강점기 조선 민중들의 비참한 생존조건을 형상화한 「아무일도 없소」(1931. 7). 이상과 현실의 괴리로 갈등하는 지식인 청년을 초점인물로 하여 일제 강점기의 참담한 조선현실을 형상화하고 있는 「고향」(1931)을 비롯하여 「봄」(1932. 4), 「실락원 이야기」(1932. 7), 「촌띄기」(1934. 3) 등이 그런 유형의 작품군에 속하는 작품들이다. 이 작품들은 "일제 강점기 작가로서의 李泰俊의 사회현실 파악과 민중고통에의 동참지향"[19] 을 분명하게 보여주고 있는 것도 사실이다. 그런 점에서 李泰俊의 문학을 "'鬱結의 문학'으로 규정하고 그 규정의 근거로 이태준 작품의 배후에는 현실에 대한 참을 수 없는 울분이 존재한다"[20]고 한 백철의 견해는 현재까지도 유효한 당대적 지적으로 생각된다.

인물과 서술자를 통해서 존재와 세계에 대한 해석을 전달하는 서사물에서 어떤 인물, 어떤 서술자를 통해서 이야기를 전달하는가 하는 문제는 단순히 기법적인 차원의 문제를 넘어서는 인식론적 차원의 문제이다. 이제까지의 논의과정을 그러한 장르론적 관점에서 볼 때 李泰俊의 초기소설들은 당대의 시대상황과 긴장관계를 유지하고자 하는 작가적 노력이라고 할 수

---

18) 최유찬, 「이태준의 삶과 문학」, 『리얼리즘 이론과 실제비평』, 두리, 1992, 191면.
19) 유종호, 「인간사전을 보는 재미 : 이태준의 단편」, 이선영 편, 『1930년대 민족문학의 인식』, 한길사, 1990, 296면.
20) 백철, 「鬱結의 文學」, 『조선일보』, 1937. 3., 三枝壽勝, 「이태준 작품론」, 『이태준 작품전집』18, 서음출판사, 1988, 177면에서 재인용.

있다. 그러한 작가적 노력을 지속적으로 유지하면서 李泰俊은 초기소설에서부터 소외된 인간군상들의 생존조건에 대한 비판적 형상화 작업을 심화시켜 왔다고 할 수 있다. 그런 점에서 李泰俊의 작가적 표지를 "민족현실에 대한 섬세한 비판과 분노를 특징으로 하는 비판적 리얼리스트"[21)]로 규정하는 지적은 논리적 비약이나 무리한 결론으로는 생각되지 않는다. 물론 李泰俊의 초기소설들이 '전형적 상황에서의 전형적 인물의 창조'라는 엥겔스의 고전적 명제에 과연 부합하는가 하는 데는 논의의 여지를 남기고 있다. 그러나 당대 사회현실의 비판적 형상화라는 비판적 리얼리즘의 기본전제는 충족시키고 있다는 점에서 그러한 규정은 나름대로의 근거가 있다고 할 수 있다.

이제까지의 논의과정을 토대로 해서 볼 때, 李泰俊을 범박한 의미에서의 형식주의자로 규정해 온 기존의 견해들은 잘못되었거나 최소한 재고되어야 한다는 것이 본고의 결론이다. 기존의 논의들이 '섬세한 작품읽기'(close reading)를 통해서 얻어진 결론이라고 보기는 힘들기 때문이다. 따라서 李泰俊의 문학이 "패배적 인간형만을 등장시킨 역사부재, 사상빈곤의 문학"[22)]이라는 규정은 적어도 초기소설을 서자 취급한 상태에서 얻어진 성급한 결론이 아닌가 한다. 그러한 규정은 정치한 분석에 힘입기보다는 李泰俊이 카프의 대항문학단체로 결성된 구인회의 좌장격 문인이었다는 점. 카프계열의 작품들에 대해 일정한 비판적 거리를 두고 있는 李泰俊의 당시 문학적 단평 등 작품 외적인 주변정보들에 의존한 단선적 단정이라고 생각한다. 李泰俊은 문학작품이 구호차원으로 도구화되는 것에 반대했지 존재와 세계의 해석을 통한 구호가 될 수 있다는 잠재적 가능성에 대해서는 항상 문호를 개방하고 있었던 작가이다. 그것은 무엇보다도 작품 자체가 말하고 있기 때문이다.

---

21) 강진호,「이상과 현실의 거리 : 해방기 이태준 소설론」,『문학과논리』제2호, 1992, 160~167면.
22) 김우종,『한국현대소설사』, 성문각, 1982, 243~250면.

한국 근·현대 작가·작품론

인쇄일 초판 1쇄 2001년 09월 10일
        2쇄 2015년 01월 23일
발행일 초판 1쇄 2001년 09월 20일
        2쇄 2015년 01월 25일

편   저 공 종 구
발행인 정 진 이
발행처 새미
등록일 1994.03.10, 제17-271호
서울시 강동구 성내동 447-11 현영빌딩 2층
Tel : 442-4623~4 Fax : 442-4625
www.kookhak.co.kr
E-mail : kookhak2001@hanmail.net

ISBN 978-89-89352-80-8 03810
가 격 11,000원

* 새미는 국학자료원 의 자매회사입니다.
*저자와의 협의 하에 인지는 생략합니다.
*잘못된 책은 구입하신 곳에서 교환하여 드립니다.